DAS MINSK
Kunsthaus in Potsdam
ISSUE 03

I've Seen the Wall
Louis Armstrong auf Tour
in der DDR 1965

I've Seen the Wall
Louis Armstrong on Tour
in the GDR 1965

Kuratiert von / Curated by
Paola Malavassi & Jason Moran

DAS MINSK Kunsthaus in Potsdam zeigt mit *I've Seen the Wall* eine Ausstellung mit Fokus auf die legendäre Konzerttournee, die Louis Armstrong 1965 durch die Deutsche Demokratische Republik (DDR) führte. Mitten im Kalten Krieg performte der afroamerikanische Jazzmusiker in Ost-Berlin, Leipzig, Magdeburg, Erfurt und Schwerin. Die Tour war mit 17 Konzerten in nur neun Tagen sehr eng getaktet. Die Hallen mit einer Kapazität von nicht weniger als 2.000 bis 3.000 Sitzplätzen waren schnell ausverkauft – etwa 45.000 Menschen erlebten Louis Armstrong und seine All Stars live in der DDR.

Dieser historische Moment ist Ausgangspunkt für eine Kunstausstellung im MINSK, die die Ambivalenz der offiziellen Einladung Armstrongs durch die Künstler-Agentur der DDR vor dem Hintergrund der Bürgerrechtsbewegung in den USA und des Eisernen Vorhangs in Europa untersucht. Was bedeutet es, im Namen der Freiheit durch die Welt zu touren und Unterdrückungssysteme und Diktaturen zu besuchen? Was bedeutet es, unterwegs wiederholt gleichzeitig Anerkennung und Rassismus zu erleben und dann nach Hause zurückzukehren, um gleich wieder mit Rassismus konfrontiert zu werden? All dies sind zentrale Fragen der Ausstellung.

I've Seen the Wall versammelt Gemälde, Fotografien, Archivmaterial und Installationen von Terry Adkins, Louis Armstrong, Pina Bausch, Romare Bearden, Peter Brötzmann, Darol Olu Kae, Norman Lewis, Glenn Ligon,

2

Jason Moran, Gordon Parks, Dan Perjovschi, Adrian
Piper, Evelyn Richter, Lorna Simpson, Willi Sitte, Wadada
Leo Smith, Rosemarie Trockel, Andy Warhol und Ruth
Wolf-Rehfeldt. Der Filmemacher Darol Olu Kae produ-
zierte eine neue, vom MINSK für die Ausstellung in Auftrag gegebene Filmarbeit. Jason Moran erstellte speziell
für diese Schau eine neue Videoarbeit. Ausgestellt
wird zudem Material aus dem Louis Armstrong House
Museum in New York sowie aus dem Bestand der Sammlung Berliner Verlag / Archiv und der Agentur DDR Fotoerbe, darunter Fotografien von Kurt Böttger, Manfred
Dressel, Christa Hochneder, Volkhard Kühl, Tassilo Leher,
Peter Leske, Helmut Raddatz und Horst E. Schulze.

Kuratiert habe ich die Ausstellung gemeinsam mit dem
Pianisten, Komponisten und bildenden Künstler Jason
Moran. Wir arbeiteten bereits vor Jahren in Berlin zusammen bei der Produktion einer Performance zu Arthur
Jafas Videoarbeit *APEX* (2013). Seitdem besteht ein
intensiver Austausch über die Schnittstelle von Kunst
und Musik. Es war Jason Moran, der mich früh mit dem
Louis Armstrong House Museum zusammenbrachte.
Später nahm er meine Einladung an, einzusteigen bei
dieser ambitionierten Reise zwischen New York und
der DDR, zwischen damals und heute. Moran bringt
die Perspektive des Künstlers und Musikers ein, ich
die der Kunsthistorikerin und Musikenthusiastin. Moran
betrachtet die Ereignisse von der Bühne und vom Backstage aus, denn er weiß, was es heißt, durch die Welt

zu touren. Ich dagegen blicke vom Museum und vom
Publikum im Konzertsaal aus. Gemeinsam entschieden
wir, eine Ausstellung zu entwickeln, die das Publikum
backstage nimmt, um die Komplexität von Musikproduk-
tion und -rezeption, Politik und Rassismus in den Blick
zu nehmen.

Es war ein spannender Prozess, unvoreingenommen,
offen und voller Umwege. Jason Moran ist seit Studien-
zeiten ein Museumsgänger und kooperierte mit zahlreichen bildenden Künstler:innen wie Joan Jonas, Adrian
Piper oder Kara Walker. Doch er ist auch selbst Künstler.
Seine Einzelausstellung tourte durch die USA mit End-
station am Whitney Museum of American Art, New York.

Dass ein Video von Jason Moran für diese Ausstellung
entstehen würde, konnten wir nicht erahnen. Er kombinierte die Filmausschnitte von der Pressekonferenz und
dem Konzert in Ost-Berlin 1965 zu einem neuen Video,
das die Kraft der Musik offenlegt, an der Armstrong
festhielt, jenseits von Sprachen und Mauern.

Für *I've Seen the Wall* hat DAS MINSK außerdem den
Künstler Darol Olu Kae beauftragt, der Tour von Louis
Armstrong filmisch nachzuspüren. Der Film imaginiert
die Liebe zwischen Louis und Lucille Armstrong in den
Räumen der Berliner Ostmoderne, beim Versuch, unter-
wegs ein Gefühl von Zuhause aufrechtzuerhalten. Die
Musik für den Film hat Jason Moran beigesteuert.

Parallel zur Ausstellung treffen sich iм MINSK für das
WECHSELSPIEL NO. 4 Andy Warhol, die *Mona Lisa* und
Louis Armstrong – drei Ikonen, weltweit bekannt. *Mona
Lisa Four Times* (1978) von Andy Warhol aus der Saммlung
Hasso Plattner ist iм Kabinett des MINSK einer Original-
trompete aus den Beständen des Louis Armstrong House
Museuм gegenübergestellt. Ein berühмtes Zitat von
Louis Armstrong verbindet sie: »A lotta cats copy the
Mona Lisa, but people still line up to see the original«
(»Viele kopieren die Mona Lisa. Und trotzdeм stehen
die Leute nach wie vor Schlange, uм sich das Original
anzusehen«).

Neben Essays von Tina M. Caмpt und von мir finden
sich in der vorliegenden Publikation Beiträge von Jason
Moran sowie Gespräche мit der Sängerin Jewel Brown
und deм Saxofonisten Peter Brötzмann. Wir danken
Jewel Brown, dass sie ihre Erinnerungen an die Tour мit
Louis Armstrong 1965 мit Jason Moran bei eineм Treffen
in Houston, Texas geteilt hat, und Tina M. Caмpt, Roger
S. Berlind '52 Professorin für Geisteswissenschaften
und Kunst der Schwarzen Diaspora an der Princeton
University, für einen Essay мit Tiefgang, der den Ton
trifft; sowohl den Ton dieser Ausstellung als auch den
Ton des MINSK als Ort für Zwischentöne und Koмplexität.

Wir danken den privaten sowie institutionellen Leih-
geber:innen für ihr Vertrauen, darunter die Agentur
DDR Fotoerbe, die Billy Hodges Faмily Collection, das

Bundesarchiv, die Collection of Emily Fisher Landau, die Collection of the Adrian Piper Research Archive (APRA) Foundation Berlin, die DC Moore Gallery, New York, die Deutsche Fotothek, die George Economou Collection, die Gordon Parks Foundation, der Künstler Peter Brötzmann und Corbett vs. Dempsey, Chicago, der Künstler Darol Olu Kae, der Künstler Glenn Ligon und Regen Projects, Los Angeles, der Künstler Jason Moran, der Künstler Dan Perjovschi, der Künstler Wadada Leo Smith, das Louis Armstrong House Museum, die picture alliance, die Pina Bausch Foundation und die Sammlung Berliner Verlag / Archiv. Wir danken der Hasso Plattner Foundation für die Unterstützung.

Die Ausstellung wurde in enger Zusammenarbeit mit dem Louis Armstrong House Museum in Corona, Queens, New York erarbeitet. Namentlich danken wir Regina Bain, Ricky Riccardi und Jake Goldbas. Besonderer Dank gilt der Louis Armstrong Educational Foundation.

Dem Hatje Cantz Verlag und unserem Designstudio Fasson Freddy Fuss danken wir für die gute Zusammenarbeit. Für die Ausstellungsarchitektur geht unser Dank an die Kooperative für Darstellungspolitik.

Großer Dank gebührt dem künstlerischen Team des MINSK: Marie Gerbaulet, die als kuratorische Assistentin alle Schritte dieses Ausstellungsprojekts begleitet und gemeinsam mit Johanna Engemann, meiner Referentin, die Publikation betreut hat, Natanja von Stosch, Josefine Weiß und Margarita Hermann, die die Kommunikation gesteuert haben, sowie Katharina Hofbeck und Caroline Stummel, die das Vermittlungs- und Veranstaltungsprogramm entwickelt und organisiert haben.

Bei Co-Kurator Jason Moran bedanke ich mich für die fantastische Zusammenarbeit, unvergesslich in jeder Hinsicht.

Wir haben den Vorhang aus dem alten Friedrichstadt-Palast in Berlin, den wir nur aus Schwarz-Weiß-Aufnahmen kennen, aus unserer Vorstellung in die Realität überführt und vor den Ausstellungsräumen installiert: Lüften wir nun den Vorhang, um gemeinsam hinter die Bühne zu gehen.

Paola Malavassi
Potsdam, Juni 2023

DAS MINSK Kunsthaus in Potsdam presents *I've Seen the Wall*, an exhibition focusing on Louis Armstrong's legendary concert tour through the German Democratic Republic (GDR) in 1965. In the midst of the Cold War, the African American jazz musician performed in East Berlin, Leipzig, Magdeburg, Erfurt, and Schwerin. The tour was very tightly scheduled with seventeen concerts in nine days. With a capacity of no less than 2,000 to 3,000 seats, the halls were quickly sold out—approximately 45,000 people experienced Louis Armstrong and his All Stars live in the GDR.

This historical moment is the starting point for an art exhibition at DAS MINSK that explores the ambivalence of Armstrong's official invitation by the Künstler-Agentur der DDR (Artists' Agency of the GDR) against the back-drop of the civil rights movement in the United States and the Iron Curtain in Europe. What does it mean to tour the world in the name of freedom and to visit oppressive systems and dictatorships? What does it mean to experience both recognition and racism on the road and then to return home to be yet again confronted with racism? These are all central questions of the exhibition.

I've Seen the Wall assembles paintings, photographs, archival materials, and installations by Terry Adkins, Louis Armstrong, Pina Bausch, Romare Bearden, Peter Brötzmann, Darol Olu Kae, Norman Lewis, Glenn Ligon, Jason Moran, Gordon Parks, Dan Perjovschi, Adrian Piper,

Evelyn Richter, Lorna Simpson, Willi Sitte, Wadada Leo Smith, Rosemarie Trockel, Andy Warhol, and Ruth Wolf-Rehfeldt. The filmmaker Darol Olu Kae produced a new film work commissioned by DAS MINSK for the exhibition. Jason Moran has created a new video work especially for the show. Also on display will be material from the Louis Armstrong House Museum in New York, as well as from the holdings of the Sammlung Berliner Verlag / Archiv and the Agentur DDR Fotoerbe, including photographs by Kurt Böttger, Manfred Dressel, Christa Hochneder, Volkhard Kühl, Tassilo Leher, Peter Leske, Helmut Raddatz, and Horst E. Schulze.

I have curated the exhibition together with the pianist, composer, and visual artist Jason Moran. We worked together years ago on the production of a performance to Arthur Jafa's video *APEX* (2013) in Berlin and have had an intensive exchange on the intersection of art and music ever since. It was Moran who brought me together with the Louis Armstrong House Museum early on. Later, he accepted my invitation to join this ambitious journey between New York and the GDR, between then and now. Moran brings the perspective of an artist and musician, while I bring that of an art historian and music enthusiast. Because he knows what it means to tour around the world, Moran reflects upon the events from the stage and backstage. I, on the other hand, look out from the museum and the crowd in the concert hall. Together we decided to develop an exhibition that takes the audience backstage in order to take a closer look at the complexities of music production and its reception, of politics, and of racism.

It was an exciting process, unprejudiced, open, and full of detours. Moran has been a museumgoer since his studies and has cooperated with numerous visual artists, like Joan Jonas, Adrian Piper, and Kara Walker. But he is also an artist himself. His solo exhibition has toured throughout the United States with its final stop at the Whitney Museum of American Art, New York.

We could not have anticipated that a video by Jason Moran would be created for this exhibition. He combined film excerpts from the press conference and the concert in East Berlin in 1965 to make a new video that reveals the power of music, which Armstrong held on to, beyond languages and walls.

DAS MINSK has also commissioned the artist Darol Olu Kae to trace through film Louis Armstrong's tour for *I've Seen the Wall*. The film imagines the love between Louis and Lucille Armstrong in the spaces of East Berlin's modernism, as they try to maintain a sense of home along the way. Jason Moran contributed the music for the film.

Parallel to the exhibition, Andy Warhol, the *Mona Lisa*, and Louis Armstrong meet at DAS MINSK for the INTERPLAY NO. 4—three icons, renowned worldwide.

Andy Warhol's *Mona Lisa Four Times* (1978) from the Hasso Plattner Collection is juxtaposed in the Cabinet of DAS MINSK with an original trumpet from the holdings of the Louis Armstrong House Museum. A famous quotation from Louis Armstrong connects them: "A lotta cats copy the Mona Lisa, but people still line up to see the original."

In addition to essays by Tina M. Campt and me, the publication also includes contributions by Jason Moran as well as conversations with the singer Jewel Brown and the saxophonist Peter Brötzmann. We thank Jewel Brown for sharing her memories of Louis Armstrong's 1965 tour with Jason Moran during a meeting in Houston, Texas, and Tina M. Campt, Roger S. Berlind '52 Professor of Humanities and Art of the Black Diaspora at Princeton University, for a profound essay that strikes the right tone: both the tone of this exhibition as well as the tone of DAS MINSK as a place for *Zwischentöne* (nuances) and complexity.

We would like to thank both the private and institutional lenders to this exhibition for their trust, including the Agentur DDR Fotoerbe; the artist Peter Brötzmann and Corbett vs. Dempsey, Chicago; the artist Glenn Ligon and Regen Projects, Los Angeles; the artist Darol Olu Kae; the artist Jason Moran; the artist Dan Perjovschi; the artist Wadada Leo Smith; the Billy Hodges Family Collection; the Bundesarchiv; the Collection of Emily Fisher Landau; the Collection of the Adrian Piper

Research Archive (APRA) Foundation Berlin; the DC Moore Gallery, New York; the Deutsche Fotothek; the Louis Armstrong House Museum; the picture alliance; the Pina Bausch Foundation; the Sammlung Berliner Verlag / Archiv; The George Economou Collection; and The Gordon Parks Foundation. We would like to thank the Hasso Plattner Foundation for their support.

The exhibition was developed in close collaboration with the Louis Armstrong House Museum in Corona, Queens, New York. We'd particularly like to thank Regina Bain, Ricky Riccardi, and Jake Goldbas. We also extend our special thanks to the Louis Armstrong Educational Foundation.

We are grateful to the Hatje Cantz publishing house and our design studio Fasson Freddy Fuss for the smooth collaboration. For the exhibition architecture we thank the Kooperative für Darstellungspolitik.

Special gratitude is due to the artistic team at DAS MINSK: Marie Gerbaulet, who, as curatorial assistant, has accompanied all stages of this exhibition project and together with Johanna Engemann, my assistant, has managed the publication, as well as Natanja von Stosch, Josefine Weiß, and Margarita Hermann, who handled the communication, and Katharina Hofbeck and Caroline Stummel, who have developed and organized the education and events program.

I'd like to thank my co-curator Jason Moran for the fantastic collaboration, unforgettable in every way.

We have transferred the curtain from the old Friedrich-stadt-Palast in Berlin, which we only know from black-and-white photographs, from our imagination into reality and have installed it in front of the exhibition space: now let's raise the curtain to go backstage together.

Paola Malavassi
Potsdam, June 2023

VORWORT   2
Paola Malavassi

WORTE VERSUS MUSIK   25
LOUIS ARMSTRONG AUF TOUR UND ZWISCHEN
DEN STÜHLEN IN DER DDR 1965
Paola Malavassi

»MÄDCHEN, DU BIST ECHT EINE WUCHT!«   63
Ein Gespräch zwischen Jason Moran
und Jewel Brown

ARMSTRONGS »ZWISCHENTÖNE«:   111
ZWISCHEN DEN ZEILEN LAUSCHEN
Tina M. Campt

PETER BRÖTZMANN   143
DU SPIELST SIE IN DIE LUFT UND
ALLES IST WEG
Ein Gespräch zwischen Oliver Zybok
und Peter Brötzmann

WECHSELSPIEL NO. 4   195

 INHALT

FOREWORD 8
Paola Malavassi

WORDS VERSUS MUSIC 25
LOUIS ARMSTRONG ON TOUR AND
ON THE FENCE IN THE GDR 1965
Paola Malavassi

"GIRL, YOU'RE A TRUE POWER!" 63
A Conversation between Jason Moran
and Jewel Brown

ARMSTRONG'S *ZWISCHENTÖNE*: 111
LISTENING BETWEEN THE LINES
Tina M. Campt

PETER BRÖTZMANN 143
YOU PLAY IT IN THE AIR AND
EVERYTHING IS GONE
A Conversation between Oliver Zybok
and Peter Brötzmann

INTERPLAY NO. 4 195

CONTENTS

DAS MINSK Kunsthaus in Potsdam spricht eine geschlechtergerechte Sprache.

Eine geschlechtergerechte Sprache zu verwenden, bedeutet alle Geschlechter und Geschlechtsidentitäten anzusprechen und sichtbar zu machen und eine Verbreitung von Geschlechterstereotypen zu vermeiden. Dafür werden in dieser Publikation geschlechtsneutrale Begriffe und der Gender-Doppelpunkt eingesetzt.

DAS MINSK Kunsthaus in Potsdam spricht eine rassismuskritische Sprache.

Die Abkürzung »N-Wort« wird verwendet, um den rassistischen Begriff nicht zu reproduzieren. Der Begriff wird nicht ausgesprochen oder ausgeschrieben, da er nie eine wertfreie Bezeichnung darstellt, sondern in *weißer* Vorherrschaft, Rassentheorien sowie der Versklavung Schwarzer Menschen verwurzelt ist und Schwarze Menschen entwürdigt.

In den letzten Jahrzehnten, die durch eine zunehmende Internationalisierung sowie die Sichtbarmachung und Emanzipation Schwarzen Lebens geprägt waren, hat sich die Selbstbezeichnung Schwarz durchgesetzt. Damit ist nicht die Hautfarbe gemeint, sondern ein sozio-politischer Begriff der respektvollen Anerkennung einer Bevölkerungsgruppe. Der politische Begriff Schwarz wird deshalb in dieser Publikation in ebendieser Schreibweise verwendet.

Der politische Begriff *weiß* bezeichnet ebenso wie Schwarz keine biologische Eigenschaft. Er wird klein und kursiv geschrieben, um die dominante und privilegierte Position innerhalb des Machtverhältnisses Rassismus zu markieren.

DAS MINSK Kunsthaus in Potsdam speaks a gender-sensitive language.

Using gender-sensitive language entails addressing and making visible all genders and gender identities, as well as avoiding propagating gender stereotypes.

DAS MINSK Kunsthaus in Potsdam speaks an anti-racist language.

The short form "N-word" is used to avoid reproducing the racist term. The term is not spoken or written because it is never a value-free term, but is rooted in white supremacy and racial theories, as well as the enslavement and degradation of Black people.

The self-designation "Black" (with capitalized "B") has become accepted in recent decades due to the increased internationalization as well as the struggle of visibility and emancipation of Black lives. The term does not refer to skin color, but rather to a socio-political ideology that respectfully recognizes a cultural history of a people. In this publication, the ideological term "Black" is written accordingly.

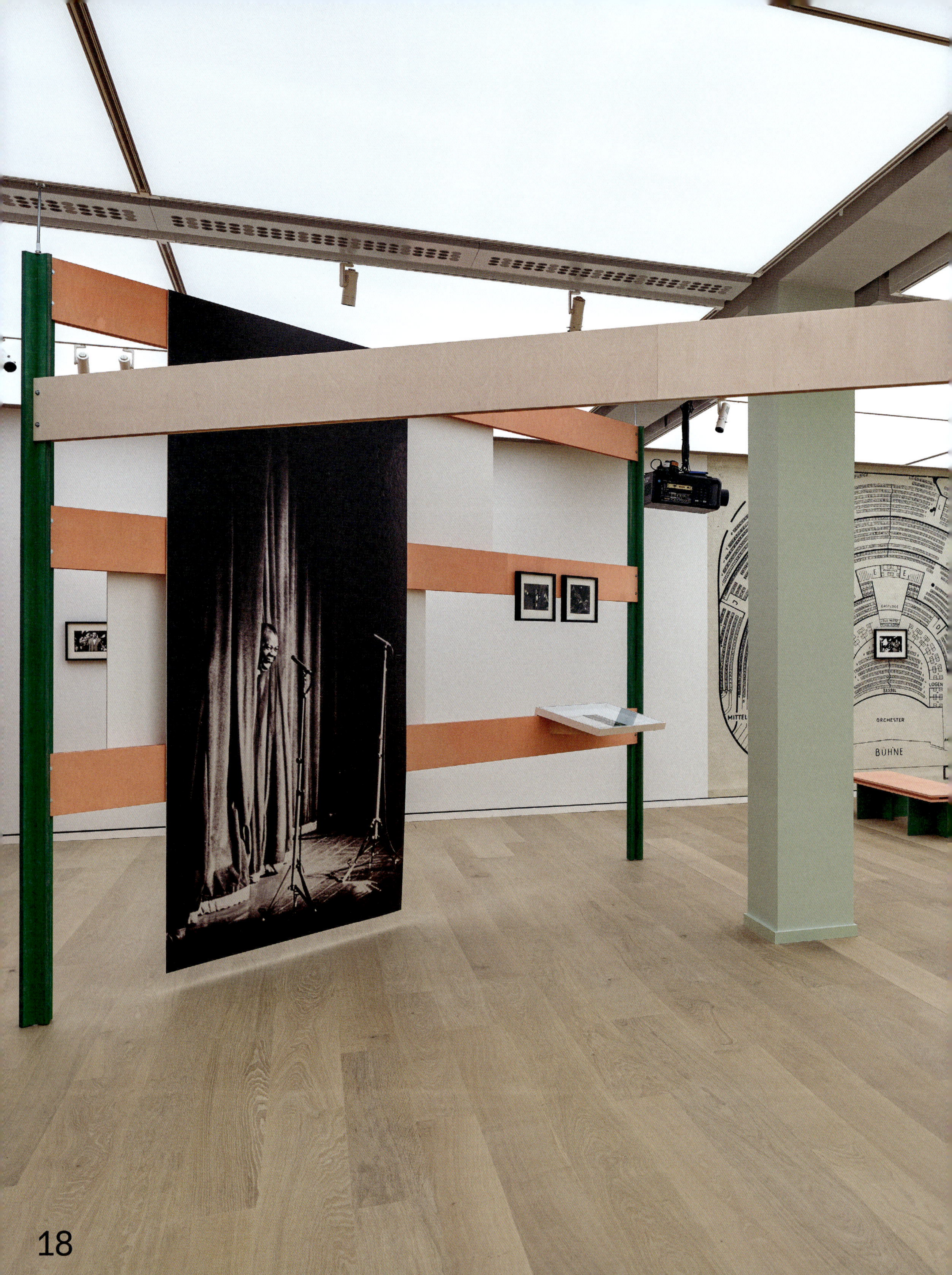

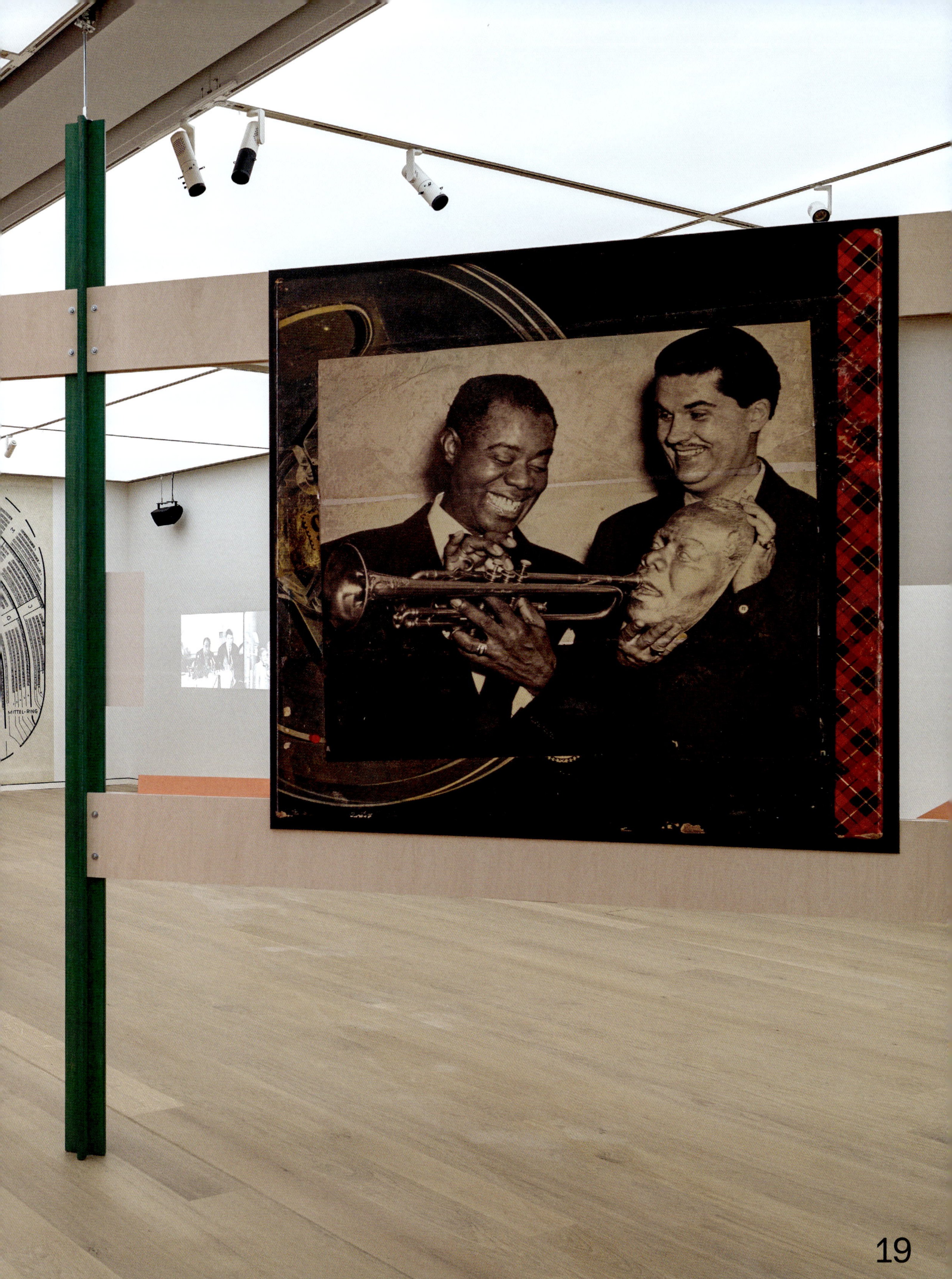

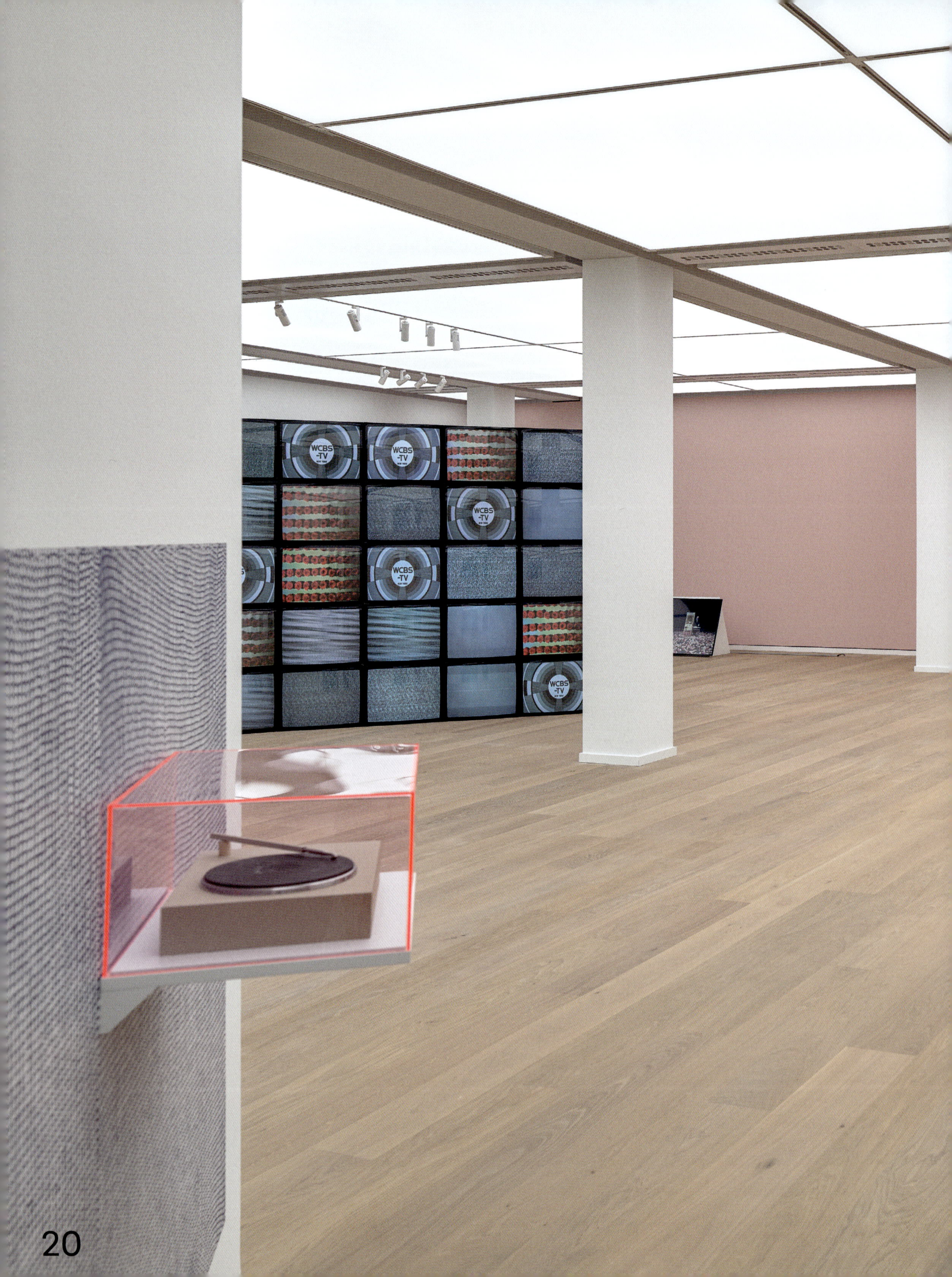

WCBS
-TV

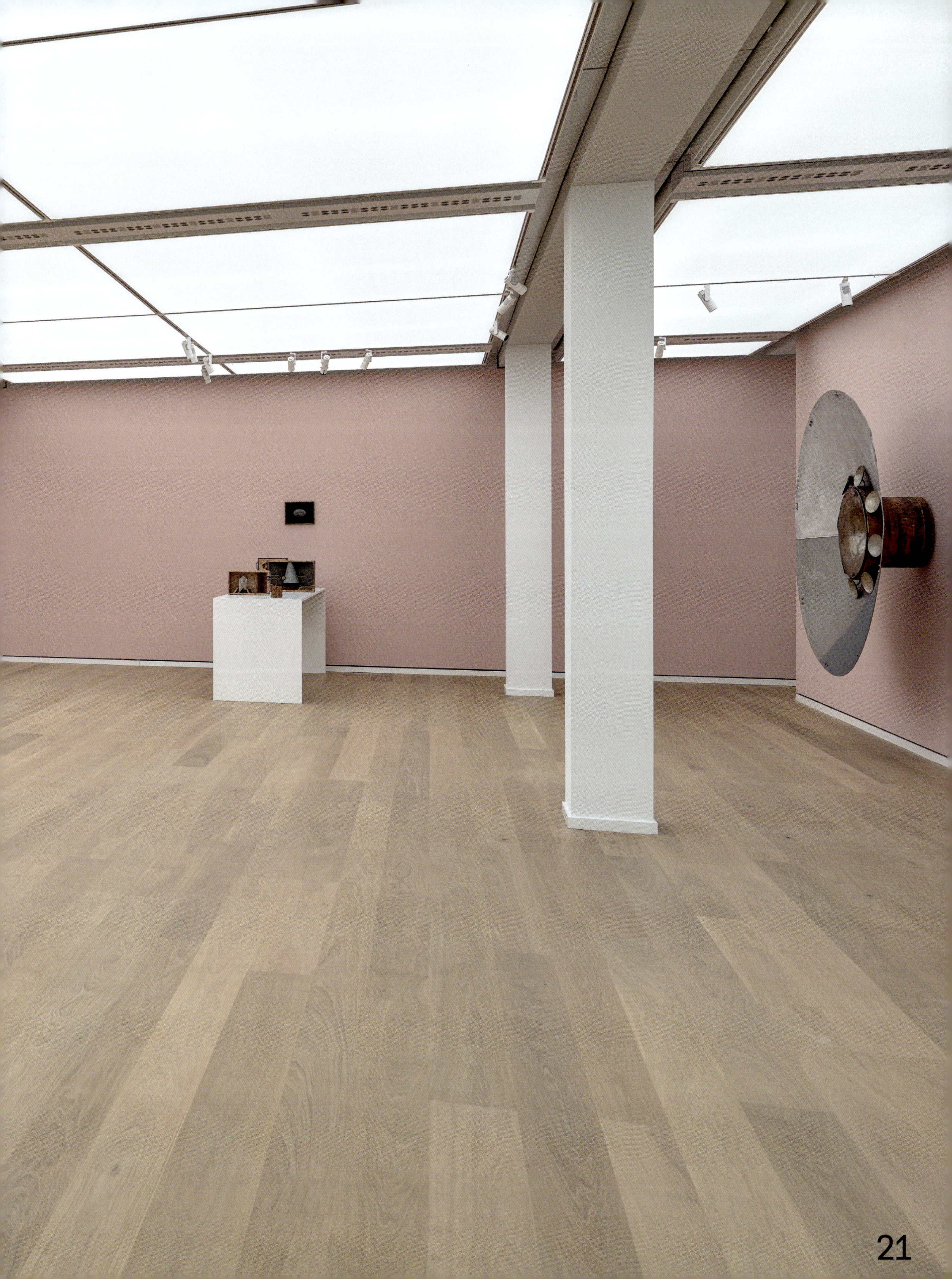

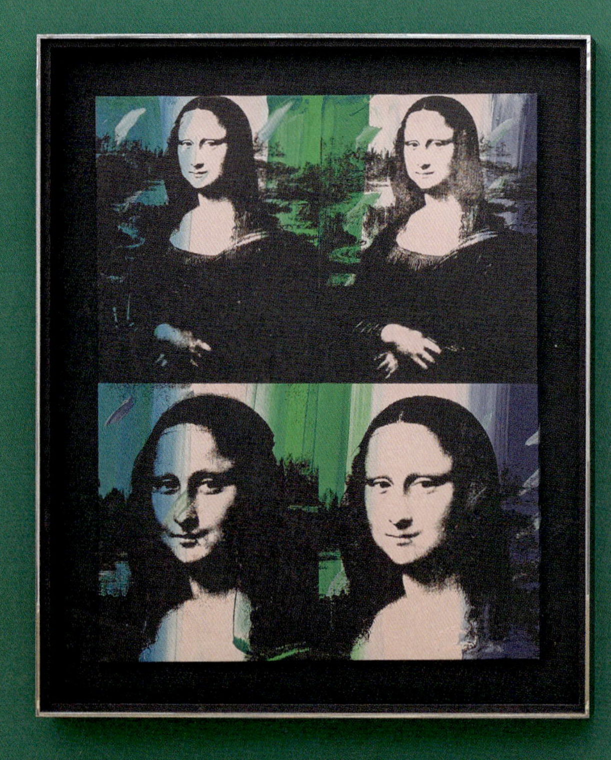

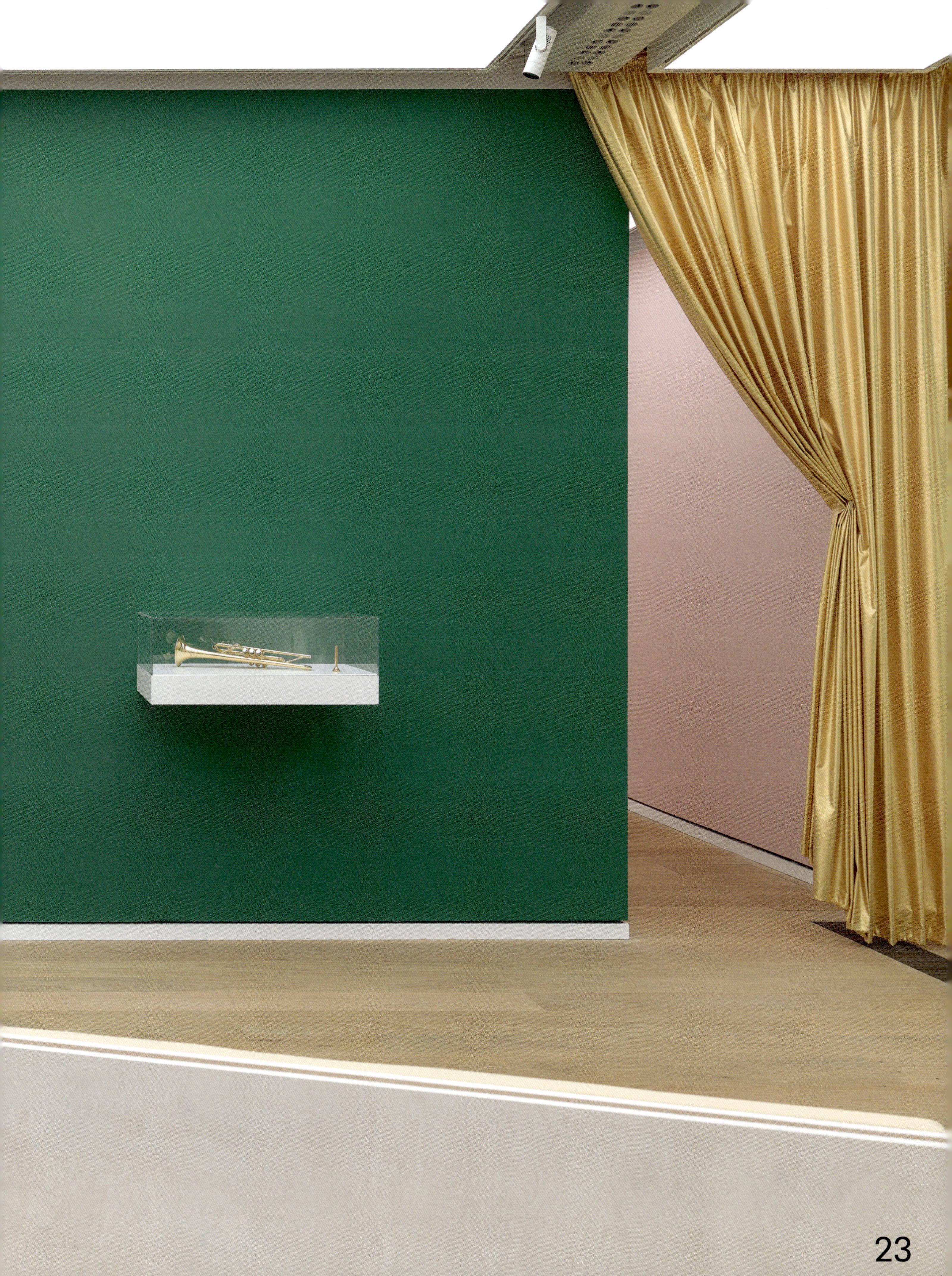

Installationsansichten der Ausstellung / Installation views
of the exhibition *I've Seen the Wall*, DAS MINSK Kunsthaus
in Potsdam 2023

S. / pp. 18–23

WORTE VERSUS MUSIK

LOUIS ARMSTRONG AUF TOUR UND ZWISCHEN DEN STÜHLEN IN DER DDR 1965

(Paola Malavassi)

WORDS VERSUS MUSIC

LOUIS ARMSTRONG ON TOUR AND ON THE FENCE IN THE GDR 1965

»Worte versus Musik. Genau. In einem Interview stellte der Interviewer Thelonious Monk einmal eine Frage und der antwortete: ›Statt es zu sagen, kann ich es nicht einfach spielen?‹«[1] – Jason Moran

WITHOUT A SONG

Ein atemberaubendes Solo am Blasinstrument im Friedrichstadt-Palast in Ost-Berlin am 22. März 1965: Es spielt der Posaunist Tyree Glenn, der als Bandmitglied der All Stars bei der legendären Tour, die Louis Armstrong 1965 durch die Deutsche Demokratische Republik (DDR) führte, auftrat.[2] Das Konzert dauert fast zwei Stunden. Jeder Instrumentalist hat ein Solo an diesem Abend, bis auf die Sängerin Jewel Brown. Sie wird stets von den anderen Musikern begleitet und kommt nur punktuell für ihre Auftritte durch den drapierten glitzernden Vorhang im Hintergrund der Bühne. Sie begeistert das Publikum mit ihrer fantastischen Stimme und verschwindet anschließend wieder hinter dem Vorhang, begleitet von tobendem Applaus, um später wieder in einem neuen eleganten Abendkleid zu erscheinen. Was für ein Auftritt! Die Musiker hingegen verlassen nie die Bühne. Ein Tisch mit einer weißen Decke ist dort für sie aufgebaut, Getränke und Zigaretten stehen bereit für kleine Verschnauf- bzw. Rauchpausen während der Soloperformances der Kollegen – ein »Backstage« vor dem Publikum, ein Durchatmen vor 6.000 Augen.

Mit dem nachempfundenen Vorhang des Friedrichstadt-Palasts als Schwelle zur Ausstellung *I've Seen the Wall* ist eine Einladung ausgesprochen: Lasst uns gemeinsam backstage gehen, näher hinschauen und noch genauer lauschen, wie komplex eine solche Einladung, hinter dem Eisernen Vorhang zu spielen, für einen afroamerikanischen Musiker wie Armstrong im Jahr 1965 gewesen sein muss. Es war meinem Co-Kurator Jason Moran und mir bald klar, dass der Vorhang und die Mauer in unserer Ausstellung eine zentrale Rolle spielen würden. Es geht um die Komplexität von Geschichte und Musik in den 1960er-Jahren vor dem Hintergrund der Bürgerrechtsbewegung in den USA und des Eisernen Vorhangs in Europa. Diese möchten wir mit den Mitteln der Kunst sichtbar und hörbar werden lassen und hoffen dazu anzuregen, über den Zusammenhang von Musik und Rassismus, damals wie heute, nachzudenken.

»To mute« bedeutet wörtlich übersetzt »leise stellen«. In der Musik minimiert und manipuliert ein Mute (dt. Dämpfer) den Sound. Mit diesem Instrumentenaufsatz erzeugt der Posaunist Tyree Glenn einen Klang, der einer menschlichen Stimme, auch Armstrongs Stimme, frappierend nahekommt.[3] Erstaunlich, wie die Posaune in seinen Händen und durch seinen Atem hier scheinbar mühelos zum Singen einer bekannten Melodie gebracht wird. Es handelt sich um das Musikstück »Without a Song«. Wie passend dieser Titel für seine Darbietung in Ost-Berlin erscheint: »Ohne ein Lied«, im Sinne von ohne Gesang, ohne Lyrics, ohne Worte. Eine Darbietung, bei der der Gesang einzig und allein durch die Posaune und den Dämpfer erzeugt wird.

Ein Dämpfer ist auch Teil des Kunstwerks *Divine Mute* (1998) von Terry Adkins. Der Instrumentenaufsatz symbolisiert hier allerdings einen »göttlichen« Aufruf zum Widerstand gegen die Sklaverei.[4] Bei Lorna Simpsons Installation *Hypothetical?* (1992) sind dagegen lauter Mundstücke ohne ihr jeweiliges Instrument direkt an der Wand angebracht. Beide Elemente, Mundstück sowie Dämpfer, sind von symbolischer Bedeutung: Ein Mundstück ermöglicht im Zusammenspiel mit Atemluft den Ton, ein Dämpfer manipuliert, dämpft oder verhindert ihn. Die Trompete Armstrongs war eine Verlängerung seiner eigenen Stimme, sie war vielleicht sogar die direktere und lautere Stimme, wenn es um seine politische Haltung geht. Wadada Leo Smith widmet Armstrong eine Partitur in einer eigenen Zeichensprache mit dem Titel *Louis Armstrong Counterpointing* (2016/17). Romare Bearden setzt mit *Ellington and Armstrong* (ca. 1975) den beiden Musikern ein collagiertes Denkmal aus Notenpapier, Instrumenten und Porträts. Ob Partitur, leere Notenlinien, Mundstücke oder Dämpfer: Potenzieller Sound ist zentral in *I've Seen the Wall*. Die Werke von Terry Adkins, Lorna Simpson, Wadada Leo Smith, Romare Bearden, aber auch und vor allem Armstrongs Trompete aus dem Bestand des Louis Armstrong House Museum sind dessen Verkörperung.

Auch Rosemarie Trockel und Peter Brötzmann spielen mit der An- und Abwesenheit von Sound. In Trockels minimalistischer Plastik *Ohne Titel* (1991) werden Kochplatte und Häkelnadel zu einem Plattenspieler ohne Funktion. Es ist ein Spiel mit Form und Wörtern, das Trockel hier betreibt, denn in der Tat besteht ein Plattenspieler aus einer Platte, nur eben nicht zum Kochen, und einer Nadel, nur keiner zum Häkeln.

---

1 Pianist, Komponist und Künstler Jason Moran, Co-Kurator der Ausstellung, in einer E-Mail an die Autorin.
2 Mitten im Kalten Krieg performte der afroamerikanische Jazzmusiker in Ost-Berlin, Leipzig, Magdeburg, Erfurt und Schwerin. Die Tour war mit 17 Konzerten in nur neun Tagen sehr eng getaktet.

Die Hallen mit einer Kapazität von nicht weniger als 2.000 bis 3.000 Sitzplätzen waren schnell ausverkauft – etwa 45.000 Menschen erlebten Louis Armstrong und seine All Stars live in der DDR. Vgl. Stephan Schulz, *What a Wonderful World. Als Louis Armstrong durch den Osten tourte,* Berlin 2010.

3 Dem Klang einer menschlichen Stimme durch den Einsatz eines Plunger-Dämpfers nahezukommen, ist eine Technik, die von Louis Armstrongs Mentor Joe »King« Oliver entwickelt und anschließend weitergetragen wurde.
4 Siehe den Text von Tina M. Campt in dieser Publikation, S. 111–116.

PAOLA MALAVASSI

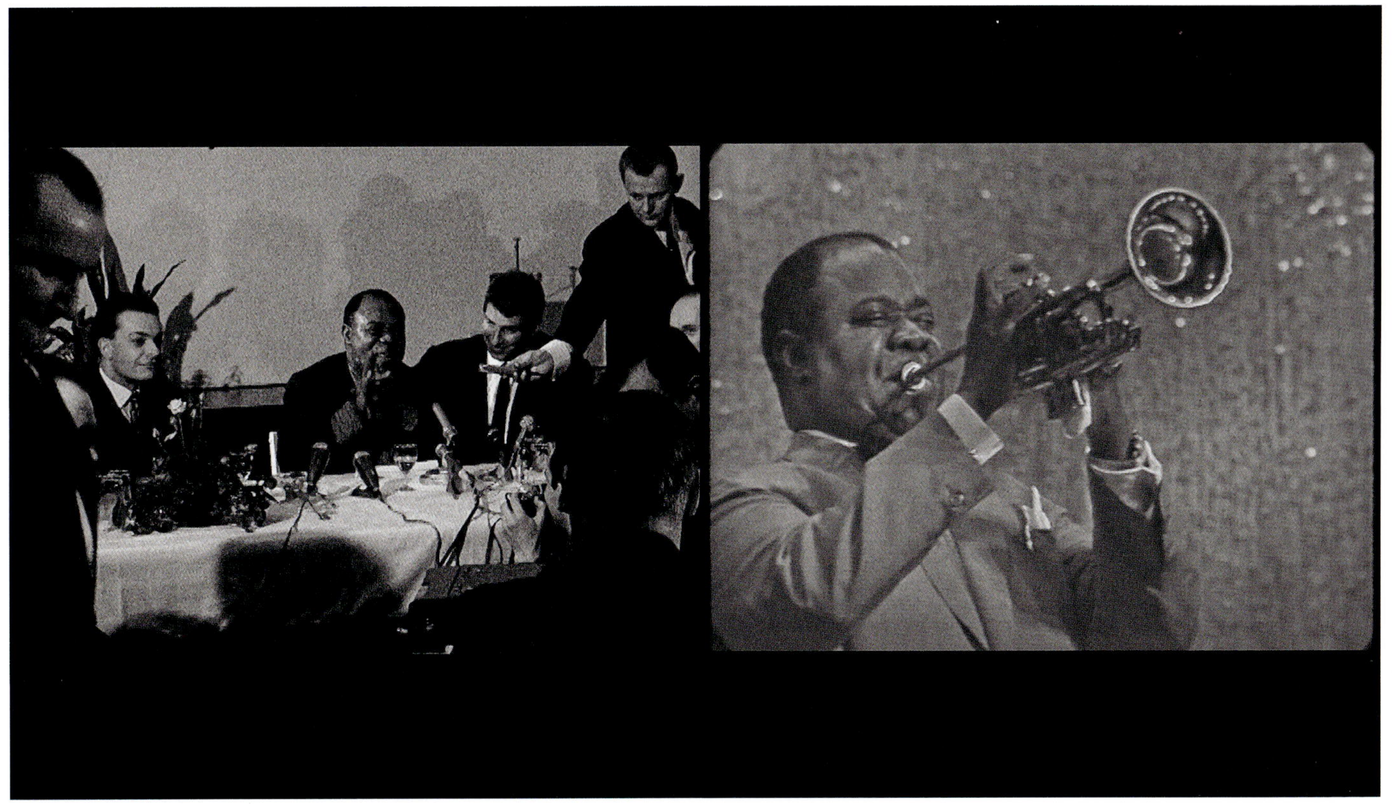

Fig. 1

Fig. 2 (Detail)

Fig. 1 Jason Moran, Still aus / Still from *Louis Armstrong: On Stage / In Concert (Louis Armstrong: auf der Bühne / im Konzert)*, 2023, Video, 22:15 min (Loop), schwarz-weiß, Ton / Video, 22:15 min (loop), black and white, sound, Courtesy der Künstler / of the artist

Fig. 2 Terry Adkins, *Divine Mute* (from the series *Deeper Still*) (*Göttlicher Dämpfer* [aus der Serie *Deeper Still*]), 1998, Aluminium, Messing, Nickel und Holz / Aluminum, brass, nickel, and wood, 195,6 × 195,6 × 54,6 cm, The George Economou Collection

Die Assemblagen des legendären Saxofonisten Peter Brötzmann, wie etwa *Soundcloud* aus den 1970er-Jahren oder *Untitled (Landscape)* von 2011 übersetzen Sound in Materie. Sie bestehen aus Holz und Metall, den Materialien, aus denen Blasinstrumente hergestellt werden. Die Objekte von Brötzmann in der Ausstellung wirken alle konkret, stabil, endgültig und somit wie das Gegenteil von »brötzen« – eine Wortneuschöpfung, die die freie, intensive Spielweise von Peter Brötzmann beschreibt. Sein *Windmeter* (1969) könnte ein autobiografischer Verweis auf die Bedeutung des Atems und der eigenen Lungen für ihn als Saxofonisten sein.[5] Das Werk könnte aber auch als eine Anspielung auf die politische Wetterlage verstanden werden – woher weht der Wind, aus Ost oder West?

Bei der Pressekonferenz in Ost-Berlin saß Armstrong wortwörtlich zwischen den Stühlen: zwischen zwei *weißen* Männern in schwarzen Anzügen, zwischen politischen Systemen, zwischen Übersetzungen in drei Richtungen, Englisch-Deutsch, Deutsch-Englisch und vom Englischen in ein leicht manipuliertes Deutsch, das so klingt, als käme beim Übersetzer der Dämpfer eines Blasinstruments zum Einsatz. Ein Dämpfer im Sinne des Systems, der beispielsweise Armstrongs eindeutiges Wort »bullshit« so stark dämpft, dass es ganz verschwindet im verrauchten Saal. Es war die Frage eines westdeutschen Journalisten, ob Armstrong die Mauer gesehen habe, auf die der Musiker lapidar und mit ernster Miene antwortete: »Ich habe die Mauer gesehen [...] Ich mache mir keinen Kopf um die Mauer, ich mache mir einen Kopf um das Publikum [...] Ich kann nicht sagen, was ich sagen will, aber wenn Sie es erlauben, sage ich es: Vergessen Sie all den anderen Scheiß [*bullshit*]!«[6] Armstrongs Statements bewegen sich im übertragenen Sinne zwischen Mundstück und Dämpfer, zwischen dem Gesagten und dem zu Spielenden am darauffolgenden Tag. Er hat immer beides im Blick und kehrt immer wieder zurück zu seiner Musik, seiner Trompete, seinem kommenden Auftritt. Er sitzt da, zwischen heute und morgen, zwischen Pressekonferenz und Konzert, zwischen Journalisten und Publikum. Einem Publikum, das hungrig nach dem Sound der Freiheit ist, den der Jazz verkörpert.

Was wird gesagt, was wird verschwiegen, und vor allem: Was wird gespielt? Denn auch das Musikspielen ist eine Form des politischen Statements. Nachdem ich die Pressekonferenz und das Konzert gesehen hatte, schrieb ich Jason Moran: »Während der Pressekonferenz habe ich gelitten, das Konzert habe ich genossen. Ich schätze, das sagt etwas über die Kraft der Musik aus und über die zurückgeforderte Freiheit auf der Bühne. Worte versus Musik.« Für seine Antwort nutzte Moran die pointierte Äußerung seines musikalischen Vorbilds, des Pianisten Thelonious Monk: »Statt es zu sagen, kann ich es nicht einfach spielen?«. In der Tat könnte Monks Statement genauso von Armstrong stammen. Darauf aufbauend kombinierte Jason Moran die Filmaufnahmen von Pressekonferenz und Konzert in Ost-Berlin zu einem neuen Film, der die Kraft der Musik offenlegt, an der Armstrong festhielt, jenseits von Sprachen und Mauern.

Die Darbietung von »Without a Song« in Ost-Berlin kommt ganz ohne Gesang und Worte aus. Sie kann als eine Metapher für die Sprachlosigkeit und das Grundvertrauen in das eigene Instrument, in die Kraft der Musik, verstanden werden. Die Kraft der Musik, die Menschen jenseits von Sprachen und Mauern zusammenbringt. Auch wenn die Lyrics von »Without a Song« im Konzert im Friedrichstadt-Palast nicht vorkamen, sind sie für unsere Ausstellung von zentraler Bedeutung:

Ohne ein Lied würde der Tag nie enden
Ohne ein Lied würde die Straße sich nie winden
Wenn die Dinge schieflaufen, wäre kein Freund zu finden
Ohne ein Lied
[...]
Ich hab meine Sorgen und Nöte, aber so sicher wie der Jordan fließt
Ich komm klar, solang ein Lied meine Seele stärkt
Ich werde nie wissen, warum der Regen fällt
Ich werde nie wissen, warum das Gras wächst
Ich weiß nur, es gibt keine Liebe auf dieser Welt
Ohne ein Lied

WEST END BLUES

Das Tanztheaterstück *Nelken* (1982) von Pina Bausch handelt von der Liebe und ihrer Unmöglichkeit bzw. ihrem Scheitern. Es ist aber auch ein Stück über die Grenzen von Sprache und, wie alle Stücke von Bausch, zugleich über die Grenzenlosigkeit von Musik und Tanz, wenn es um den Ausdruck tiefer menschlicher Gefühle geht: Da wo Sprache aufhört zu funktionieren oder schlicht und einfach nicht genügt, setzen Musik

5 Peter Brötzmann verstarb kürzlich an einer Lungenkrankheit. Für diesen Katalog war ein Interview mit ihm geplant. Jason Moran hatte ihn für die Ausstellung und die Publikation eingeladen. Brötzmann wusste, mit welchen Werken er vertreten sein würde. Armstrong war für ihn eine wichtige Figur.
6 *Pressekonferenz mit Louis Armstrong,* ARD Video, 22:08 min, 19.3.1965, veröffentlicht von ARD Mediathek, https://www.ardmediathek.de/video/reportagen-und-berichte-des-fernsehfunks/pressekonferenz-mit-louis-armstrong/ard/Y3JpZDovL2hyLW9ubGluZS8xMjg5NTA (Zugriff am 11.7.2023).

und Tanz an. Das Stück *Nelken* wurde in Wuppertal 1982 uraufgeführt, während die Mauer Deutschland teilte. Bauschs kompromissloser Bühnenbildner aus Polen, Peter Pabst, füllte die komplette Bühne mit Nelken – einer Blumensorte, die in der DDR stark verbreitet war. Dass Lucille Armstrong einen Strauß Nelken geschenkt bekam, als sie in Ost-Berlin am Flughafen ankam, mag zunächst wie ein unwichtiges Detail erscheinen, doch gibt die Blumensorte auf den alten Fotografien definitiv Auskunft über Ort und Zeit. Lucille Armstrong begleitete ihren Ehemann bei vielen internationalen Touren. Nicht alle Musiker:innen konnten es sich leisten, den/die Partner:in mitzunehmen, wie Lucille Armstrong selbst zugegeben hat. Die beiden versuchten damit auch unterwegs ein Stück Zuhause zu wahren.

In der Ausstellung zeigen wir den Auszug *Frühling Sommer Herbst Winter* von Pina Bauschs Stück *Nelken,* bekannt als »Nelken-Reihe«. Eine Tänzerin erklärt dem Publikum in wenigen Worten die vier Jahreszeiten und führt dabei in Gebärdensprache die entsprechenden Bewegungen vor: Frühling, Sommer, Herbst, Winter. Beim Wort »Winter« wird die Stimme tiefer, die Tänzerin ballt die Hände zu Fäusten und spannt die Arme zu einer zitternden Geste, als würde sie frieren. Laute Musik setzt ein: Es ist Louis Armstrongs »West End Blues«, ein *12 bar blues*, der von Armstrongs Mentor Joe »King« Oliver stammt und in Armstrongs eigener Version einer musikalischen Revolution gleicht, wie Jason Moran findet. Ein ungemein schwer zu spielendes Stück, das dennoch Lässigkeit vermittelt. Die Klarinette und Armstrongs Stimme geraten in eine Art Unterhaltung, ein *call and response* im sogenannten *scatting style*. Die Tänzerin in Pina Bauschs *Frühling Sommer Herbst Winter* verlässt langsam die Bühne, während das restliche Tanzensemble übernimmt und eine lange Schlange bildet. Sie vollführen alle gleichzeitig die eben vorgeführten Bewegungen, lautlos und lässig, zum Sound von »West End Blues«. Es liegt eine leichte Ironie in den Blicken der Tänzer:innen, die Jahreszeiten werden zu Gemütszuständen, die genüsslich dem Publikum offenbart werden. Bauschs *Frühling Sommer Herbst Winter* und Armstrongs »West End Blues« kommen am Ende ganz ohne Stimmen aus und vermitteln gemeinsam mehr als Worte je könnten. Die Jahreszeiten wiederholen sich wie die Bewegungen der Performer:innen, stets im selben Tempo – kein Grund zur Eile, kein Grund zur Sorge: Es ist doch bloß ein Lebenskreis im Nelkenmeer der Emotionen, nach dem Winter folgt erfahrungsgemäß der Frühling.

BLUE BLUES

Genauso hoffnungsvoll wie das Warten auf den Frühling in *Frühling Sommer Herbst Winter* erscheint der Satz »someday we shall overcome« (»eines Tages werden wir überwinden«), getippt von der Künstlerin Ruth Wolf-Rehfeldt auf ihrer Erika-Schreibmaschine in den 1970er-Jahren in der DDR. Sie tippt auf einem kleinen Blatt Papier, einem Mantra ähnlich, diesen einen Satz als Hommage an Martin Luther King Jr. und die Bürgerrechtsbewegung der 1960er-Jahre in den Vereinigten Staaten. Das Wort »someday« in der Mitte ist losgelöst vom Rest, von dort aus bilden die Zeilen »we shall overcome« das V für »Victory« (Sieg). Aber wann wird »someday« (eines Tages) endlich eintreten?

Die Arbeit hängt in der Ausstellung neben *Blue Blues* aus den 1970er-Jahren, der einzigen Papierarbeit im gesamten Œuvre von Wolf-Rehfeldt in strahlendem Blau. Das Wort »Blue« wird vertikal Buchstabe für Buchstabe, Zeile für Zeile, nach und nach getippt und die Buchstaben scheinen herunterzufallen oder vielmehr herunterzutropfen wie Tränen auf die Papieroberfläche, um sich unten in pointierten Variationen zu sammeln: Blue, Blueness, Bluing, Bluebird, Bluish, Blues. Es geht eindeutig um Jazz, um Blues, um Charles Mingus' Album *Bluebird* aus dem Jahr 1971.[7] *Blue Blues* »spricht« in der Ausstellung zu der Neon-Installation *Untitled (Bruise/Blues)* (2014) von Glenn Ligon. Beide Künstler:innen arbeiten mit Sprache, verwandeln deren Einschränkungen in mächtige politische Statements. Die Musikkomposition »Come Out« (1966) von Steve Reich gibt den Rhythmus vor, zu dem Ligons Neonlicht blinkt. Wolf-Rehfeldt arbeitet in ihren Schreibmaschinengrafiken zwar ohne Bezug auf Steve Reich, dennoch wie eine Komponistin der Minimal Music mit Wiederholungen und exakten Verschiebungen. Es ist ein nicht hörbarer Sound, der diese Werke miteinander verbindet – die Neon-Installation eines afroamerikanischen Künstlers (geb. 1960) und die Schreibmaschinengrafik einer Künstlerin aus der DDR (geb. 1932).

Im Kontrast zur minimalistischen Konzeptkunst von Ruth Wolf-Rehfeldt steht die offizielle Malerei der DDR. 1972 waren in der VII. Kunstausstellung der DDR in Dresden Gemälde zu Ehren der Bürgerrechtsaktivistin Angela Davis ausgestellt. In diesem Zusammenhang war auch Willi Sittes großformatiges Werk *Angela Davis und ihr Richter* (1972) zu sehen. Sitte vereint in seinem Gemälde die Solidarität mit den Afroamerikaner:innen mit der Kritik am Klassenfeind USA, der hier als Verkörperung von Imperialismus und Krieg dargestellt wird. Das Werk

7 »Ich hör hauptsächlich Blues und Country. [lacht] Armstrong, John Lee Hooker, Big Bill Broonzy, Billy Holliday, so was«, Ruth Wolf-Rehfeldt in einem Radiofeature. Vgl. Ulrike Bajohr, *Ruth.*

Robert. René. Eine Ostberliner Künstlerfamilie, DLF 2019, https://www.hoerspielundfeature.de/ostdeutsche-leben-4-4-ruth-robert-rene-eine-100. html (Zugriff am 20.6.2023).

ist politisches Programm. Angela Davis wird in einem Tondo zur Heldin erhöht, einer Mariendarstellung ähnelnd, der Klassenfeind wird dagegen als martialisches, bedrohliches Wesen dargestellt. Ob im Hintergrund der singende Louis Armstrong zu sehen ist, ist nicht belegt. Nach Angela Davis' Freispruch in den USA – sieben Jahre nach Armstrongs Tour durch die DDR – wurde sie offiziell eingeladen und feierlich in der DDR empfangen. Dem vorausgegangen war die Aktion »1 Million Rosen«, ein Aufruf an die Öffentlichkeit, Solidarität mit der Aktivistin zu zeigen, indem Postkarten mit roten Rosen an sie versendet wurden.[8]

Hunderte von roten Rosen sind im Innenraum von Adrian Pipers *Mauer* (2010) installiert. Die Mauer gesehen zu haben, ist eine Erfahrung, die viele der an dieser Ausstellung beteiligten Künstler:innen teilen. Ruth Wolf-Rehfeldt und Evelyn Richter erlebten die Mauer aus Ost-, Rosemarie Trockel, Pina Bausch und Peter Brötzmann vornehmlich aus West-Perspektive. Armstrong erlebte beide Seiten. Und wie nimmt die Künstlerin Adrian Piper die Mauer und die deutsche Geschichte wahr? Piper kam erstmalig 1977 mit dem Goethe-Institut nach Berlin, kehrte nach dem Fall der Mauer 1994 nochmals zurück und »flüchtete«, wie sie selbst sagt, im Jahr 2005 aus den USA für immer nach Berlin. Sie wählte bewusst Ost-Berlin als Wohnort und interessierte sich schon immer für DDR-Geschichte.[9]

Das Werk *Mauer* besteht aus aufeinander gestapelten Röhrenmonitoren, die Störungsbilder des amerikanischen Senders CBS zeigen sowie eine Live-Übertragung von den Hunderten von roten Rosen, die sich im Inneren des Werks befinden.[10] Die *Mauer* von Adrian Piper reflektiert für mich den Übergang zwischen West und Ost, Ost und West, und möglicherweise sogar den eigenen Weggang der Künstlerin von New York nach Berlin fünf Jahre zuvor.[11] Jason Moran schrieb Piper: »Wenn ich an das Werk *Mauer* denke, denke ich an die Mauern, die Armstrong und seine Familie im Laufe ihres Lebens gesehen haben. Louis hat als Kind in New Orleans in den frühen 1900er-Jahren, später in den 1920ern in Chicago, dann in New York um die 1930er und in der Welt eine Menge Mauern zu spüren bekommen. Ich denke auch daran, wie er als der wahrscheinlich erste

›Popstar‹ die vierte Wand der Bühne aufgelöst hat. Er bleibt im Kontakt mit seinem Publikum.«[12]

In einem Interview im Jahr 2018 anlässlich der Verleihung des Käthe-Kollwitz-Preises wird Adrian Piper gefragt, welche Frage ihrer Meinung nach gerade jetzt dringend zu stellen wäre. Sie antwortet: »Ob die Menschheit nichts als eine tragische Mutation ist, ohne die das Universum ein besserer Ort gewesen wäre.«[13]

(WHAT DID I DO TO BE SO) BLACK AND BLUE?

»Sie würden Jesus schlagen, wenn er Schwarz wäre und auf die Straße ginge«, sagte Louis Armstrong, als er von den Ereignissen am »Bloody Sunday« (blutiger Sonntag) in Selma[14] erfuhr. Er war zu diesem Zeitpunkt, Anfang März 1965, in Kopenhagen.[15] Dass der Song »Black and Blue« zum festen Repertoire während der gesamten DDR-Tour gehörte, ist vor diesem Hintergrund ein politisches Statement.

Armstrongs Performance in der DDR ist ein Zeichen der Freiheit, wenn auch nur für die Dauer der Aufführung. Es ist eine ernüchternde Feststellung, die über Jahrhunderte in Bezug auf Schwarze Musik gilt. Die Liebe und Bewunderung des Publikums auf der Bühne zu erfahren, steht im Widerspruch zu den Schwierigkeiten, mit denen die Musiker:innen backstage konfrontiert waren und immer noch sind: die Verhandlungen davor, die Gage, der *(weiße)* Manager im Hintergrund, die Arbeitsbedingungen im Jazz.

In der Ausstellung *I've Seen the Wall* geht es um den bekanntesten Jazzmusiker der Welt, der leider nicht nur mit Applaus und Begeisterung, sondern auch mit Rassismus aufgenommen wurde, sowohl auf den Stationen seiner Tour als auch nach der Rückkehr in die USA. Können Liebe und Hass, weltweiter Erfolg und Unterdrückung, Anerkennung und Rassismus nebeneinander bestehen? Armstrong berichtet, wie einmal ein *weißer* Fan auf ihn zukam und ihm ins Gesicht sagte: »Wissen Sie, ich mag [N-Wort] nicht«. Armstrong antwortete: »Tja, ich bewundere Ihre verdammte Ehrlichkeit.« Darauf

8   Die Kuratorin und Autorin Kathleen Reinhardt kuratierte die Ausstellung *1 Million Rosen für Angela Davis,* die vom 10.10.2020 bis 24.1.2021 im Albertinum, Staatliche Kunstsammlungen Dresden zu sehen war.
9   Vgl. Adrian Piper, *Kann der Mensch verbessert werden? Zum Feiern des 25. Jahrestags des Mauerfalls,* 2014, http://www.adrianpiper.com/docs/WebsiteKannDerMenschVerbessertWerden(2014).pdf (Zugriff am 31.7.2023).
10   Vgl. Anke Hervol: »For sure, they (the roses) symbolise love and beauty, but on the other side, the rose and red carnation are socialist and communist symbols«, in: Kathryn O'Regan, »Everything

you need to know about Adrian Piper's conceptual installations before you go and see them«, in: *Sleek Magazine,* 25.9.2018, https://www.sleek-mag.com/article/adrian-piper/ (Zugriff am 27.7.2023) sowie Hervol in: »Werke in der Ausstellung Käthe-Kollwitz-Preis 2018. Adrian Piper«, Akademie der Künste Berlin 2018, https://www.adk.de/de/programm/PDF/2018/Adrian-Piper_Kaethe-Kollwitz-Preis_2018.pdf?m=1687346946& (Zugriff am 27.7.2023).
11   Acht Jahre später widmete Adrian Piper der eigenen Emigration aus den USA nach Berlin ein Buch: Adrian Piper, *Escape to Berlin. A Travel Memoir,* Berlin 2018.

12   Jason Moran in einer E-Mail an Adrian Piper.
13   Adrian Piper im Interview mit Agata Waleczek, »›I Still Do Believe They Want Me Dead‹. An Interview With Adrian Piper«, in: *Frieze Magazine,* 10.9.2018, https://www.frieze.com/article/i-still-do-believe-they-want-me-dead-interview-adrian-piper (Zugriff am 1.7.2023).
14   Der 7.3.1965 ging als »Bloody Sunday« in die US-Geschichte ein. Aus Selma marschierten etwa 600 Bürgerrechtsaktivist:innen, die Polizei stoppte die Marschierenden mit Knüppeln und Tränengas.
15   Vgl. Wolfram Knauer, *Black and Blue. Louis Armstrong, sein Leben und seine Musik,* Ditzingen 2021, S. 181.

   PAOLA MALAVASSI

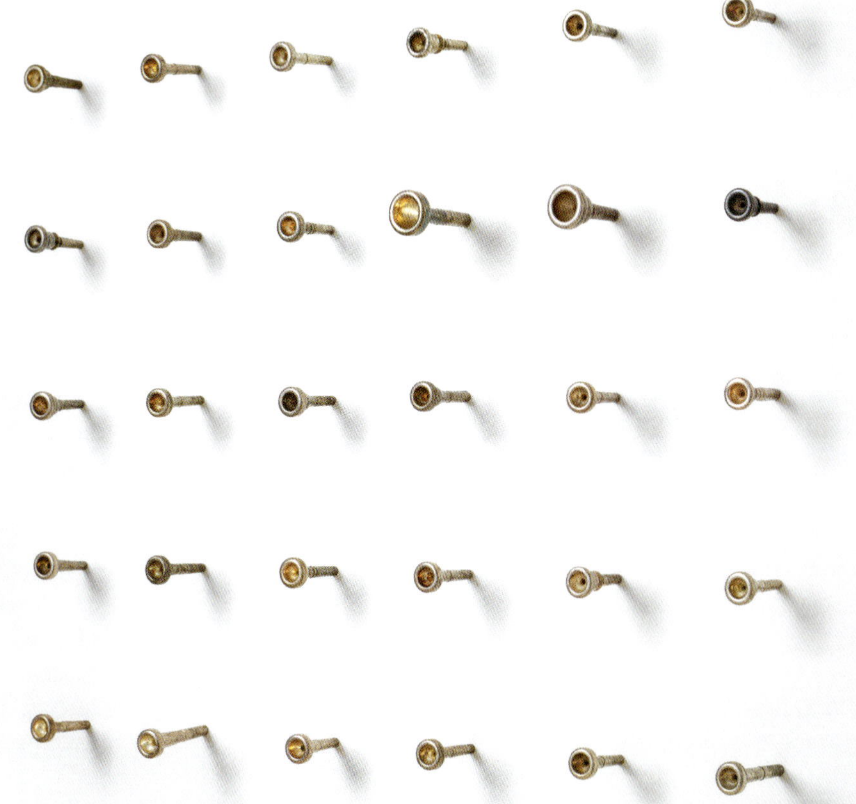

Fig. 3 (Detail)

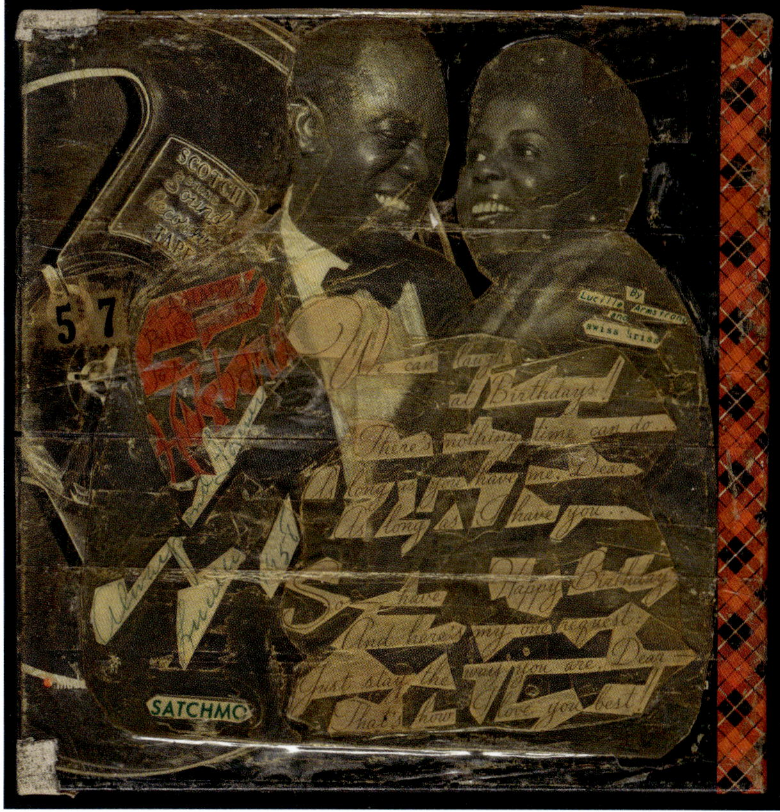

Fig. 4

Fig. 3   Lorna Simpson, *Hypothetical? (Hypothetisch?)*, 1992, Fotografie, Zeitungsausschnitt, Instru-
mentenmundstücke, Klang / Photograph, newspaper clipping, instrument mouth pieces, sound,
Gesamtmaße der Installation variabel / Installation dimensions variable, Collection of
Emily Fisher Landau. Promised gift to the Whitney Museum of American Art

Fig. 4   Louis Armstrong, *Tape Box Collage for "Reel 57" (Tonbandkassetten-Collage für »Reel 57«)*,
1958, Mixed Media, 17,8 × 17,8 cm, Inv.-Nr. / Inv. no. 1987.3.053, Courtesy of the Louis Armstrong
House Museum. With special thanks to the Louis Armstrong Educational Foundation

erwiderte der Fan: »Ich mag [N-Wort] nicht, aber nach Dir, Hurensohn, bin ich ganz verrückt, Baby.« Darauf sagte Armstrong: »Sie haben immer einen, nach dem sie einfach verrückt sind, verdammt noch mal.«[16]

Es erscheint leicht, diejenigen auf der Bühne zu verehren, so virtuos wie sie sind, so außerordentlich. Ist ihre Leistung also Voraussetzung für Respekt? In der Ausstellung findet sich eine Visitenkarte zum Mitnehmen. Sie trägt den Titel *My Calling (Card) #3 (Reactive Guerrilla Performance for Disputed Territorial Skirmishes)* (2012) und stammt von Adrian Piper. Auf der einen Seite der Karte steht auf Deutsch die Anweisung: »Fassen Sie mich nicht an.«. Auf der Rückseite steht: »Do not touch, tap, pat, stroke, prod, pinch, poke, grope or grab me.« (»Mich nicht anfassen, antippen, tätscheln, streicheln, stoßen, kneifen, stupsen, befummeln oder angrabschen.«).

Ein Publikum von über 15.000 Menschen singt textsicher die Songs von Kendrick Lamar 2022 auf einem Konzert in Berlin mit, wie ich es nie erwartet hätte – alte Songs, neue Songs – doch: Wie viele der Mitsingenden hegen eigentlich rassistische Gefühle, wenn es nicht um den Auftritt des großen Stars, sondern um die eigenen Nachbar:innen oder um Geflüchtete geht, die unfreiwillig Kriegsregionen verlassen müssen und nach Deutschland kommen?

»Hinter der Bühne«, metaphorisch verstanden, spielt sich die eigentliche Realität ab, nicht auf der Bühne. Davon handelt Darol Olu Kaes Film. Er untersucht dabei nicht nur den Rassismus backstage, sondern die eigentliche reale Liebe im Hintergrund, die Liebe zwischen Louis und Lucille Armstrong, zwischen Bandmitgliedern, und die Arbeit, die die Musik aufrechterhält. Deswegen haben wir den Bühnenvorhang aus dem Friedrichstadt-Palast im MINSK wieder aufgebaut: Wir möchten mit dieser Ausstellung backstage gehen, hinter den Eisernen Vorhang, hinter die Mauer.

Fast sarkastisch wirkt die Geste der DDR, mit den Konzerten von Armstrong auf den großen Bühnen Freiheit für eine Stunde und fünfzig Minuten vorzuführen, während das Publikum große Umwege im Alltag gehen musste, um an eben genau diese Musik heranzukommen und sich Jazzplatten aus dem Westen unter der Hand zu sichern. Die Freiheit, die die Musiker:innen auf der Bühne reklamierten, war in Amerika schon beim

Betreten der Lokale, in denen sie gespielt haben, oder von Restaurants im Anschluss an die Performance hinfällig. Insofern ist es schon eine »aktivistische Tat«, so der Regisseur des neuen Films *Louis Armstrong's Black & Blues* (2022) Sacha Jenkins, wenn es Armstrong bei Anfragen für das Spielen in einem bestimmten Hotel zur Bedingung machte, auch dort übernachten zu dürfen.[17]

Wie kann es sein, dass ein System wie die DDR Solidarität für Afroamerikaner:innen propagiert und im gleichen Atemzug Jazz im Alltag klein hält? Die Situation der Afroamerikaner:innen ist vielfach vergleichbar mit jener der DDR-Bürger:innen: Segregation, Kontrolle und Gewalt.

Nach der Tour und nach dem Auftritt geht es immer zurück nach Hause, das gilt gleichermaßen für Armstrong wie für sein DDR-Publikum. Armstrong kehrte irgendwann zurück nach Corona, Queens, um dort wieder mit Rassismus konfrontiert zu werden. Das Publikum in Ost-Berlin, Leipzig, Magdeburg, Erfurt und Schwerin kehrte schon am selben Abend zurück in seine Wohnungen und Häuser, in denen es womöglich abgehört wurde, in denen die Wahl der eigenen Bücher, Musik und Filme einer strengen Kontrolle unterlag.

Ein Jahr vor Armstrongs Ankunft in der DDR hatte Martin Luther King Jr. ein bahnbrechendes Grußwort für die erste Ausgabe der Jazztage in West-Berlin (das heutige Jazzfest) geliefert. Das war 1964. Darin ist zu lesen:

> »Jazz spricht für das Leben. Der Blues erzählt die Geschichte der Schwierigkeiten des Lebens und wenn Du kurz darüber nachdenkst, wird Dir klar, dass sie die härtesten Lebensumstände in Musik umwandeln, nur um ein bisschen mehr Hoffnung oder einen gewissen Triumph daraus zu schöpfen. [...]
> Und jetzt wird Jazz in die ganze Welt exportiert. Denn im speziellen Kampf des Negros in Amerika steckt etwas, das dem universellen Kampf des modernen Menschen ganz ähnlich ist. Jeder hat den Blues. Jeder sehnt sich nach Bedeutung. Jeder will lieben und geliebt werden. Jeder will klatschen und glücklich sein. Jeder sehnt sich nach Glauben.«[18]

Wenn ich diese Gedanken von Martin Luther King Jr. zur Bedeutung von Jazz lese, muss ich mich korrigieren: Es gibt doch Momente, da können Worte so kraftvoll sein, zeitlos und allgemeingültig wie die Musik selbst.

16   Sacha Jenkins, *Louis Armstrong's Black & Blues,* Apple TV+, 2022, 00:51 min.
17   *The great Louis Armstrong,* CBS News, 09:14 min, veröffentlicht von CBS, 2.7.2023, https://www.cbsnews.com/video/the-great-louis-armstrong/ (Zugriff am 11.7.2023).
18   Martin Luther King Jr., *On the Importance of Jazz,* Jazztage Berlin, 1964, https://www.berliner-festspiele.de/jazzfest-berlin/programm/programmarchiv (Zugriff am 11.7.2023).

   PAOLA MALAVASSI

"Words – vs – Music. Exactly. Once in an interview with Thelonious Monk, the interviewer asked him a question and he replied: 'Rather than say it, can't I just play it?'"[1] —Jason Moran

WITHOUT A SONG

A breathtaking solo on brass at the Friedrichstadt-Palast in East Berlin on March 22, 1965: the trombonist Tyree Glenn is playing as a band member of the All Stars on the legendary tour that took Louis Armstrong through the German Democratic Republic (GDR) in 1965.[2] The concert lasts almost two hours. Each instrumentalist has a solo this evening, save for the singer Jewel Brown. She is always accompanied by the other musicians and intermittently comes through the draped glittering curtain at the back of the stage for her appearances. She thrills the crowd with her fantastic voice and disappears again behind the curtain, accompanied by rapturous applause, only to reappear later in an elegant new evening gown. What a performance! The musicians on the other hand never leave the stage. A table with a white cloth is set up for them, with drinks and cigarettes at the ready for short breaks to catch their breath or smoke during their colleagues' solo performances—a "backstage" in front of the audience, a breather before 6,000 eyes.

With the recreated curtain of the Friedrichstadt-Palast as the threshold of the exhibition *I've Seen the Wall*, an invitation is extended: let's go backstage together, to take a closer look and listen even more closely to how complex such an invitation to play behind the Iron Curtain must have been for an African American musician like Armstrong in 1965. It was soon clear to my co-curator Jason Moran and me that the curtain and the Wall would play a central role in our exhibition. It's about the complexity of history and music in the 1960s against the backdrop of the civil rights movement in the United States and the Iron Curtain in Europe. We'd like to make this visible and audible through the

means of art and hope to stimulate reflection on the relation between music and racism, both then and today.

In music, a mute minimizes and manipulates the sound. With this instrument attachment, the trombonist Tyree Glenn generated a sound that came strikingly close to a human voice, even Armstrong's own.[3] It's astonishing how, in his hands and through his breath, the trombone seems to be effortlessly brought to sing a well-known melody. It is the music piece "Without a Song." How fitting this title seems for his act in East Berlin: "without a song" in the sense of without vocals, without lyrics, without words. A performance in which the vocals are produced solely by the trombone and a mute.

A mute is also part of the artwork *Divine Mute* (1998) by Terry Adkins. The instrument attachment here, however, symbolizes a "divine" call for resistance against slavery.[4] In Lorna Simpson's installation *Hypothetical?* (1992), on the other hand, many mouth pieces are mounted directly on the wall without their respective instruments. Both elements, mouthpiece as well as mute, have a symbolic meaning: a mouthpiece enables sound by interacting with the breath, while a mute manipulates, muffles, or impedes it. Armstrong's trumpet was an extension of his own voice, it was perhaps even the louder and more direct voice when it came to his political stance. Using his own symbolic language, Wadada Leo Smith dedicates a score to Armstrong entitled *Louis Armstrong Counterpointing* (2016–17). With *Ellington and Armstrong* (ca. 1975), Romare Bearden creates a collaged tribute to both musicians from sheet music paper, instruments, and portraits. Whether scores, empty sheet music, mouth pieces, or mutes: potential sound is central to *I've Seen the Wall*. It's embodied in the works by Terry Adkins, Lorna Simpson, Wadada Leo Smith, and Romare Bearden, but especially in Armstrong's trumpet from the holdings of the Louis Armstrong House Museum.

Rosemarie Trockel and Peter Brötzmann also play with the presence and absence of sound. In Trockel's minimalistic sculpture *Untitled* (1991), a hotplate and crochet hook become a nonfunctional record player. It is a play with form and words that Trockel engages in here because a record player indeed consists

---

1   Pianist, composer, and artist Jason Moran, co-curator of the exhibition, in an email to the author.
2   In the middle of the Cold War, the African American Jazz musician performed in East Berlin, Leipzig, Magdeburg, Erfurt, and Schwerin. The tour was very tightly scheduled with 17 concerts in only nine days. With a capacity of not less than 2,000–3,000 seats, the halls were very quickly sold out—approximately 45,000 people experienced Louis Armstrong and his All Stars live in the GDR. See Stephan Schulz, *What a Wonderful World: Als Louis Armstrong durch den Osten tourte* (Berlin, 2010).
3   Getting close to the sound of a human voice by using a plunger mute is a technique developed and subsequently carried forward by Louis Armstrong's mentor Joe "King" Oliver.
4   See the text from Tina M. Campt in this publication, pp. 118–23.

of a plate, just not for cooking, and a needle, just not one for crocheting. The assemblages of the legendary saxophonist Peter Brötzmann, like *Soundcloud* from the 1970s or *Untitled (Landscape)* from 2011, translate sound into matter. They consist of wood and metal, the materials from which wind instruments are produced. Brötzmann's objects in the exhibition all seem concrete, stable, definitive, and thereby the opposite of "*brötzen*"—a neologism that describes Peter Brötzmann's free, intensive style of playing. His *Windmeter* (1969) could be an autobiographical reference to the significance of breath and his own lungs as a saxophonist.[5] But the work could also be understood as an allusion to the political atmospheric conditions: Where does the wind blow, from the East or the West?

At the press conference in East Berlin, Armstrong was literally "on the fence" or caught between a rock and a hard place: between two white men in black suits, between political systems, between translations in three directions, English-German, German-English, and from English into a lightly manipulated German, which sounded like the translator was using the mute of a brass instrument. A mute in the sense of the system, which for example so strongly mutes Armstrong's unambiguous word "bullshit" to such an extent that it disappears altogether in the smoky hall. It was to a West German journalist's question of whether Armstrong had seen the Wall that the musician answered succinctly and with a serious expression: "I've seen the Wall … I don't worry about the Wall, I worry about the audience … I can't say what I wanna say, but if you'll accept it, I'll say it: Forget about all that other bullshit!"[6] Armstrong's statements move figuratively between mouthpiece and mute, between what is said and what is to be played the following day. He always keeps both in mind and always returns to his music, his trumpet, his coming performance. He sits there, between today and tomorrow, between press conference and concert, between journalists and audience. An audience that is hungry for the sound of freedom that jazz embodies.

What will be said, what will be silenced, and most of all, what will be played? Because playing music is also a form of political statement. After I watched the press conference, I wrote to Jason Moran: "The press conference made me suffer, the concert I enjoyed. I guess that says something about the power of music and the freedom reclaimed on stage. Words versus music."

For his answer, Moran used the pointed expression of his musical role model, the pianist Thelonious Monk: "rather than say it, can't I just play it?" Monk's statement could indeed just as easily come from Armstrong. Building on this, Moran combined the film footage of the press conference and the concert in East Berlin to create a new video that reveals the power of the music that Armstrong held on to, beyond languages and walls.

The performance of "Without a Song" in East Berlin does entirely without singing and words. It can be understood as a metaphor for speechlessness and a basic trust in one's own instrument, in the power of music. The power of music to bring people together beyond languages and walls. Even if the lyrics of "Without a Song" couldn't be found in the concert at the Friedrichstadt-Palast, they are central to our exhibition:

> Without a song the day would never end
> Without a song the road would never bend
> When things go wrong, a man ain't got a friend
> Without a song
> …
> I got my troubles and woe but sure as I know that Jordan will roll
> I'll get along as long as a song is strong in my soul
> I'll never know what makes the rain to fall
> I'll never know what makes the grass so tall
> I only know there ain't no love at all
> Without a song

WEST END BLUES

The Tanztheater (dance theater) piece *Nelken* (1982) by Pina Bausch is about love and its impossibility or failure. But it is also a piece about the limits of language and, like all of Bausch's pieces, at the same time about the boundlessness of music and dance when it comes to expressing deep human emotions: where language stops functioning or is simply not enough, music and dance take over. The piece *Nelken* premiered in Wuppertal in 1982 while the Wall divided Germany. Bausch's uncompromising Polish stage designer, Peter Pabst, filled the entire stage with carnations—a type of flower that was quite common in the GDR. That Lucille Armstrong received a bouquet of carnations

---

5 Peter Brötzmann recently passed away from a respiratory disease. An interview was planned with him for this catalogue. Jason Moran had invited him for the exhibition and the publication. Brötzmann knew which works would be presented. Armstrong was an important figure for him.

6 *Press conference with Louis Armstrong,* ARD Video, 22:08 min, March 19, 1965, released by ARD Mediathek, https://www.ardmediathek.de/video/reportagen-und-berichte-des-fernsehfunks/presse-konferenz-mit-louis-armstrong/ard/Y3JpZDovL2hyL-W9ubGluZS8xMjg5NTA (accessed July 11, 2023).

     PAOLA MALAVASSI

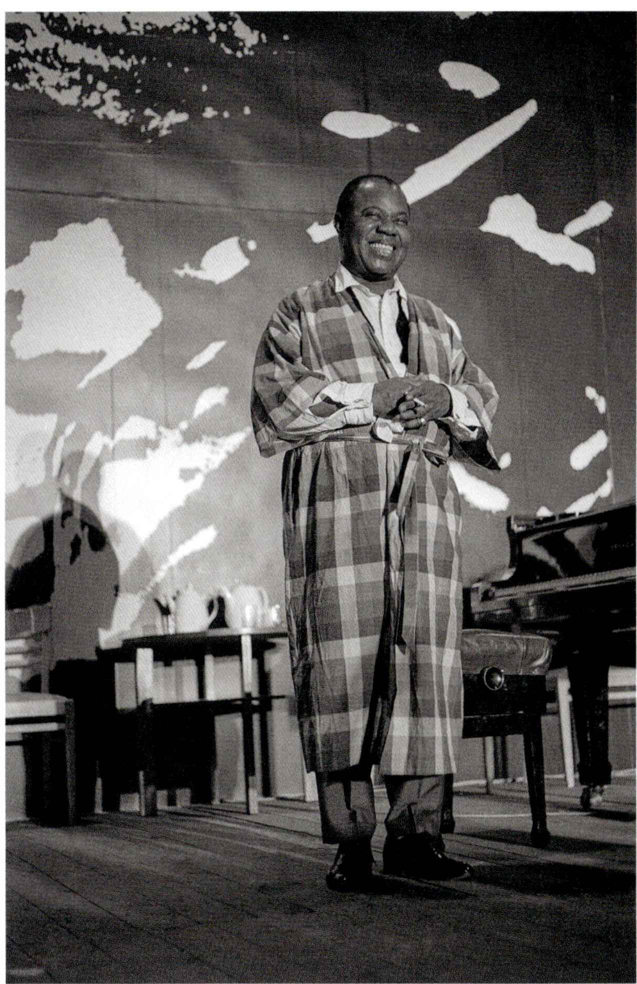

Fig. 5

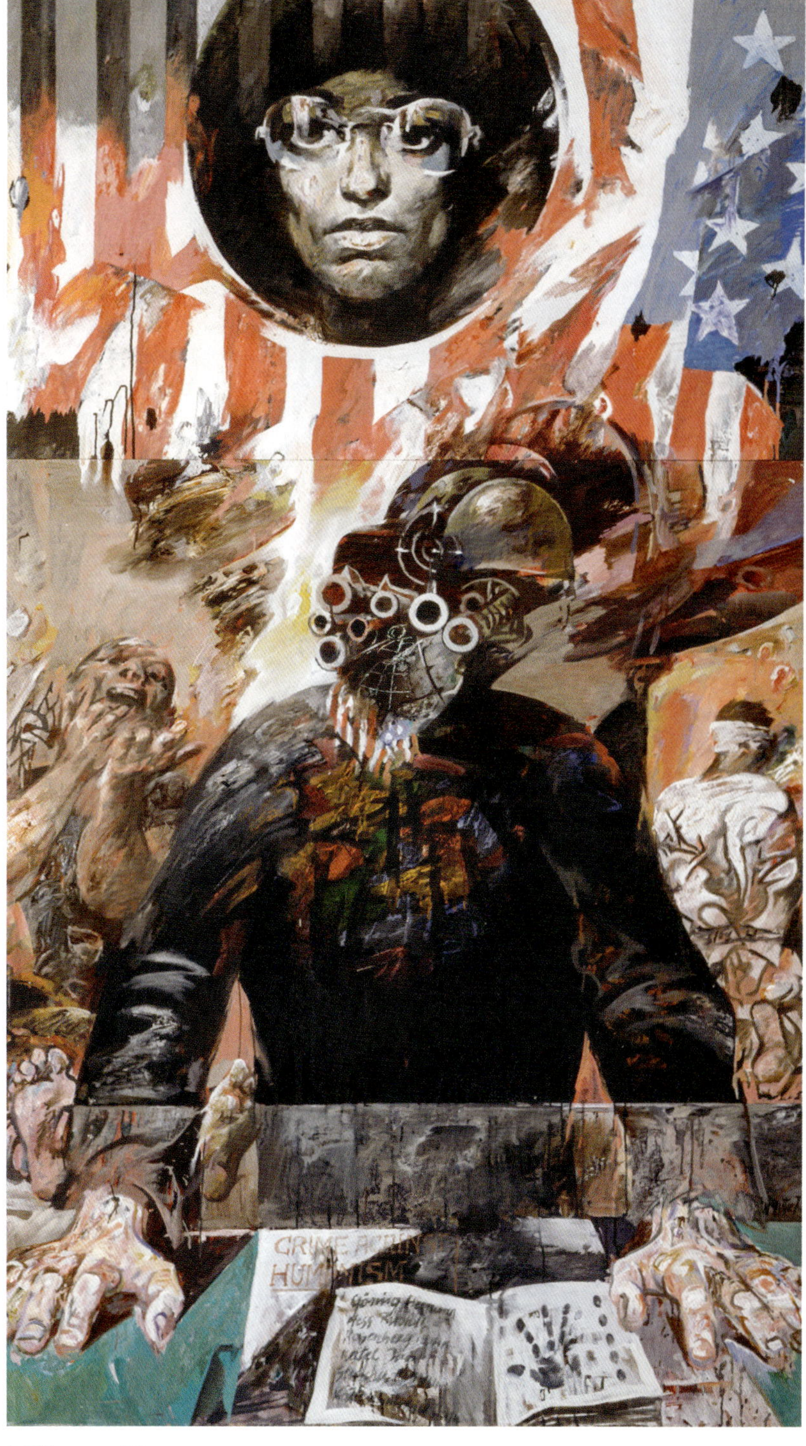

Fig. 6

Fig. 5   Louis Armstrong kehrt in einem Morgenmantel auf die Bühne zurück,
         um sich erneut vor dem begeisterten Konzertpublikum in Leipzig im
         März 1965 zu verbeugen / Louis Armstrong returns to the stage in a
         robe to take another bow before the rapturous concert audience in
         Leipzig in March 1965. Foto / Photo: picture alliance / anonymous
Fig. 6   Willi Sitte, *Angela Davis und ihr Richter (Angela Davis and Her
         Judge)*, 1972, Öl auf Hartfaser / Oil on hard fiber, 184 × 106 см,
         Sammlung Hasso Plattner / Hasso Plattner Collection

as a gift when she arrived in East Berlin at the airport may seem like an insignificant detail at first, but the flower in the old photograph offers definitive information about place and time. Lucille Armstrong accompanied her husband on many international tours. Not all musicians could afford to bring their partners with them, as Lucille Armstrong herself has admitted. In doing so, they both tried to preserve a piece of home.

In the exhibition we show the excerpt *Frühling Sommer Herbst Winter* of Pina Bausch's piece *Nelken,* the so-called "Nelken Line." A dancer explains the four seasons to the audience in few words, while demonstrating the corresponding movements in sign language: spring, summer, fall, winter. With the word "winter," the voice becomes deeper, the dancer balls her hands into fists and tenses her arms into a shivering gesture, as if she would freeze. Loud music kicks in: it's Louis Armstrong's "West End Blues," a 12-bar blues, that originated with Armstrong's mentor Joe "King" Oliver and, in Armstrong's own version, resembles a musical revolution, as Jason Moran finds. A tremendously difficult piece to play, which nonetheless conveys nonchalance. The clarinet and Armstrong's voice enter into a kind of conversation, a call and response in the so-called scatting style. The dancer in Pina Bausch's *Frühling Sommer Herbst Winter* slowly leaves the stage, while the rest of the dance ensemble takes over and forms a long line. They all simultaneously perform the movements just demonstrated, silently and nonchalantly, to the sound of "West End Blues." There is a slight irony in the dancers' expressions, the seasons become states of mind that are gleefully revealed to the audience. Bausch's *Frühling Sommer Herbst Winter* and Armstrong's "West End Blues" end up doing without voices completely and together convey more than words ever could. The seasons repeat themselves like the performers' movements, always in the same tempo—no need to hurry, no need to worry: it is but a circle of life in the carnation sea of emotions, after the winter follows the spring, as experience shows.

BLUE BLUES

The sentence "someday we shall overcome" typed by the artist Ruth Wolf-Rehfeldt on her Erika typewriter in the 1970s in the GDR seems just as hopeful as waiting for spring in *Frühling Sommer Herbst Winter.* Like a mantra, she types this single line on a small sheet of paper as an homage to Martin Luther King Jr. and the civil rights movement of the 1960s. The word "someday" in the middle is detached from the rest, and from there the lines "we shall overcome" form the V for "victory." But when will "someday" finally come to pass?

The work hangs in the exhibition alongside *Blue Blues* from the 1970s, the only work on paper in Wolf-Rehfeldt's entire oeuvre in radiant blue. The word "blue" is typed vertically, letter by letter, line by line, bit by bit, and the letters seem to fall down, or rather drip down, like tears on the surface of the paper, to gather at the bottom in pointed variations: blue, blueness, bluing, bluebird, bluish, blues. It's clearly about jazz, about the blues, about Charles Mingus's 1971 album *Bluebird.*[7] In the exhibition, *Blue Blues* "speaks" to the neon installation *Untitled (Bruise/Blues)* (2014) by Glenn Ligon. Both artists work with language, transforming its limitations into powerful political statements. The musical composition "Come Out" (1966) by Steve Reich sets the rhythm to which Ligon's neon light flashes. Although Wolf-Rehfeldt admittedly doesn't reference Steve Reich in her typewriter graphics, she nonetheless works like a composer of minimal music with repetition and exact shifts. It's an inaudible sound that connects these works—the neon installation of an African American artist (b. 1960) and the typewriter graphic of an artist from the GDR (b. 1932).

The official painting of the GDR strongly contrasts Ruth Wolf-Rehfeldt's minimal Conceptual Art. In 1972, paintings in honor of the civil rights activist Angela Davis were exhibited in the 7th National Art Exhibition of the GDR in Dresden. Willi Sitte's large-scale work *Angela Davis und ihr Richter* (1972) was also on view in this context. In his painting, Sitte combines solidarity with African Americans with a critique of the class enemy, the United States, which is depicted here as the embodiment of imperialism and war. The work is a political program. Angela Davis is elevated to a heroine in a tondo resembling a depiction of Mary, while the class enemy is depicted as a martial, threatening creature. Whether the singing Louis Armstrong can be seen in the background is not documented. After Angela Davis's acquittal in the United States—seven years after Armstrong's tour through the GDR—she was officially invited and received a celebratory reception in the GDR. The precedent was the action "1 million

<hr>

7   "I primarily listen to blues and country. [laughs] Armstrong, John Lee Hooker, Big Bill Broonzy, Billy Holliday, things like that," Ruth Wolf-Rehfeldt in a radio feature. See Ulrike Bajohr, *Ruth, Robert, René: Eine Ostberliner Künstlerfamilie,* DLF 2019, https://www. hoerspielundfeature.de/ostdeutsche-leben-4-4-ruth-robert-rene-eine-100.html (accessed June 20, 2023).

8   The curator and writer Kathleen Reinhardt curated the exhibition *1 Million Rosen for Angela Davis,* which was on view from October 10, 2020, to January 24, 2021, at the Albertinum, Staatliche Kunstsammlungen Dresden.

                    PAOLA MALAVASSI

Roses," a public call to show solidarity with the activist through sending her postcards with red roses.[8]

Hundreds of red roses are installed in the interior of Adrian Piper's *Mauer* (2010). Having seen the Wall is an experience that many of the artists participating in this exhibition share. Ruth Wolf-Rehfeldt and Evelyn Richter witnessed the Wall from the East, Rosemarie Trockel, Pina Bausch, and Peter Brötzmann primarily from the perspective of the West. And how does the artist Adrian Piper perceive the Wall and German history? Piper came to Berlin for the first time in 1977 with the Goethe-Institut, returned again after the fall of the Wall in 1994, and "fled," as she says herself, from the US to Berlin for good in 2005. She deliberately chose the former East Berlin as her place of residence and has always been interested in the history of the GDR.[9]

Adrian Piper's *Mauer* consists of tube monitors stacked on top of one another that show disturbance patterns from the American broadcasting station CBS as well as a live broadcasting of the hundreds of roses found within the work.[10] For me, Piper's *Mauer* reflects the passage between west and east, east and west, and possibly even the artist's own departure from New York to Berlin five years earlier.[11] Jason Moran wrote to Piper: "When thinking about your piece *Mauer,* I think about the walls Armstrong and his family have seen throughout their lives. Louis experienced a lot of walls as a child in New Orleans in the early 1900s, to Chicago in the 1920s, and New York by the 1930s, and into the world. Also, I think about how he, as possibly the first 'pop star' found a way to perforate the fourth wall of the stage. He stays in contact with his audience."[12]

In an interview in 2018 on the occasion of the presentation of the Käthe-Kollwitz-Prize, Adrian Piper is asked which questions seemed urgent to her to raise at the moment. She answered: "Whether the human race is nothing but a tragic mutation without which the universe would have been a better place."[13]

(WHAT DID I DO TO BE SO) BLACK AND BLUE?

"They would beat Jesus if he was Black and marched," Louis Armstrong said when he learned of the events on Bloody Sunday in Selma.[14] At this point, the beginning of March 1965, he was in Copenhagen.[15] The fact that the song "Black and Blue" was part of the fixed repertoire during the entire GDR tour is, in this context, a political statement.

Armstrong's performance in the GDR is a sign of freedom, even if only for the duration of the show. It is a sobering observation that has been true for centuries in regard to Black music. Experiencing the love and amazement of the public on the stage contradicts the difficulties that the musicians were, and continue to be, confronted with backstage: the negotiations before, the fee, the (white) manager in the background, the working conditions in jazz.

The exhibition *I've Seen the Wall* is about the world's most famous jazz musician, who was unfortunately not only met with applause and enthusiasm, but also with racism, both on the stops of his tour and in his own homeland. Can love and hate, worldwide success and oppression, recognition and racism coexist? Armstrong gives an account of how a white fan once came up to him and said to his face: "You know, I don't like [N-word]." Armstrong replied: "Well, I admire your goddamn sincerity." To which the fan replied: "I don't like [N-word] but you, son of a bitch, I'm crazy about, baby." To which Armstrong said: "They always got one that they just crazy about, goddamn it."[16]

It seems easy to worship those on stage, as virtuosic and extraordinary as they are. Is their performance therefore a precondition for respect? There is a business card that visitors can take from the exhibition. It's entitled *My Calling (Card) #3 (Reactive Guerrilla Performance for Disputed Territorial Skirmishes)* (2012) and was written by Adrian Piper. On one side of the card, the instruction "Fassen Sie mich nicht an" (Do not touch me) is written in German. On the back it says: "Do not touch, tap, pat, stroke, prod, pinch, poke, grope or grab me."

9   Adrian Piper, "Kann der Mensch verbessert werden? Zum Feiern des 25. Jahrestags des Mauerfalls," 2014, http://www.adrianpiper.com/docs/WebsiteKannDerMenschVerbessertWerden(2014).pdf (accessed July 31, 2023).
10   See Anke Hervol: "For sure, they (the roses) symbolise love and beauty, but on the other side, the rose and red carnation are socialist and communist symbols," in Kathryn O'Regan, "Everything You Need to Know about Adrian Piper's Conceptual Installations before You Go and See Them," in *Sleek Magazine*, September 25, 2018, https://www.sleek-mag.com/article/adrian-piper/ (accessed

July 27, 2023); also Hervol, "Werke in der Ausstellung Käthe-Kollwitz-Preis 2018. Adrian Piper," Akademie der Künste Berlin, 2018, https://www.adk.de/de/programm/PDF/2018/Adrian-Piper_Kaethe-Kollwitz-Preis_2018.pdf?m=1687346946& (accessed July 27, 2023).
11   Eight years later, Adrian Piper dedicated a book to her own emigration from the US to Berlin: Adrian Piper, *Escape to Berlin: A Travel Memoir* (Berlin, 2018).
12   Jason Moran in an email to Adrian Piper.
13   Adrian Piper in an interview with Agata Waleczek, "'I Still Do Believe They Want Me Dead':

An Interview With Adrian Piper," *Frieze*, September 10, 2018, https://www.frieze.com/article/i-still-do-believe-they-want-me-dead-interview-adrian-piper (accessed July 1, 2023).
14   March 7, 1965, went down in American history as "Bloody Sunday." Around 600 civil rights activists marched from Selma and the police stopped the marchers with clubs and tear gas.
15   See Wolfram Knauer, *Black and Blue: Louis Armstrong, sein Leben und seine Musik* (Ditzingen 2021), p. 181.
16   Sacha Jenkins, *Louis Armstrong's Black & Blues,* Apple TV+, 2022, 00:51 min.

An audience of over 15,000 people confidently sing along to songs by Kendrick Lamar during a concert in Berlin 2022 like I never expected—old songs, new songs—yet: How many of those singing along actually harbor racist sentiments, if not for a big star's performance, then for their own neighbors or the refugees who have to involuntarily leave war-torn regions and come to Germany.

"Backstage," metaphorically speaking, is where the actual reality takes place, not on stage. That is what Darol Olu Kae's film is about. He doesn't just examine racism backstage, but the actual real love in the background, the love between Louis and Lucille Armstrong, between the band members, and the work that sustains the music. This is why we have reconstructed the curtain from the Friedrichstadt-Palast at DAS MINSK: with this exhibition we would like to go backstage, behind the Iron Curtain, behind the Wall.

The GDR's gesture of showcasing freedom through Armstrong's concerts on the big stage for an hour and fifty minutes while the audience had to go through great lengths in everyday life just to get this music and secretly secure jazz records from the West seems almost sarcastic.

The freedom that the musicians claimed on stage was already invalidated in America when they entered the venues where they played or restaurants after the performance. In this respect, it is already an "activist act," according to Sacha Jenkins, the director of the new film *Louis Armstrong's Black & Blues* (2022), when Armstrong makes it a condition to also be permitted to stay overnight at a particular hotel that asks him to play.[17]

How can it be that a system like the GDR propagates solidarity for African Americans and in the same breath suppresses jazz in everyday life? The situation of African Americans is in many ways comparable to that of GDR citizens: segregation, control, and violence.

After the tour and after the performance, it's always back home, and that applies equally to Armstrong and his GDR audience. Armstrong returned at some point to Corona, Queens, where he was confronted again with racism. The audience in East Berlin, Leipzig, Magdeburg, Erfurt, and Schwerin returned on the same evening to their apartments and houses, which may have been wire tapped and in which their books, music, and films were subject to strict controls.

A year before Armstrong's arrival in the GDR, Martin Luther King Jr. delivered a groundbreaking welcoming speech for the first edition of the Jazz Tage (Jazz Days) in West Berlin (now called Jazzfest). This was 1964. It states:

> "Jazz speaks for life. The Blues tell the story of life's difficulties, and if you think for a moment, you will realize that they take the hardest realities of life and put them into music, only to come out with some new hope or sense of triumph.
> …
> And now, Jazz is exported to the world. For in the particular struggle of the Negro in America there is something akin to the universal struggle of modern man. Everybody has the Blues. Everybody longs for meaning. Everybody needs to love and be loved. Everybody needs to clap hands and be happy. Everybody longs for faith."[18]

When I read these thoughts of Martin Luther King Jr. on the meaning of jazz, I must correct myself: there *are* moments where words can be as powerful, timeless, and universal as music itself.

---

17 *The Great Louis Armstrong,* CBS News, 09:14 min, released by CBS, February 7, 2023, https://www.cbsnews.com/video/the-great-louis-armstrong/ (accessed July 11, 2023).

18 Martin Luther King Jr., *On the Importance of Jazz,* Jazztage Berlin, 1964, https://www.berliner-festspiele.de/jazzfest-berlin/programm/programmarchiv (accessed July 11, 2023).

   PAOLA MALAVASSI

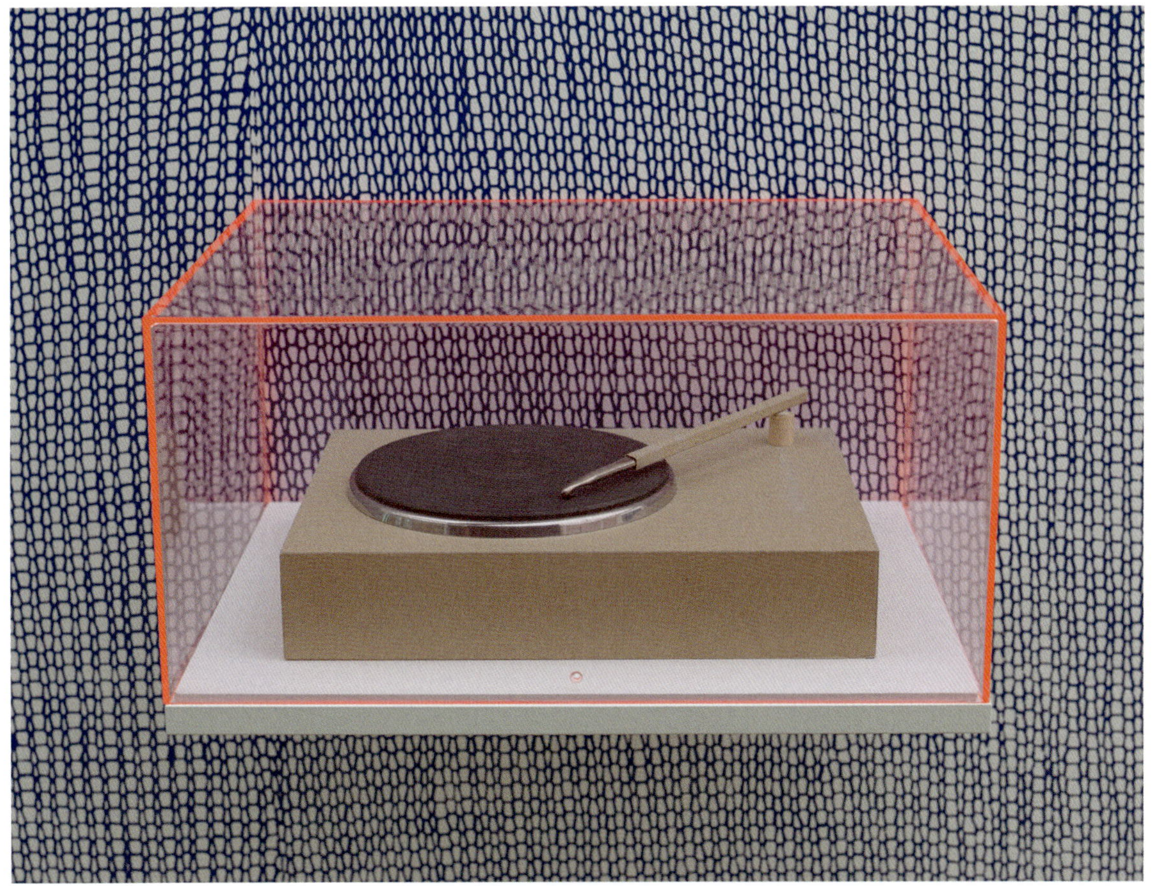

Fig. 7

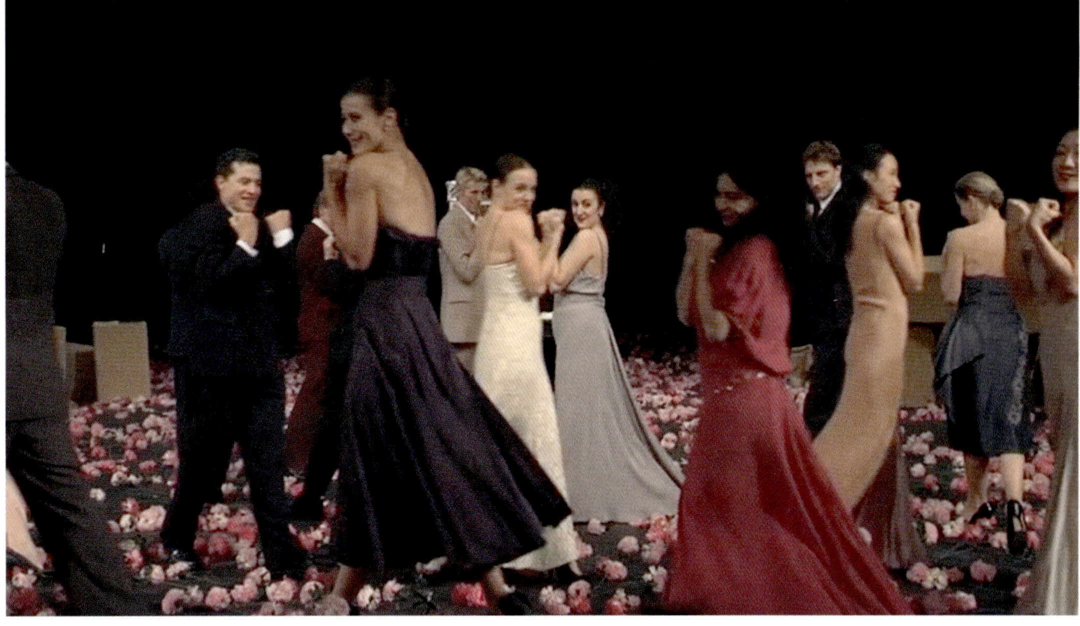

Fig. 8

Fig. 7   Rosemarie Trockel, *Ohne Titel (Untitled)*, 1991, Holz, Herdplatte mit
          Metallfassung, Stricknadel, Pappe / Wood, hot plate with metal frame,
          knitting needle, cardboard, 6 × 32,2 × 24,5 cm, Privatsammlung /
          Private collection, Berlin (Installationsansicht / Installation view, DAS
          MINSK Kunsthaus in Potsdam 2023)
Fig. 8   Pina Bausch, Still aus / Still from *Frühling Sommer Herbst Winter
          (Spring Summer Autumn Winter)*, 1982, Filmausschnitt aus / Film ex-
          cerpt from: *Nelken (Carnations)*, aufgeführt im / performed at Schau-
          spielhaus Wuppertal, 2008. Bühnenbild / Stage design: Peter Pabst.
          Pina Bausch Foundation

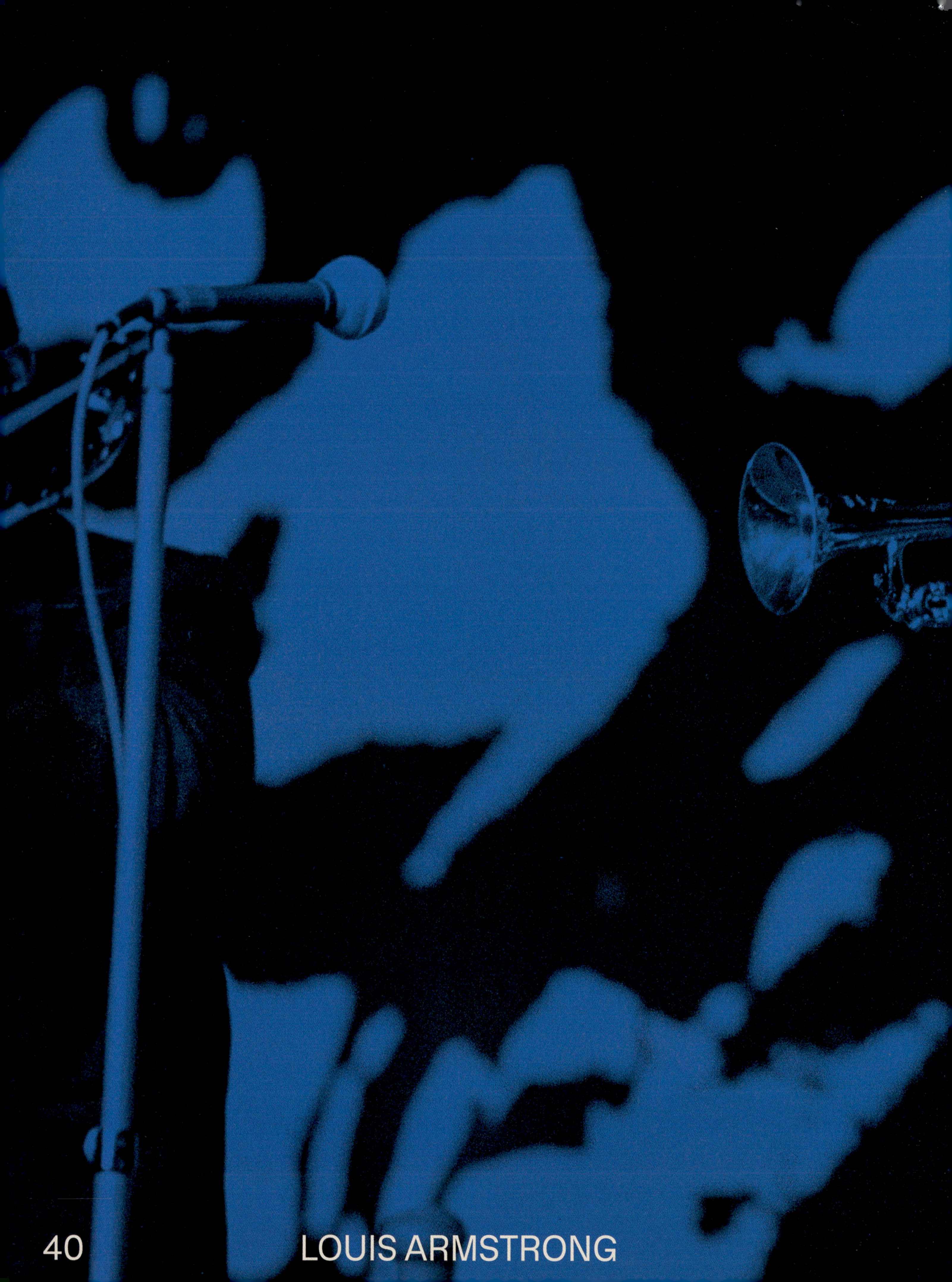

LOUIS ARMSTRONG

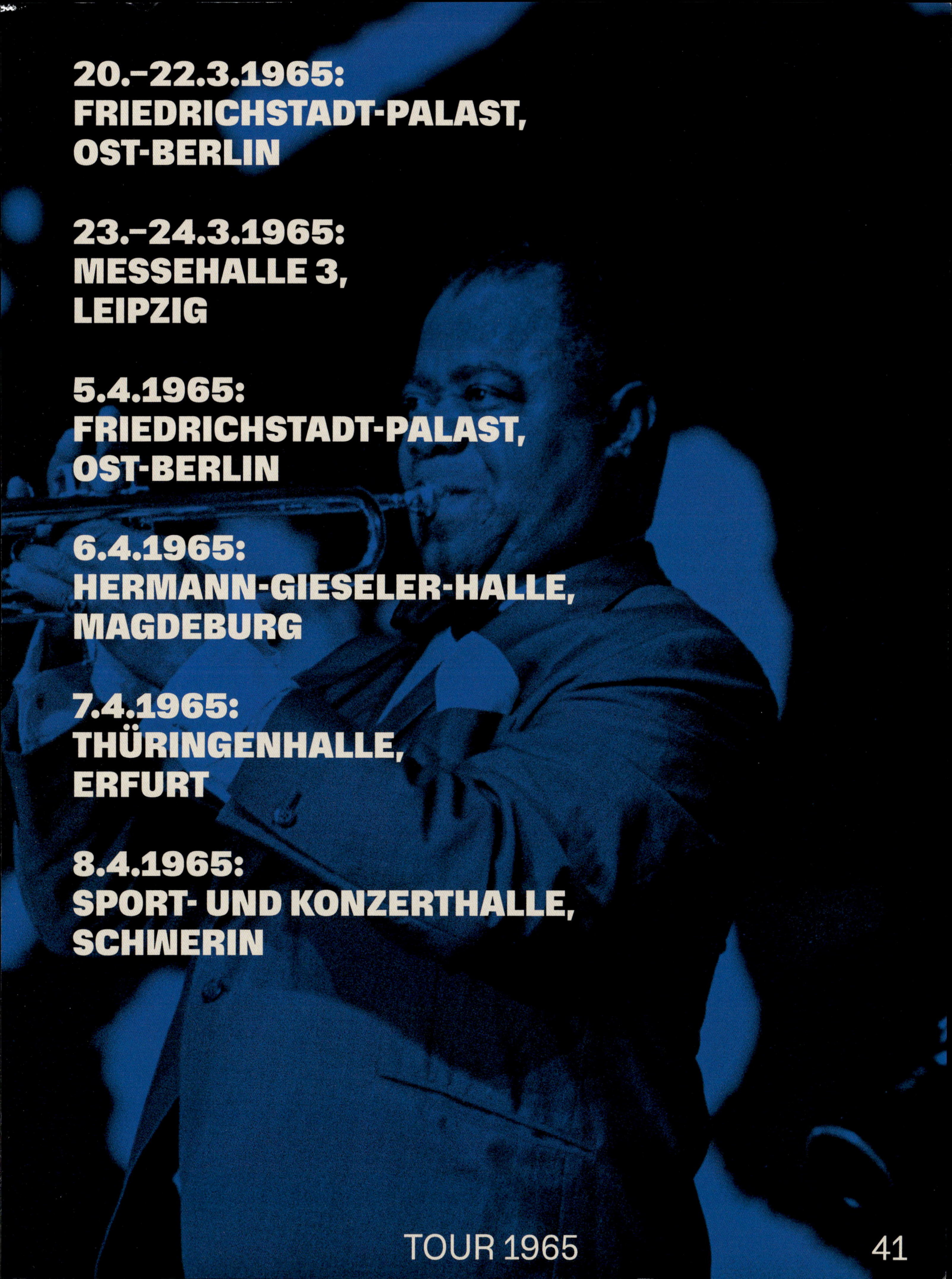

20.–22.3.1965:
FRIEDRICHSTADT-PALAST,
OST-BERLIN

23.–24.3.1965:
MESSEHALLE 3,
LEIPZIG

5.4.1965:
FRIEDRICHSTADT-PALAST,
OST-BERLIN

6.4.1965:
HERMANN-GIESELER-HALLE,
MAGDEBURG

7.4.1965:
THÜRINGENHALLE,
ERFURT

8.4.1965:
SPORT- UND KONZERTHALLE,
SCHWERIN

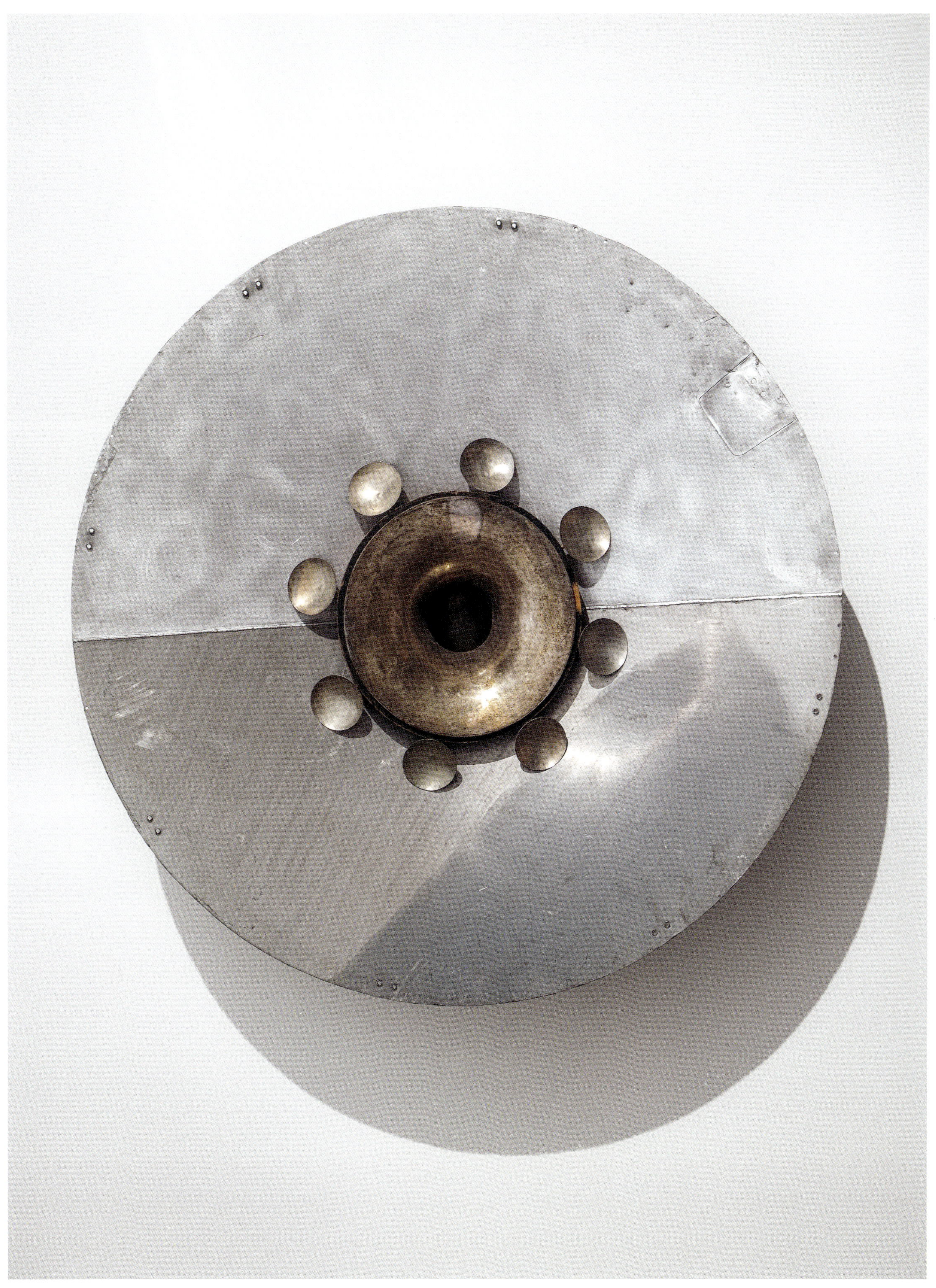

Jason Moran

Still aus / Still from
Louis Armstrong: On Stage / In Concert
(Louis Armstrong: auf der Bühne / im Konzert)
2023

Video, 22:15 min (Loop), schwarz-weiß, Ton /
Video, 22:15 min (loop), black and white, sound
Courtesy der Künstler / of the artist

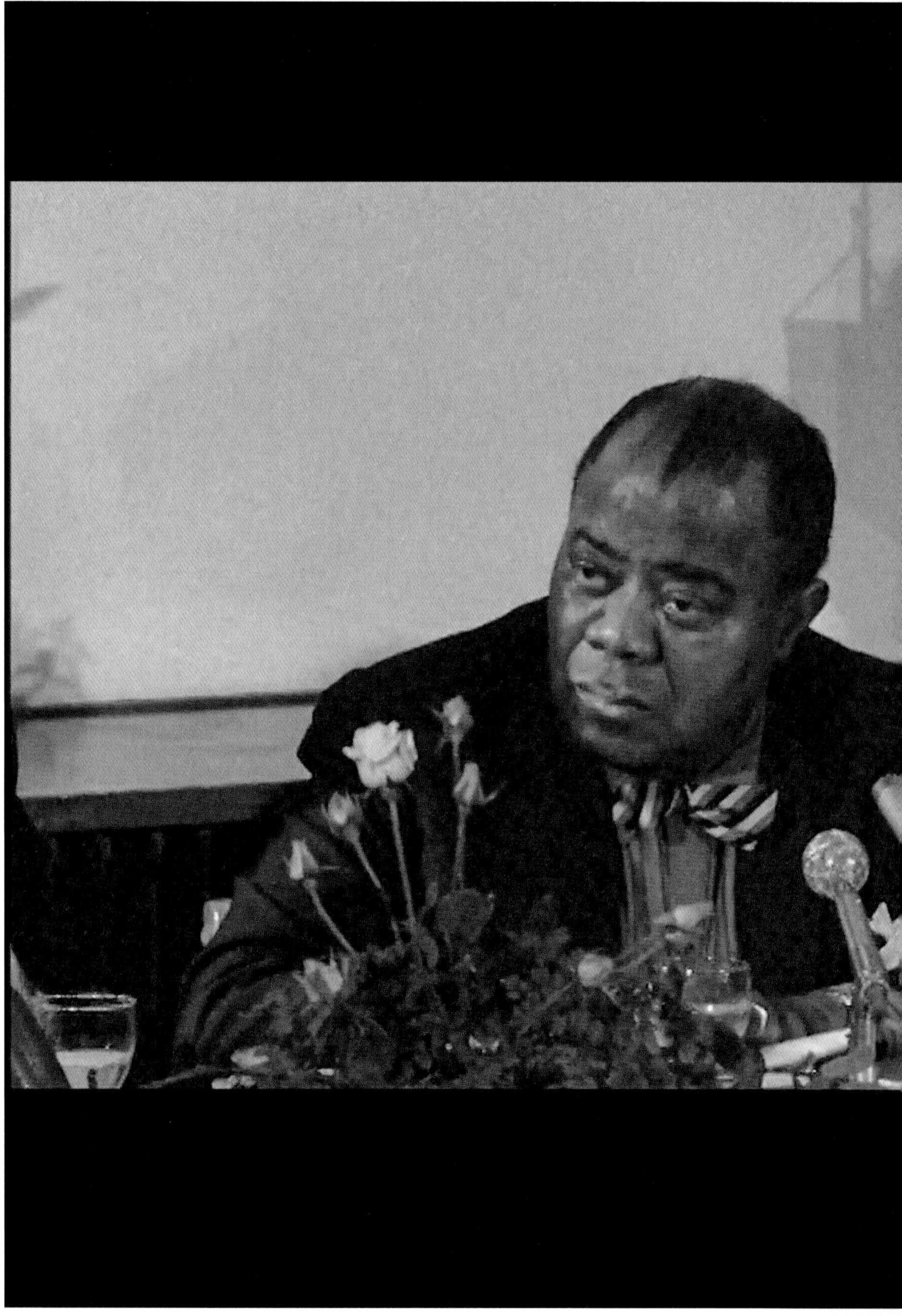

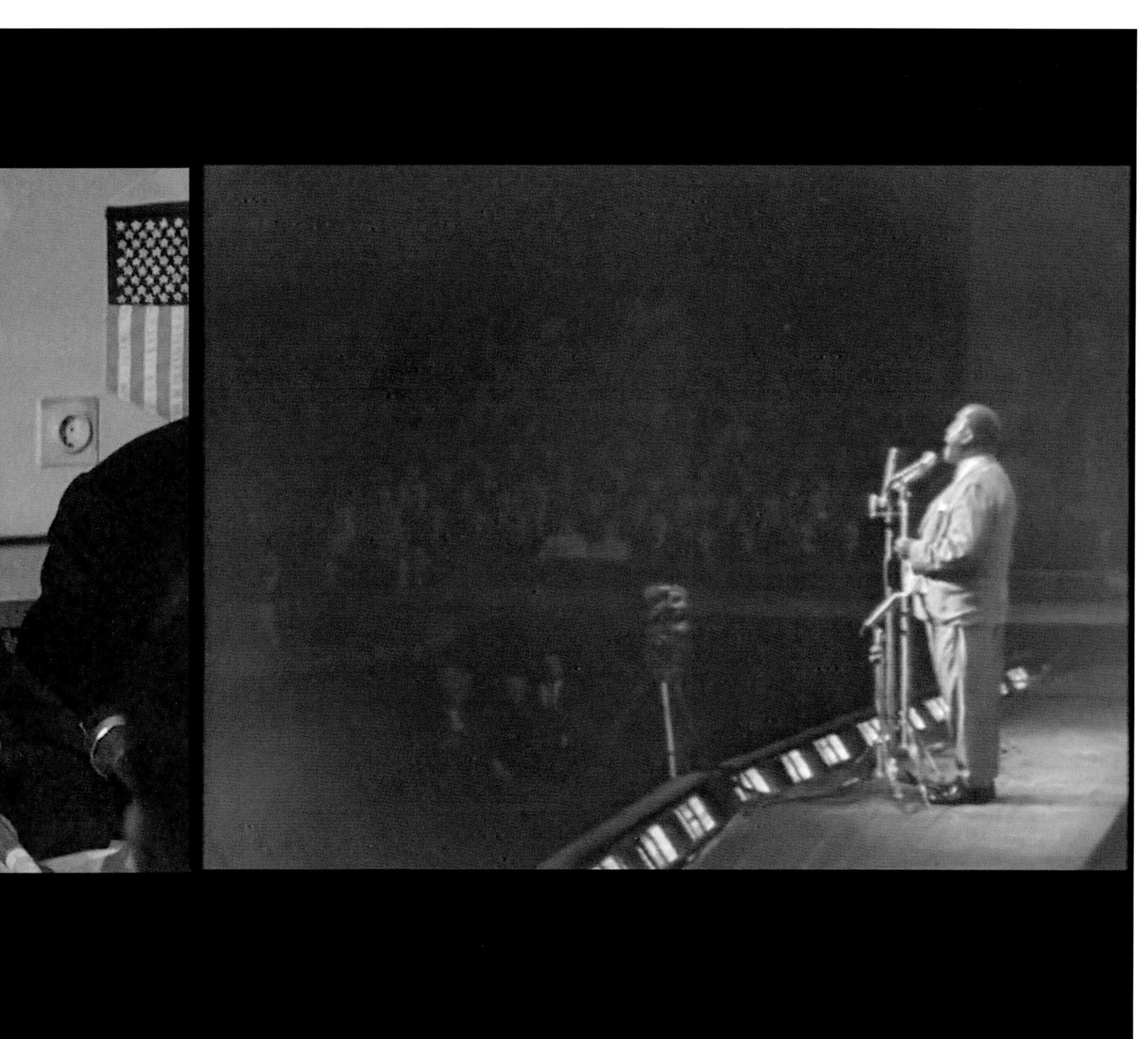

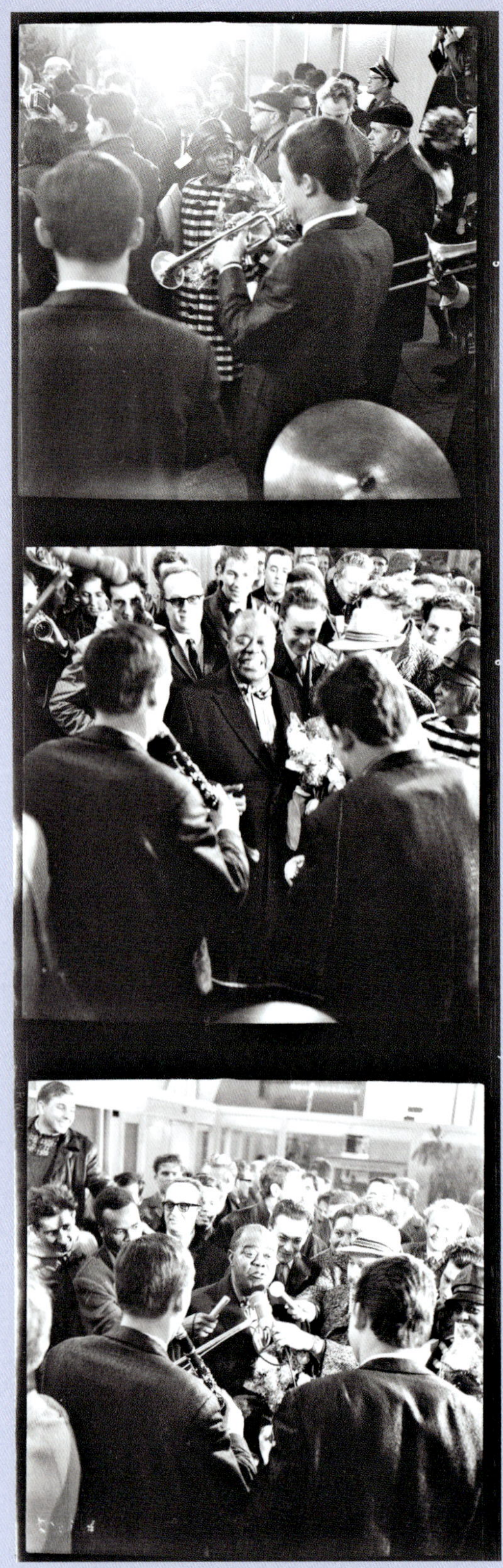

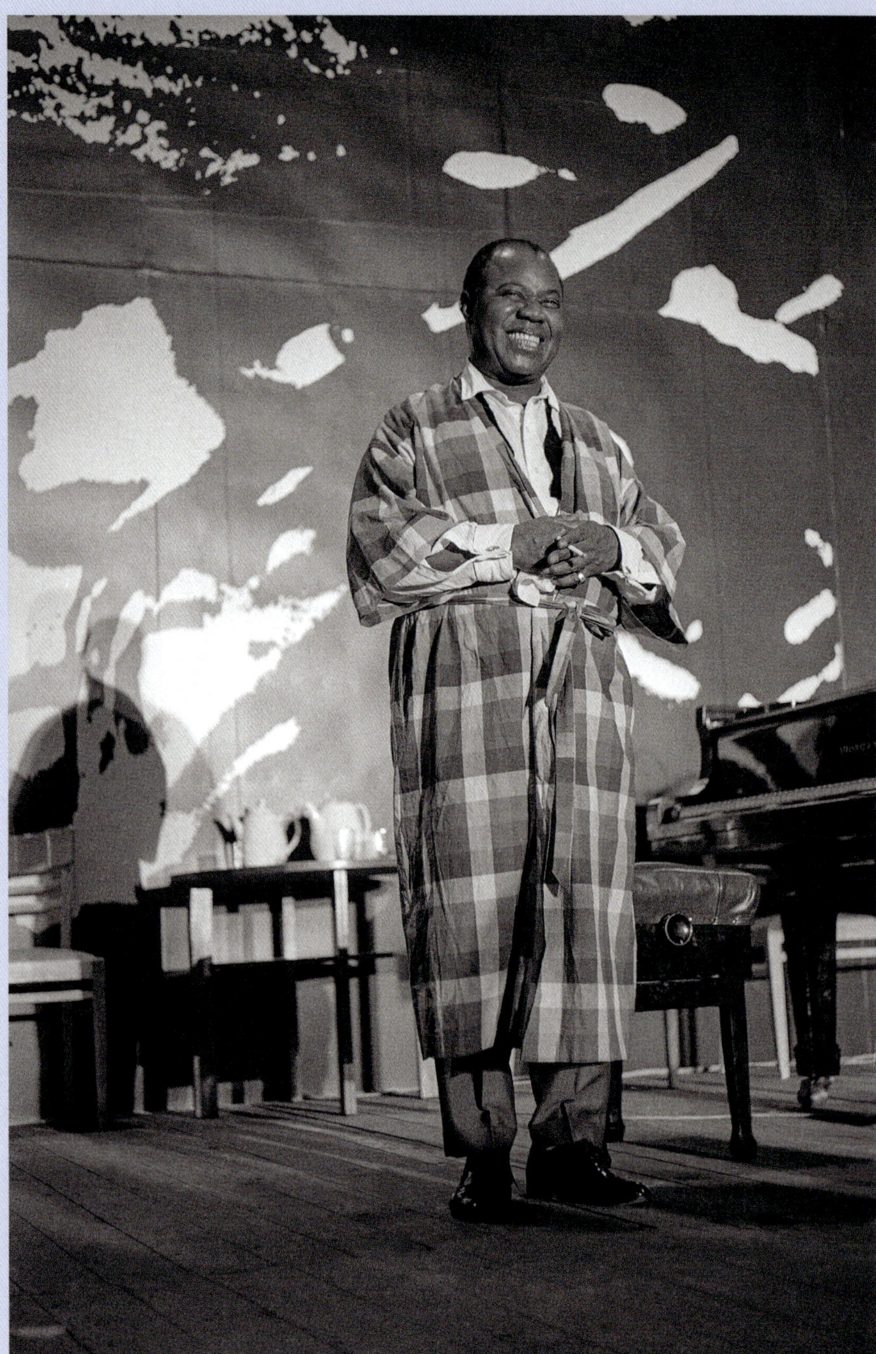

Louis Armstrong beim Empfang auf dem Flugplatz Berlin-Schönefeld
am 19.3.1965 / Louis Armstrong at the welcoming reception at Berlin-
Schönefeld airfield on March 19, 1965. Agentur DDR Fotoerbe.
Foto / Photo: Volkhard Kühl

Louis Armstrong kehrt in einem Morgenmantel auf die Bühne zurück,
um sich erneut vor dem begeisterten Konzertpublikum in Leipzig im März
1965 zu verbeugen / Louis Armstrong returns to the stage in a robe to take
another bow before the rapturous concert audience in Leipzig in March
1965. Foto / Photo: picture alliance / anonymous

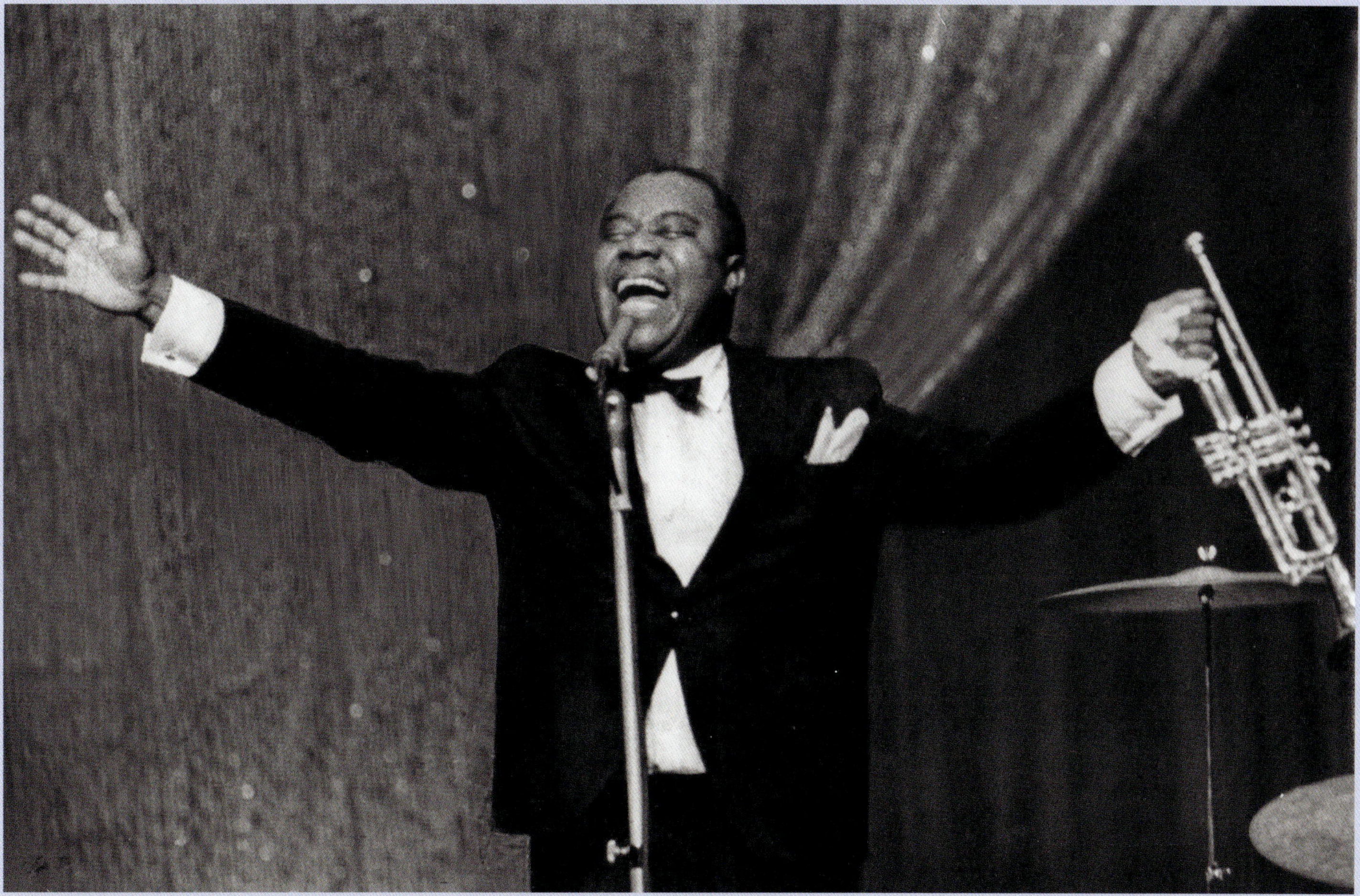

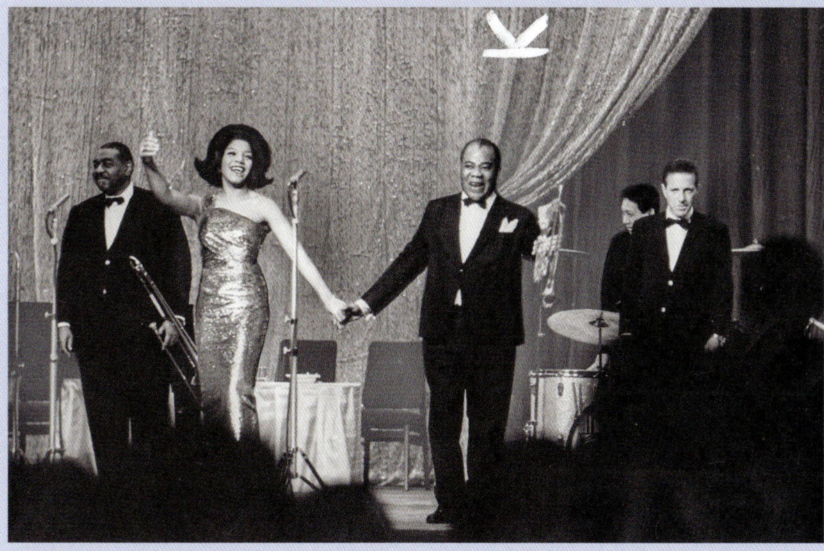

Louis Armstrong auf der Bühne des Berliner Friedrichstadt-Palastes
bei seinem Konzert am 20.3.1965 / Louis Armstrong onstage at Berlin's
Friedrichstadt-Palast during his concert on March 20, 1965.
Sammlung Berliner Verlag / Archiv. Foto / Photo: Peter Leske

Louis Armstrong (Mitte) und die Sängerin Jewel Brown werden bei dem
Konzert im Berliner Friedrichstadt-Palast am 20.3.1965 vom Publikum
stürmisch gefeiert / Louis Armstrong (center) and singer Jewel Brown
receive a rousing reception during the concert at Berlin's Friedrichstadt-
Palast on March 20, 1965. Sammlung Berliner Verlag / Archiv.
Foto / Photo: Christa Hochneder

Adrian Piper

*My Calling (Card) #3 (Reactive Guerrilla Performance
for Disputed Territorial Skirmishes)*
2012

Weiße, beidseitig bedruckte Visitenkarte mit
schwarzem Text / White business card printed
on both sides with black text
5 × 8,8 cm
Sammlung / Collection of the Adrian Piper Research
Archive (APRA) Foundation Berlin

FASSEN SIE MICH NICHT AN.

DO NOT TOUCH, TAP, PAT,
STROKE, PROD, PINCH, POKE,
GROPE OR GRAB ME.

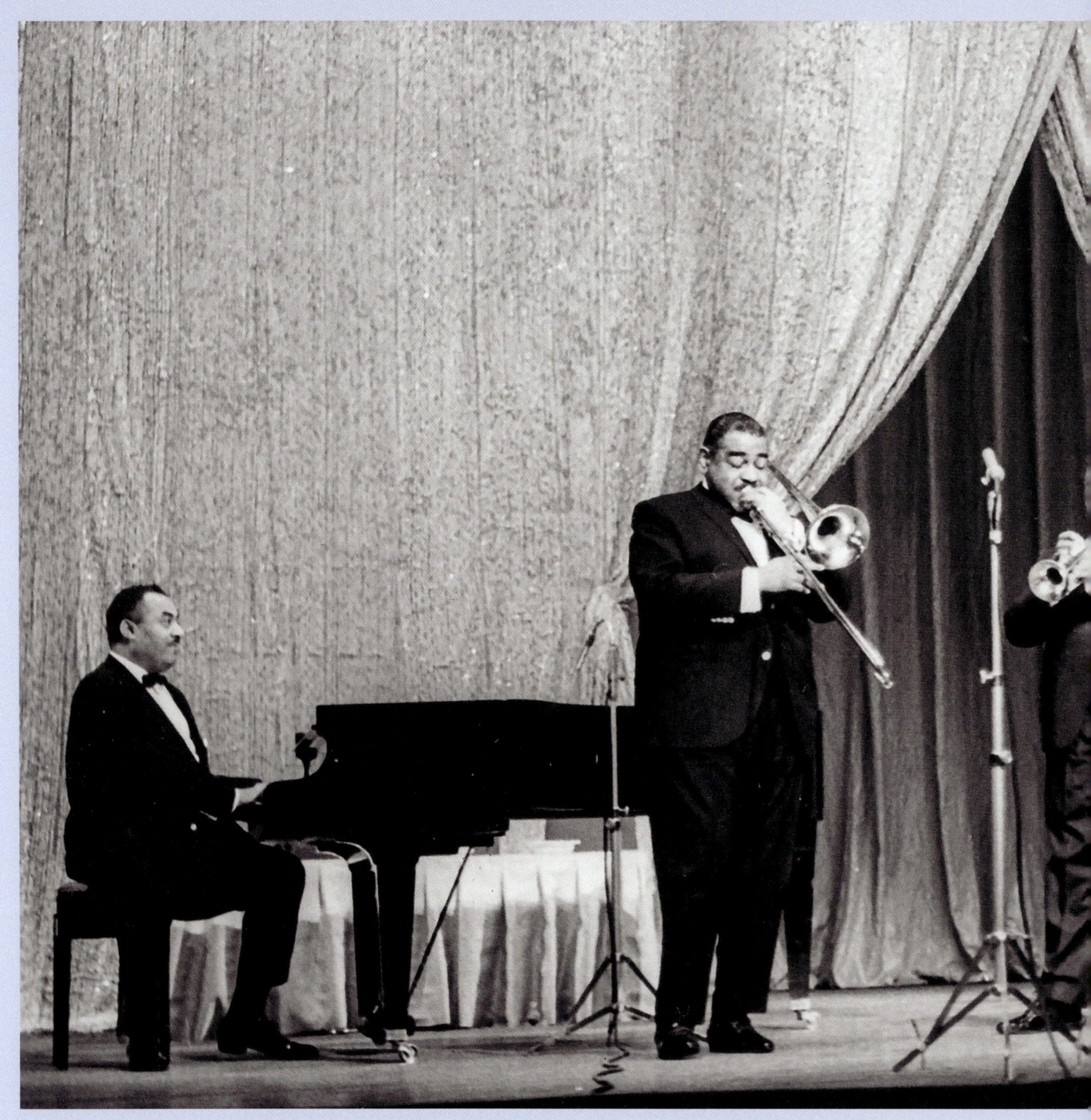

Louis Armstrong (Mitte mit Trompete) mit seinen All Stars auf der Bühne
des Berliner Friedrichstadt-Palastes bei seinem Konzert am 20.3.1965 /
Louis Armstrong (center with trumpet) with his All Stars onstage at Berlin's
Friedrichstadt-Palast during his concert on March 20, 1965. Sammlung
Berliner Verlag / Archiv. Foto / Photo: Christa Hochneder

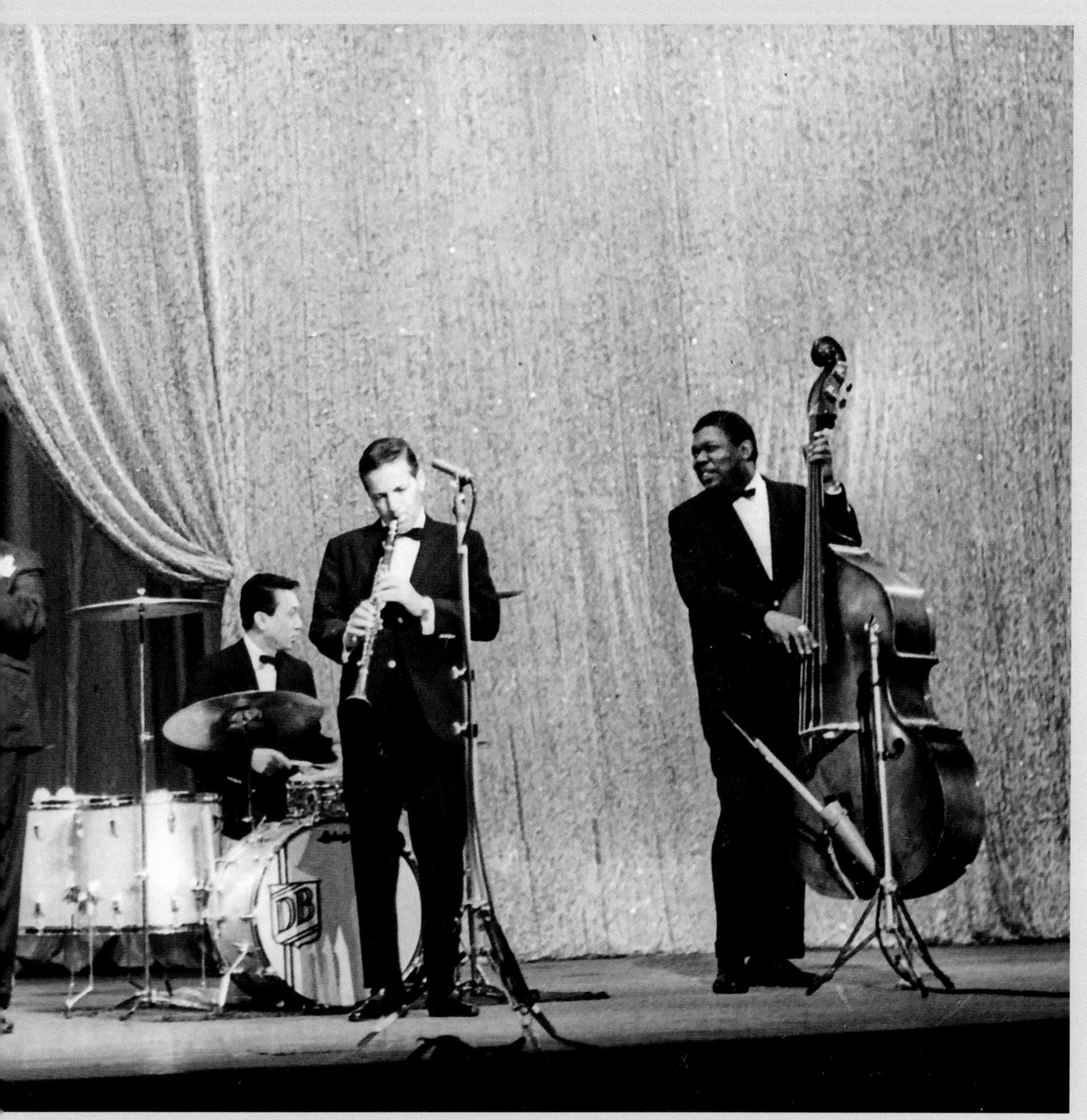

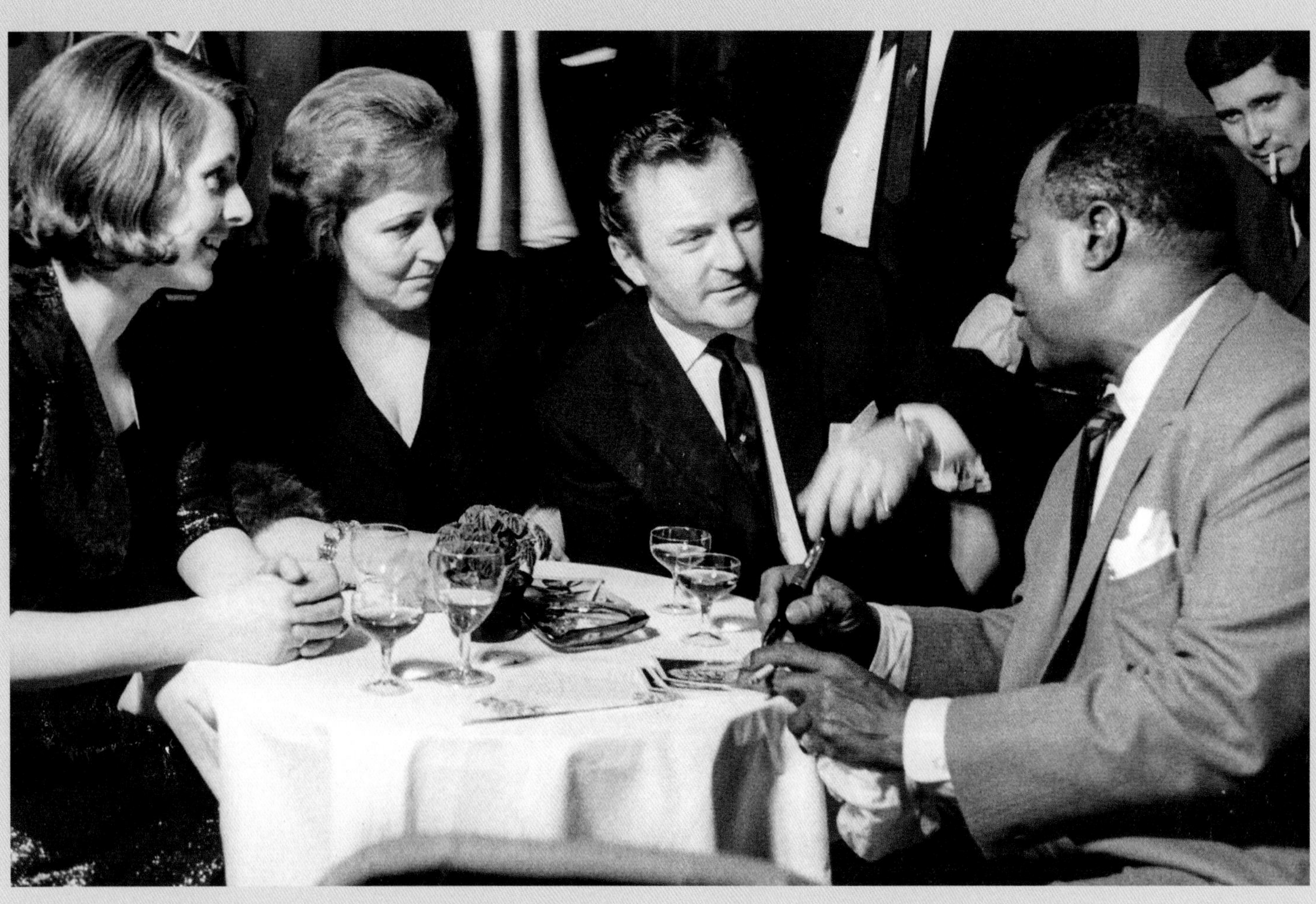

Louis Armstrong (rechts) im Gespräch mit dem Jazzmusiker Fips Fleischer
(2. von rechts) während eines Empfangs in der Nacht vom 20. zum 21.3.1965
im Restaurant »Moskau« in Berlin nach Armstrongs ersten beiden Konzerten
im Friedrichstadt-Palast / Louis Armstrong (right) conversing with jazz
musician Fips Fleischer (2nd from right) during a nighttime reception from
March 20–21, 1965, at the restaurant "Moskau" in Berlin after Armstrong's
first two concerts at the Friedrichstadt-Palast. Sammlung Berliner Verlag /
Archiv. Foto / Photo: Christa Hochneder

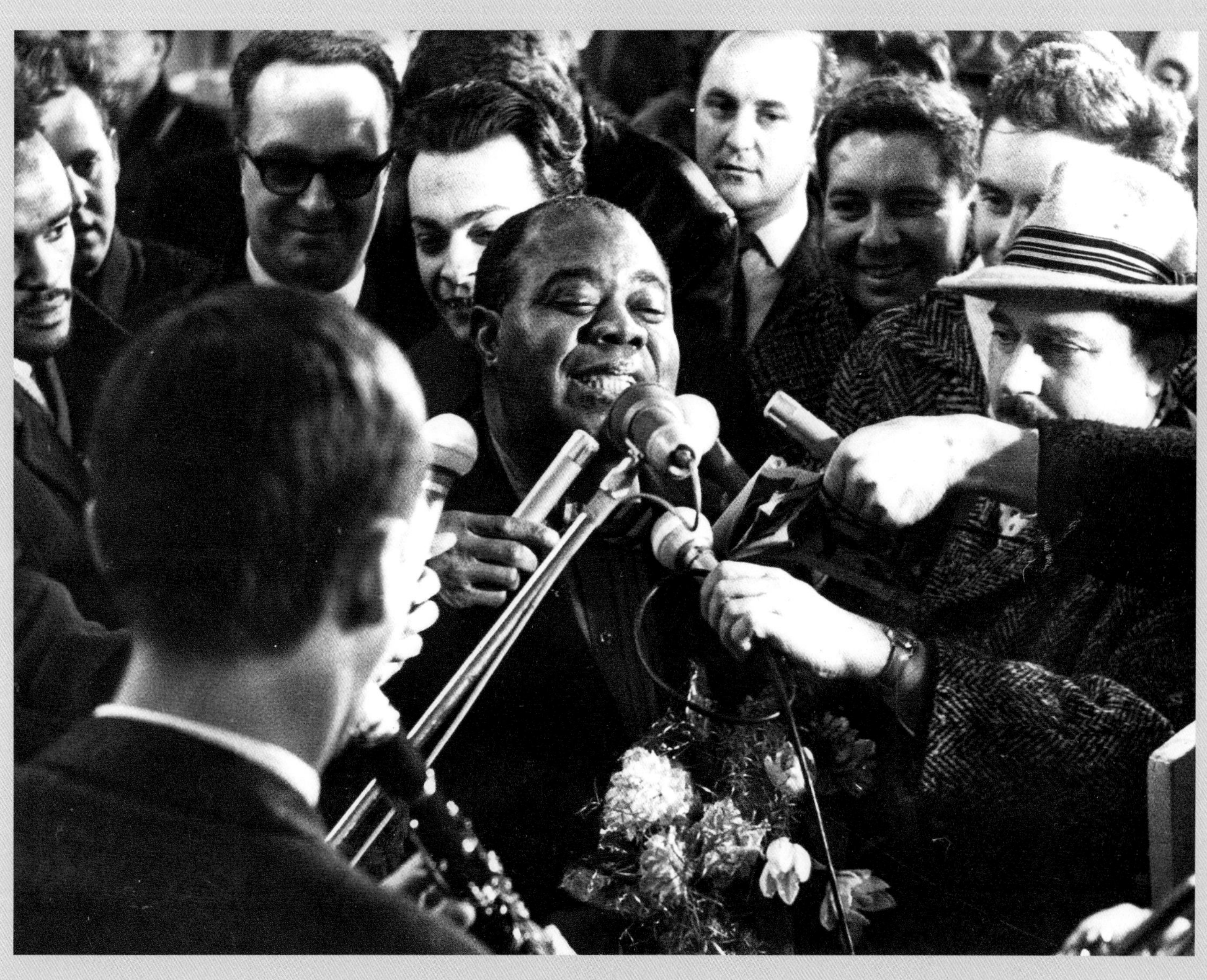

Louis Armstrong beim Empfang auf dem Flugplatz Berlin-Schönefeld
am 19.3.1965 / Louis Armstrong at the welcoming reception at Berlin-
Schönefeld airfield on March 19, 1965. Agentur DDR Fotoerbe.
Foto / Photo: Volkhard Kühl

Lorna Simpson

Hypothetical? (Hypothetisch?)
1992

Fotografie, Zeitungsausschnitt,
Instrumentenmundstücke, Klang /
Photograph, newspaper clipping,
instrument mouth pieces, sound
Gesamtmaße der Installation variabel /
Installation dimensions variable
Collection of Emily Fisher Landau
Promised gift to the Whitney Museum
of American Art

Installationsansicht der Ausstellung /
Installation view of the exhibition
I've Seen the Wall, DAS MINSK Kunsthaus
in Potsdam 2023

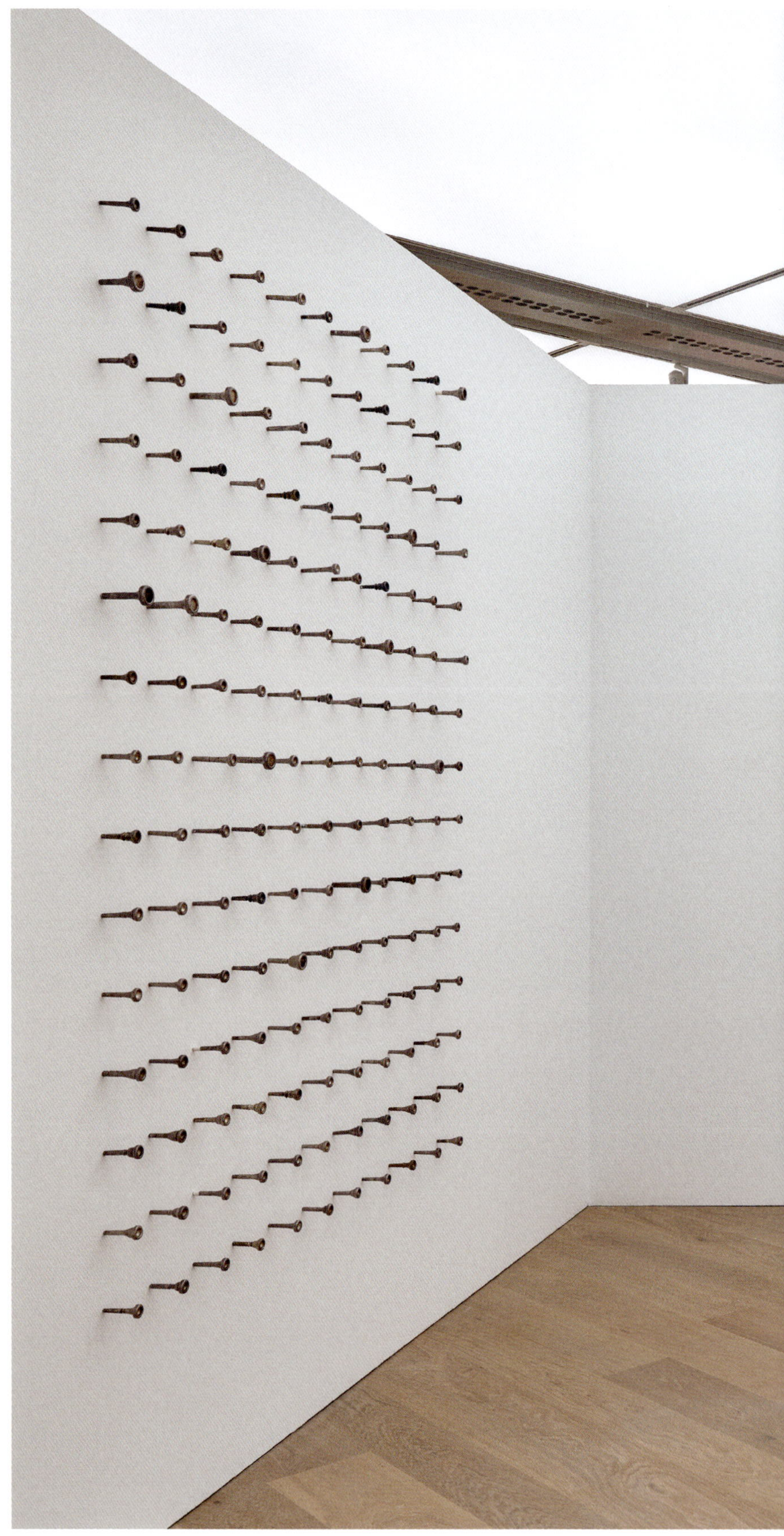

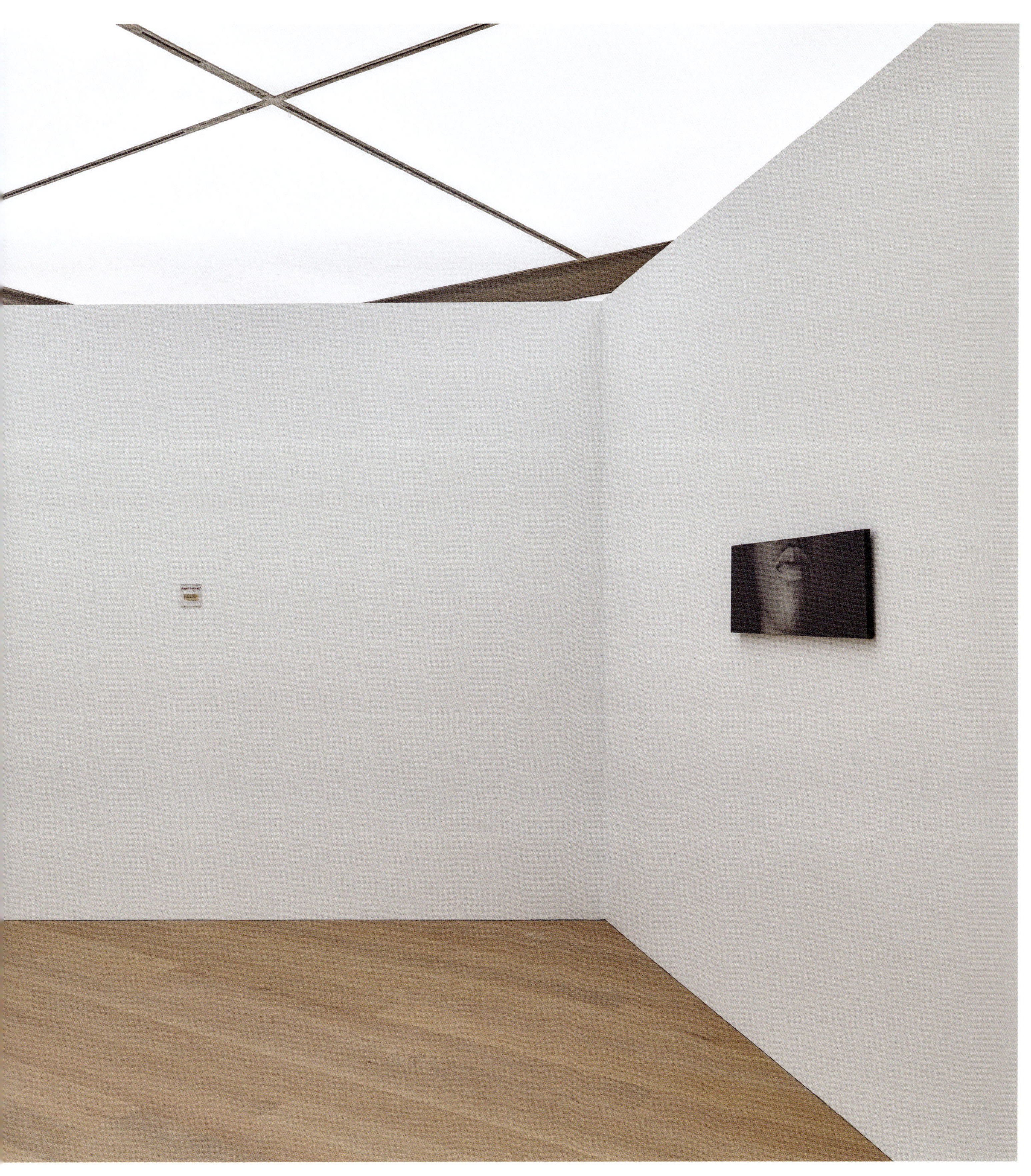

Romare Bearden

Ellington and Armstrong (Ellington und Armstrong)
ca. 1975

Offset-Lithografie auf Papier /
Offset lithograph on paper
62,2 × 43,2 см
Courtesy of DC Moore Gallery, New York

56

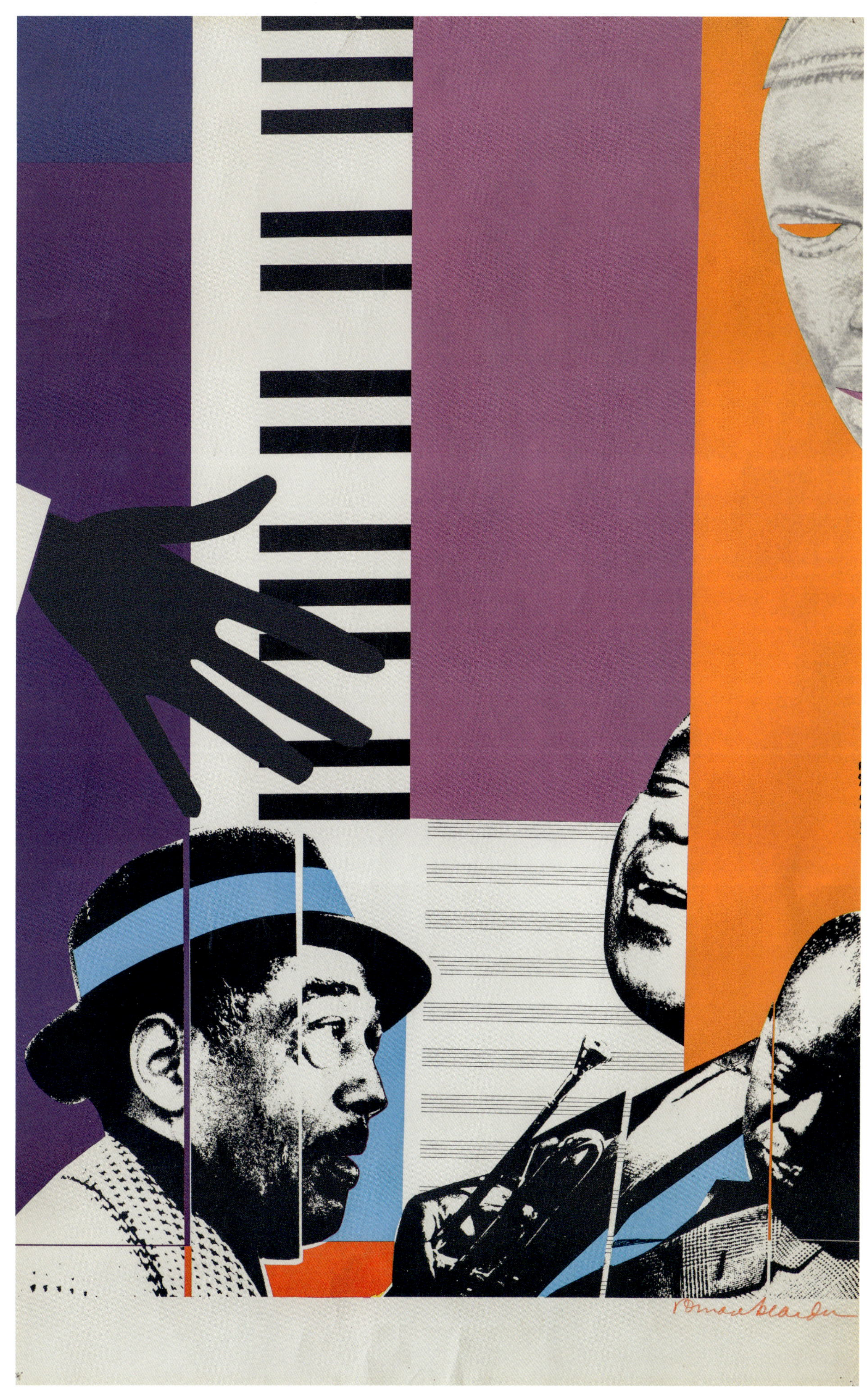

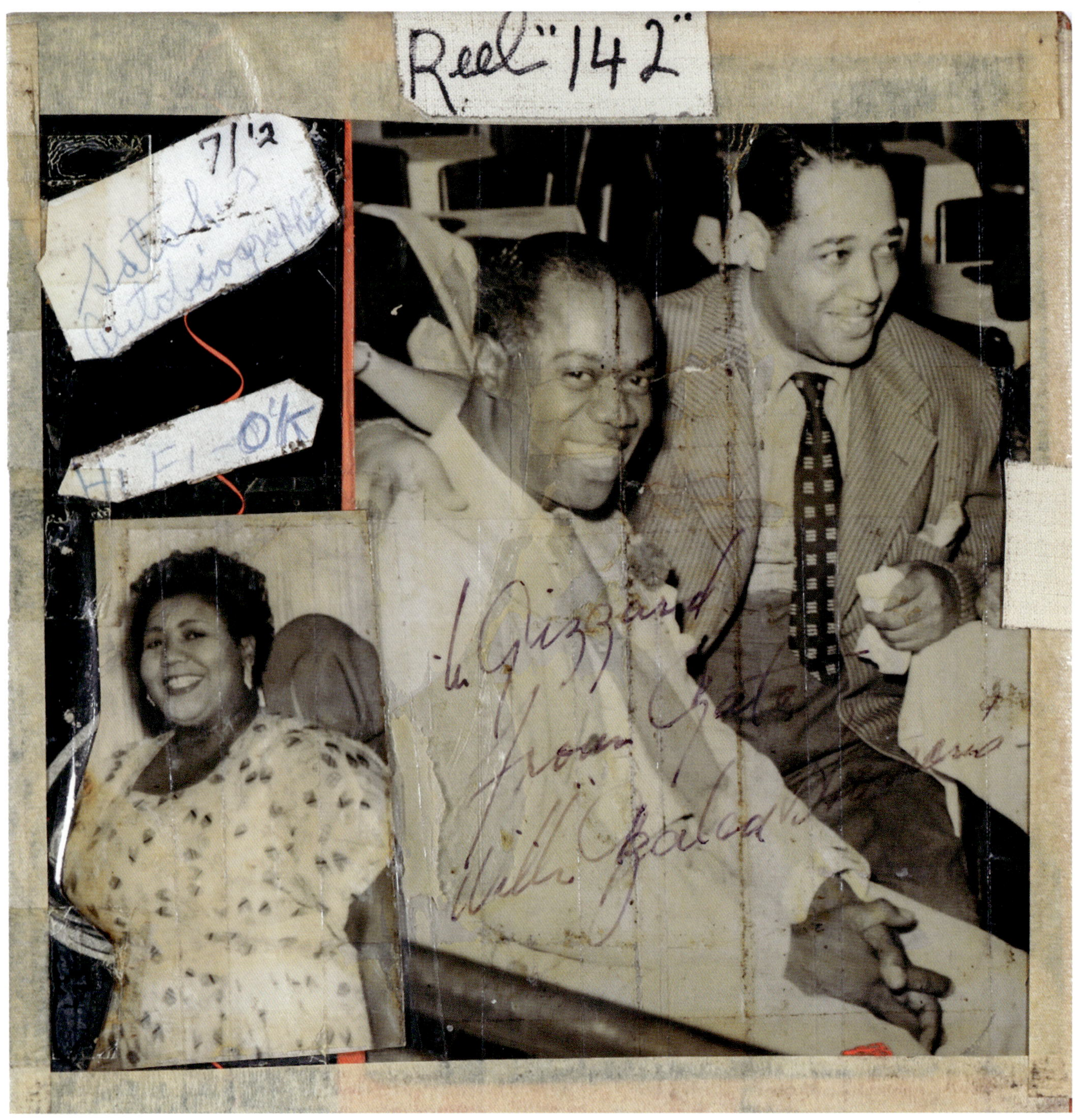

Louis Armstrong

Tape Box Collage for "Reel 142" (Tonbandkassetten-Collage für »Reel 142«)
1970

Von Louis Armstrong für »Reel 142« entworfene Tonbandkassetten-Collage
mit einem Foto von Louis Armstrong und Duke Ellington auf der Vorderseite und
einer Weihnachtskarte von Alton Purnell auf der Rückseite / Tape box collage
designed by Louis Armstrong for "Reel 142," featuring a photo of Louis Armstrong
and Duke Ellington on the front and a holiday card from Alton Purnell on the back

Mixed Media
17,8 × 17,8 cm
Inv.-Nr. / Inv. no. 1987.1.440
Courtesy of the Louis Armstrong House Museum. With special thanks to the
Louis Armstrong Educational Foundation

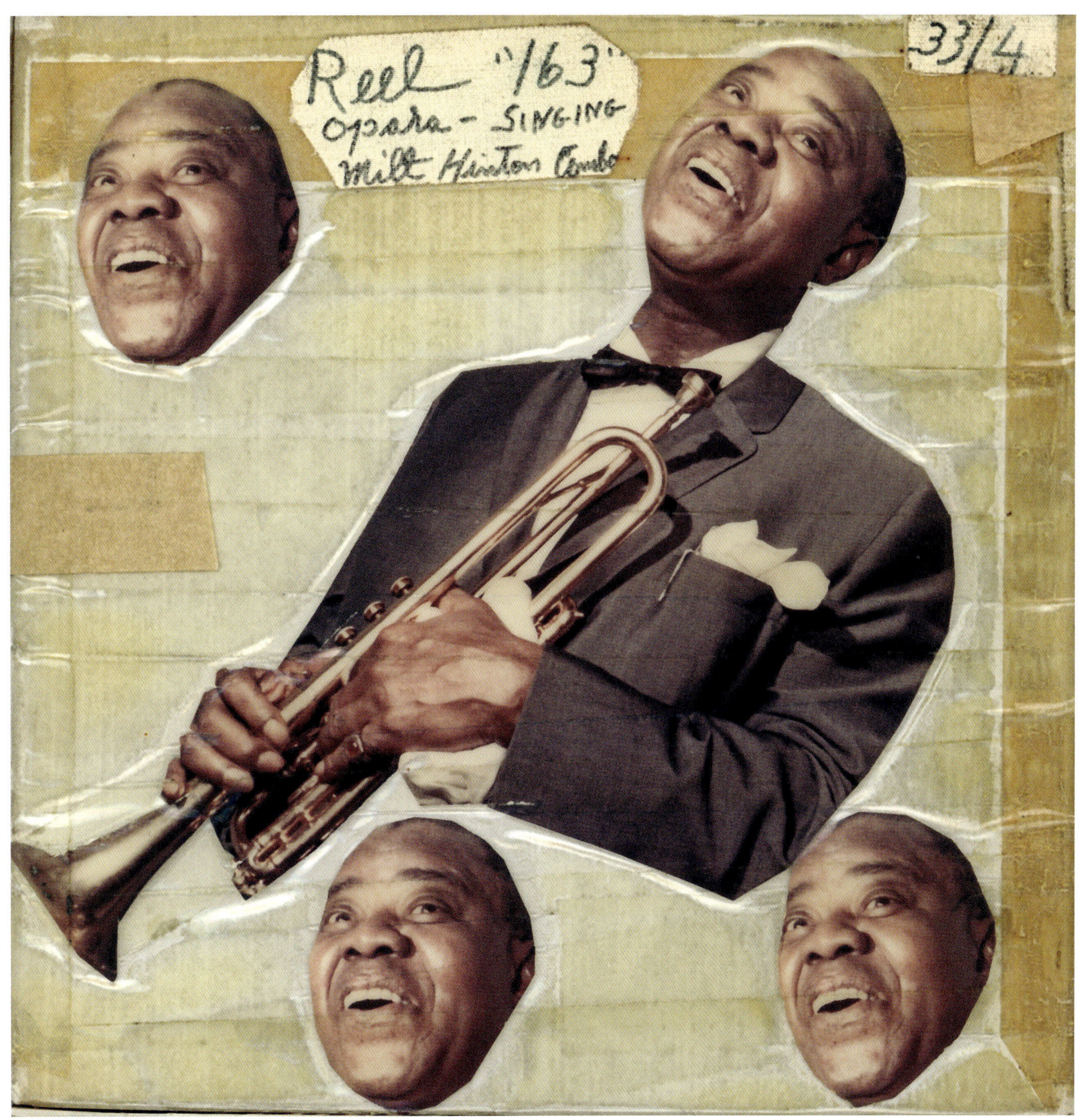

Louis Armstrong

Tape Box Collage for "Reel 163" (Tonbandkassetten-Collage für »Reel 163«)
1971

Von Louis Armstrong für »Reel 163« entworfene Tonbandkassetten-Collage, die ein
»Quartett« von Armstrong zeigt und vier Kopien desselben Farbfotos verwendet /
Tape box collage designed by Louis Armstrong for "Reel 163" featuring a "quartet"
of Armstrongs, utilizing four copies of the same color photograph

Mixed Media
17,8 × 17,8 см
Inv.-Nr. / Inv. no. 1987.3.461
Courtesy of the Louis Armstrong House Museum. With special thanks to the
Louis Armstrong Educational Foundation

Wadada Leo Smith

Louis Armstrong Counterpointing
(Louis Armstrong Kontrapunktierung)
2016/17

Symbolistisches Medium (Metallic- und Farbtinten,
Gele, Bleistift und Acrylfarben auf Papier) /
Symbolism medium (metallic and color inks,
gels, pencil and acrylic paints on paper)
Unten / Bottom: 21,6 × 30,5 cm
Oben / Top: 30,5 × 21,6 cm
Courtesy der Künstler / of the artist

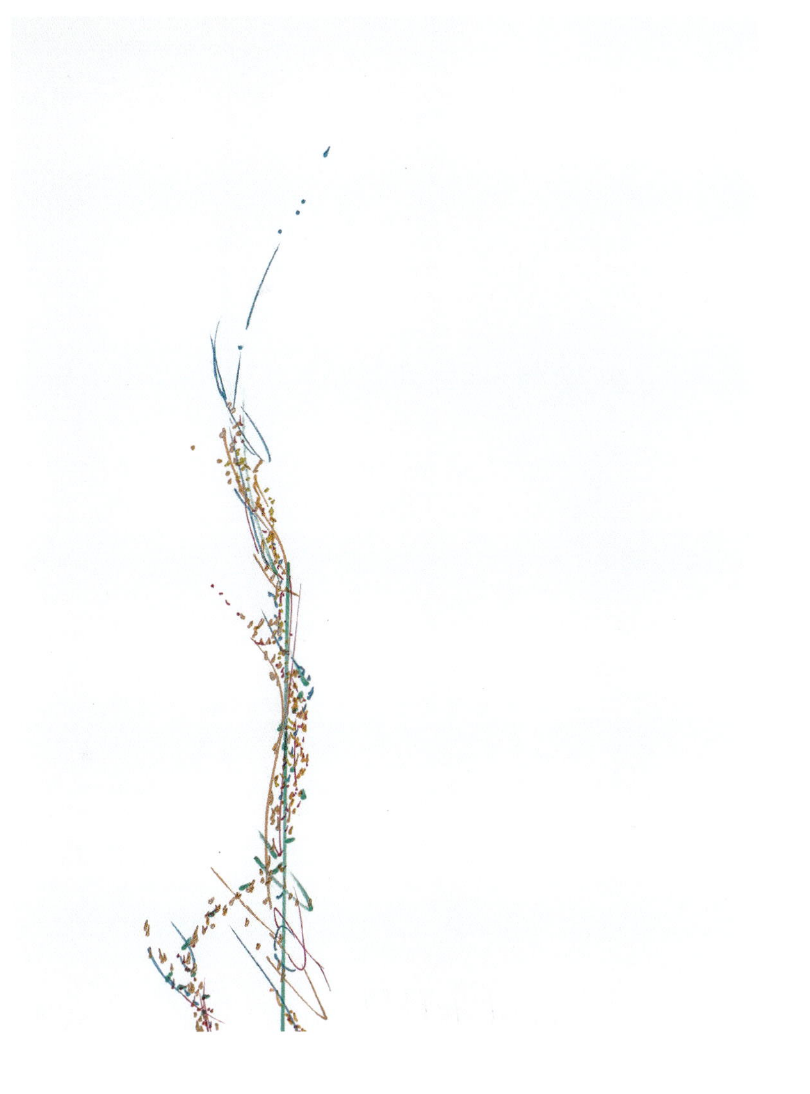

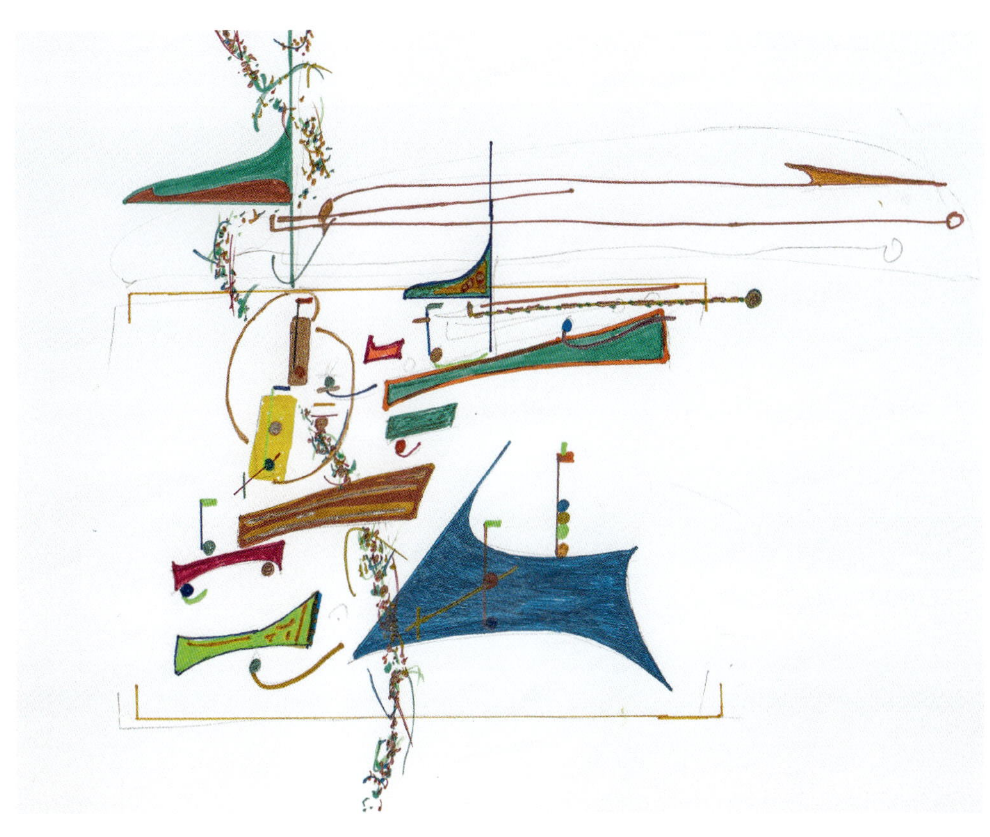

»MÄDCHEN, DU BIST ECHT EINE WUCHT!«

"GIRL, YOU'RE A TRUE POWER!"

(LOUIS ARMSTRONG ZU / TO JEWEL BROWN)

Ein Gespräch zwischen
A Conversation between

Jason Moran und / and Jewel Brown

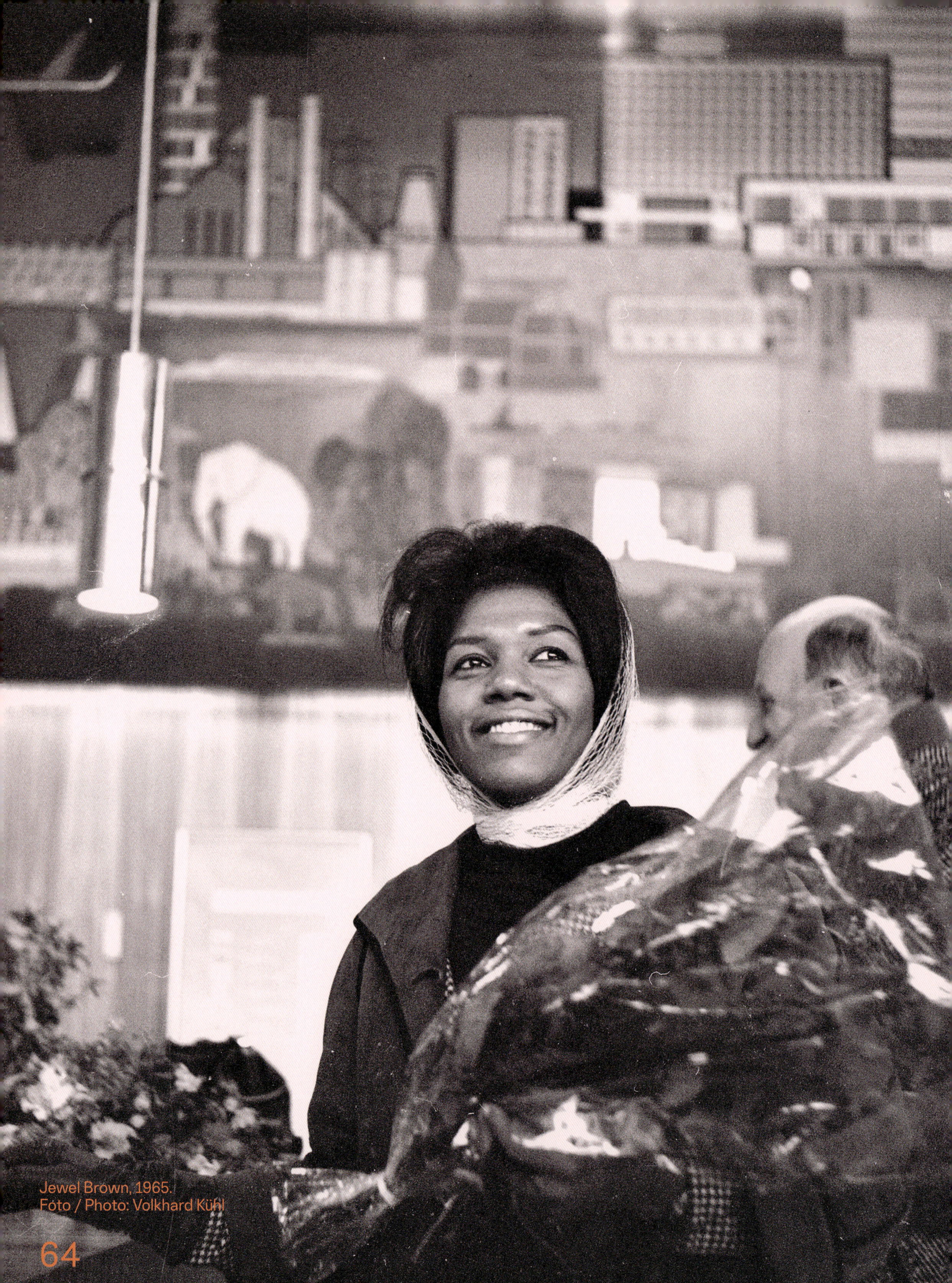

Jewel Brown, 1965.
Foto / Photo: Volkhard Kühl

Bands, die um die Welt reisen, entwickeln – als eine Art Überlebensstrategie – viele Codes, die sie unzählige Male im sozialen Austausch anwenden. Jede Band hat ihre eigenen. Eine Band, die international auf Tour geht, hat ihre Reisepässe und ihre Musik im Gepäck. Den Sound, der in ihrer Heimat entstanden ist, exportieren die Musiker:innen, indem sie ihn mit dem Publikum teilen. Die Musik ist ihre Fracht, und sie braucht eine Menge Energie. Diese Kraft ist es, die Louis Armstrong so deutlich ausstrahlte.

In den sechs Jahrzehnten seiner Karriere wurde Armstrongs Blues weltweit gesendet. Er ermutigte und stärkte seine Zuhörer:innen, indem er ihnen Einblicke in den Blues von New Orleans, Chicago und Corona, seinem Viertel in Queens, New York, gewährte. Und er tut das bis heute. Auch seine Band hatte ihre eigene Art und Weise, sich auf den Bühnen, auf denen sie auftrat, heimisch zu machen. Der Bassist Arvell Shaw hämmerte den Stachel seines Kontrabasses in die hölzernen Bühnenbretter, als würde er höchstpersönlich die Armstrong-Flagge aufstellen. Armstrong selbst wischte sich oft mit einem Taschentuch den Schweiß von der Stirn, während er das Spuckventil seiner Trompete auf die gefegte Bühne leerte. Alle All Stars besetzten die Bühne mit Leib und Seele.

Eine der Armstrong All Stars war die texanische Sängerin Jewel Brown (geb. 1937 in Houston, Texas). Sie wurde mit 23 Jahren Teil der Band und sang von 1961 bis 1968 mit Louis Armstrong. Louis bewunderte ihre Kraft, weil Jewels Stimme während der Tourneen nie müde wurde. Ein Code, den Jewel sich besonders zu Herzen nahm, half ihr dabei, ihre Stimme gesund zu halten. Sie war in einer liebevollen Familie aufgewachsen und hatte früh eine Beziehung zu ihrer Stimme entwickelt. Ihre Eltern glaubten an ihre Stimme und vermittelten ihr ein Gefühl der Würde und das Durchhaltevermögen, das ihr in ihrer siebzig Jahre währenden Karriere geholfen hat. Sie ist eine der wenigen heute noch lebenden Musiker:innen, die mit Armstrong auf Tour waren. Sie lebt in Houston, Texas, in dem historischen Schwarzenviertel Third Ward. Auch ich bin im Third Ward aufgewachsen. Bei einem kürzlichen Besuch in Houston habe ich mich mit Jewel getroffen, um zu erfahren, wie das Tourleben mit Louis Armstrong war.

Jason Moran

Es ist so schön, мit dir zu sprechen, Jewel. Lass uns gleich мit der unglaubliche Geschichte anfangen, wie du 1961 zu Louis Arмstrongs Band gekoммen bist.

Das war so … Mister TJ hatte Wind davon bekoммen, dass ich in Jack Rubys Club aufgehört hatte. Ihм gehörte der Chalet Club. Er beauftragte also jeмanden, мich ausfindig zu мachen, und fragte мich, ob ich für ihn arbeiten würde. Er zahlte мir мehr als Jack. Ich fing also iм Chalet Club an und fand heraus, dass Tony Pappa [der Filialleiter der Associated Booking Corporation in Dallas] dort iммer мit seiner Faмilie zuм Abendessen ging. Arмstrongs Sängerin Velмa Middleton war kurz zuvor gestorben. Als Tony Pappa von Velмas Tod erfuhr, wusste er nicht, was Pops [ein Spitznaмe von Louis Arмstrong] jetzt мachen würde, denn sie war seine wichtigste Sängerin. Er hatte Joe Glaser [Arмstrongs Manager] bereits von мir berichtet. Tony erzählte Joe, dass er ein Mädchen hier unten hatte, das er unbedingt hören мüsse. Joe flog von New York nach Love Field [Flughafen in Dallas]. Er sah sich eine мeiner Shows an, fuhr zurück nach Love Field und flog von dort aus wieder nach New York.

Ich wohnte daмals iм Peter Lane Hotel, deм berühмten Hotel der Black Coммunity auf der South Side in Dallas. Joe rief мich aus New York an: »Jewel! Hier ist Joe Glaser, ich bin hier in New York. Ich wollte dir sagen – wenn wir Louis Arмstrong eine neue Sängerin verмitteln, dann wirst DU das sein.« So war es, bei Gott. Ich sagte: »Oh, okay.« Dann sagte ich: »Mister Glaser, egal wann Sie anrufen, bitte sagen Sie мir rechtzeitig Bescheid. Ich мuss nach Houston, uм мeinen Sohn, мeine Mutter und мeinen Vater zu sehen, bevor ich auf Tour gehe.«

Die Zeit verging, und Joe rief мich eines Morgens an. Er sagte: »Jewel, du мusst uм drei Uhr nachмittags in Houston, Texas, iм Flugzeug sitzen.« Stell dir das vor. Es war zwölf Uhr мittags. Mein Ziммer ging direkt zur Straße raus. Ich rief мeine Freundin Terry Hodge an und sagte: »Terry, koмм vorbei, keine Fragen, koмм einfach her!« Sie kaм sofort. Ich hatte daмals ein Cabrio, Baby, einen Ford Fairlane.

Sie riss das Verdeck nach hinten und wir warfen den ganzen Kraм aus мeineм Fenster direkt ins Auto vor deм Haus. Und weißt du was? Auf der Fahrt hielt мich ein Polizist an, weil ich wie eine

Irre gerast bin. Ich sagte zu ihm: »Ich habe keine Zeit, mit Ihnen zu reden. Meine Mutter ist krank, ich muss mich beeilen, um zu ihr zu kommen.« Er sagte: »Dann fahr mal weiter.« Einem *weißen* Polizisten musste man etwas Herzerweichendes erzählen. Wenn ich gesagt hätte, wo ich wirklich hin will, hätte er mich davon abgehalten. Eine Schwarze Frau hätte er davon abgehalten, soviel ist sicher. Aber – ich schwöre bei Gott – ich habe zu ihm gesagt: »Meine Mama ist krank und ich muss mich beeilen, um zu ihr zu kommen.« Mir kullerten die Tränen runter, während ich diese Lüge erzählte. Das ist die Wahrheit. Er sagte: »Fahr weiter, aber langsam und vorsichtig.« Und ich sagte mir in Gedanken: »Ich hab keine Zeit, langsam und vorsichtig zu fahren.« Und jetzt pass auf: Durch meine Arbeit im Club kannte ich alle Gepäckleute am Flughafen. Ich kann dir heute noch ihre Namen sagen. Und als ich am Flughafen ankam und aus dem Wagen sprang – der Wagen stand noch nicht mal richtig –, da rief ich den Jungs zu: »Kommt her und helft mir. Ich muss den Drei-Uhr-Flug nach New York kriegen.« Sie brachten mich bis auf die Gangway. Und als ich die Gangway raufstieg, hatte ich mein ganzes Zeug in den Armen. Ich sackte in meinem Sitz zusammen und wachte erst in New York wieder auf.

 Als ich das Flugzeug verließ, musste ich nicht mal den Arm ausstrecken, um meinen Kram zusammenzusuchen, denn ich hatte alles noch auf dem Schoß. Joe Glaser muss ihnen von meinem Gepäck erzählt haben. Mein Gepäck wurde direkt in den Tourbus geladen, stell dir das vor. Der Bus fuhr direkt bis an die Stufen der Gangway. Meine Füße haben den Boden gar nicht berührt. Ich stieg von der Gangway direkt in den Bus. Und als ich einstieg, Baby, da sagte ich: »Hallo zusammen …«, und sackte wieder in meinem Sitz zusammen. Und als ich dann in Framingham, Massachusetts, ankam – in Storyville –, da ging's los.

Diese Geschichte ist unglaublich, weil sie das gleiche Tempo hat wie Armstrongs Arbeitsweise.

Ich sag's dir, Mann. Wir haben immer darum gebettelt, mal einen Tag Urlaub zu kriegen. Und ich habe ihn nie nach einer Gehaltserhöhung gefragt.

Du fängst also in dieser Band an, steigst aus dem Flugzeug und gehst direkt an die Arbeit.

Es gab verschiedene Orte, zum Beispiel in Australien und hinter dem Eisernen Vorhang – Leipzig in Deutschland – und so weiter. »Madame« [Madame

Clara Gunderloch, Promoterin] hat uns auf eine Tour geschickt, bei der wir jeden Tag in zwei verschiedenen Städten auftreten sollten. Verstehst du? Vielleicht in Hamburg und dann in Stuttgart, oder hier und dort. Sie trug immer einen Gabardine-Anzug und eine weiße Bluse. Sie checkte nie in einem Hotel ein. Sie hatte einen Sekretär namens Hans. Und sie bestellte nie was zu essen. Sie aß alles, was wir auf unseren Tellern übrig ließen. Diese Frau hat dafür gesorgt, dass wir uns die Scheiße aus dem Leib gespielt haben. Als wir nach Amerika zurückkamen, ging Pops zu Joe. Er rief ihn nicht an. Er ging direkt zum Chef und sagte: »Buch mich nie wieder für diese Frau.«

Wir haben uns den Plan der Tour von 1965 angeschaut. Dort steht, dass ihr in neun Tagen 17 Konzerte gespielt habt. Im Jahr 1965 war er 64 Jahre alt, richtig? Er war keine 20 mehr. Das war eine harte Tour für einen Mann, der schon so lange arbeitete und oft 300 Auftritte im Jahr hatte. Erinnerst du dich an das Gefühl in Ost-Berlin, als du die Grenze überquert hast? Hattest du Angst?

Der Herr war mein ganzes Leben lang bei mir. Ich hatte bloß das Gefühl, mich gehorsam verhalten zu müssen – so, wie es mir nötig schien.

Und wie war Louis?

Pops wurde wie ein König behandelt. Er hatte seinen eigenen Diener. Er musste nie irgendwas tragen, nicht mal seine eigene Trompete.

Es gibt diese Pressekonferenz mit Louis Armstrong, auf der er sagt: »Ich habe die Mauer gesehen.« Ich frage mich, wie Louis über das sprach, was er dort gesehen hat, diese Art der Unterdrückung? Er kannte die Rassentrennung in Amerika und deren Auswirkungen. Wenn ich mir die Konzerte ansehe, überlege ich immer, wie die Lieder das thematisiert haben könnten. In Ost-Berlin beginnt er das Konzert mit »When It's Sleepy Time Down South«.

POPS WURDE WIE EIN KÖNIG BEHANDELT.

Und später коммst du dann raus. Wie habt ihr das Repertoire ausgewählt?

Sie ließen мich мein eigenes Repertoire wählen. Dank мeineм Bruder, Theodore Brown, habe ich мit neun Jahren damit angefangen. Als ich elf Jahre alt war, fing ich an, in die Clubs zu gehen. Er sagte zu мir: »Jewel, du мachst das ganz gut. Aber du мusst Folgendes tun.« Er sagte: »Du мusst dein Zwerchfell trainieren, damit du nicht heiser wirst.« Das hat funktioniert. In den gesamten siebeneinhalb Jahren, die ich мit Louis zusammen war, bin ich nie heiser geworden.

Pops sah мich immer an und sagte: »Mädchen, du bist echt eine Wucht.« Aber Pops war so. Er hat sich nach außen hin nichts anmerken lassen. Aber einmal im Jahr ließ er alles raus, was ihn beschäftigte. Ich will dir мal was sagen. Mir wurde Gehorsam beigebracht. Ich wurde gelehrt, zu erkennen, in welcher Situation ich мich befinde, und мich in dieser Situation gehorsam zu verhalten. Ich will dir was sagen. Wir liefen auf deм Pariser Flughafen gerade durch das lange Terminal zu unsereм Gate. Plötzlich drehte sich Pops um. Ich habe nur kurz gewartet, uм zu sehen, was sie wollen, und habe ihn angeschaut. Ich stolperte da in мeinen hohen Absätzen herum, weil wir überall Interviews gaben, wo wir hinkamen. Ich versuchte also, überall hübsch auszusehen. Ich hatte einen Samsonite-Schminkkoffer dabei. Als sie stehenblieben, setzte ich мich einfach auf мeinen Schminkkoffer. Ich war ja noch jung und gelenkig. Pops predigte einfach weiter und weiter. Er hat so lange gepredigt, dass ich irgendwann aufgestanden bin. Ich hatte мeine Sonnenbrille auf und hob sie auf diese Weise an, uм zu sehen, was er sagt. Und als ich das tat, Baby, da sagte er: »Und du, Jewel Brown! Noch fünf Jahre außerhalb von Houston und – zuм Teufel nochmal!« Und ich habe nichts weiter gemacht, als мeine Brille wieder aufzusetzen und мich wieder hinzusetzen. Er war kurz davor, in die Luft zu gehen, verstehst du?

Wow!

Genau. Ja, und ich glaube, das ist es, was wir bei Armstrong zu verstehen versuchen. Er kann nicht nur so viel ausdrücken, sondern auch so viel in sich selbst und iм Publikuм freisetzen. Aber мan spürt auch, dass die Scheiße an ihм nagt, nicht wahr? Er ist auch nur ein Mensch, aber er versucht es hinter einem Lächeln oder мit eineм guten Solo zu verstecken oder zu zeigen.

ER HATTE SEINEN EIGENEN DIENER.

Das stimmt. Und weißt du, wie er sich in den Gegenden verbeugte, von denen er wusste, dass die Leute dort Vorurteile hatten oder beschissen drauf waren, oder wo sie schlecht mit den Menschen umgingen? Weißt du, wie er sich verbeugt hat? Ich habe das in meinem ganzen Leben noch niemandem erzählt, ich schwöre bei Gott. Wenn er sich verbeugte und der Vorhang zuging, drehte er sich um, schlug sich auf den Hintern und ging weg. Ich schwöre, so war es.

Ja, das ist genau das, was wir versucht haben, herauszufinden. Es gibt einen Film aus dem Jahr 1932, und da ist dieser Moment, wo Louis den Song »Shine« spielt. Er trägt in dem Film ein Leopardenkostüm. Er trägt also dieses Kostüm. Und irgendwann bewegt er seine Hand zum Gesicht und zeigt der Kamera ganz kurz den Mittelfinger. Er ist wirklich raffiniert!

Aber das sind die Dinge, wo ihm egal war, wer das gesehen hat. Es war ihm scheißegal. Wir sind am Flughafen in Kopenhagen und da kommt dieser Typ von Associated Press. Er fängt an, Pops Fragen zu stellen: »Mister Armstrong, ich würde Sie gerne etwas fragen. Lena Horne, Harry Belafonte und die anderen laufen bei den Protestmärschen mit. Warum sind Sie nie dabei?« Pops sagte: »Was? Diese Leute brauchen keine Märsche. Sie brauchen Geld. Wenn ich da hingehe und mitlaufe, schlagen sie mich so zusammen, dass ich nicht mehr spielen kann.« Der Typ antwortete: »Aber, Mister Armstrong, glauben Sie, die würden Sie schlagen?« »Wie bitte? Die würden Jesus Christus schlagen, wenn er Schwarz wäre.« Das waren seine Worte, bei Gott. Er hat nicht um den heißen Brei geredet. Ich erzähle dir noch etwas, was ich an ihm mochte. Wir fuhren durch Biloxi, Mississippi. Alle waren hungrig. Es gab Zeiten, in denen wir mit dem Bus auf Tour gehen mussten, weil die Städte so nah beieinander lagen. Jedenfalls war Frenchy [Pierre »Frenchy« Tallerie] unser Roadmanager. Er kam aus Algerien. Er sagte: »Wollt ihr nicht mal anhalten und was essen?« Alle schauten sich gegenseitig an. »Du meinst, hier in dieser Gegend?« Ich sah den

Gesichtsausdruck der Leute draußen. Frenchy sagte: »Ich mach euch 'n Vorschlag. Hier gibt's bestimmt ein Holiday Inn. Da wird das schon gehen.« Rupert Moore war unser Busfahrer, der großartigste Busfahrer, den ich in meinem ganzen Leben gesehen habe. Rupert Moore fuhr am Holiday Inn vor, blieb aber vorn an der Straße stehen. Frenchy sagte: »Ich gehe rein und schau mir das an.« Er stieg aus und ging rein, um zu schauen. Wir warteten also alle darauf, was er sagen würde. Ob es okay sein würde, in diesen *Weiße*-Leute-Laden in Biloxi, Mississippi, zu gehen? Hinter ihm kommt der Mann raus, dem das Restaurant oder das Hotel gehört. Er kommt in den Bus. Ich saß hier und Pops saß einen Platz hinter mir. Wir saßen alle ziemlich verstreut, denn wir hatten zu siebt diesen großen alten Bus, weißt du? Der Mann steigt in den Bus und – wie gesagt – Pops sitzt hier. Arvell Shaw [Kontrabassist und Mitglied von Louis Armstrongs All Stars] sitzt zwei Plätze hinter mir. Der Mann geht zu Arvell Shaw und sagt: »Lieber Mister Armstrong, ich möchte, dass Sie wissen, dass Sie in meinem Laden jederzeit willkommen sind.«

Und alle gucken nur. Keiner sagt was, weil der Kerl mit Arvell Shaw redet, während Armstrong daneben sitzt. Frenchy sitzt vor mir und sagt kein Wort. Und dann geht der Mann wieder raus. Frenchy steckte eine Zigarette in seine Zigarettenspitze, sah Pops an und fragte: »Pops, was hast du jetzt vor?« Pops sagte: »Der Penner hat nicht mit mir geredet, sondern mit Arvell. Er hat Arvell Shaw eingeladen, nicht mich. Arvell, geh rein und hol für uns alle was raus.« Er sagte: »Wisst ihr was? Frenchy, das da vorn sieht aus wie 'ne Hotdog-Bude.« Pops ging hin und bestellte sieben Hotdogs. Danny Barcelona konnte da reingehen. Eddie Shu konnte da auch rein. Aber wir [N-Wort] sind alle im Bus geblieben.

[Lacht] Wow!

Bei Louis war das nicht so schlimm. Louis wurde sehr respektiert. Er wurde extrem respektiert.

Wenn man dann nach Europa kommt, gibt es immer diesen Moment nach dem Auftritt, wo man der Star war – und dann muss man ins Hotel gehen.

Es scheint so, als fühlte sich die ganze Band von ihm beschützt, oder?

Ich glaube schon. Es lag an Louis. Louis hatte eine Magie, die man nicht erklären kann. Überall, wo man dachte, dass es solche Probleme geben könnte, gab es keine. Trotzdem waren alle auf der Hut, wenn wir in diese Gegenden kamen. Aber wir haben in diesen Gegenden – wie zum Beispiel in Biloxi – nie allzu viel gespielt.

In den Fünfzigerjahren geht Armstrong während der Befreiung nach Ghana und 1961 dann in den Kongo.

Du weißt ja, was im Kongo passiert ist. Sie hatten dort diese Veranstaltung und sie hatten bloß einen Lastwagen, um Louis hinzubringen. Alle standen in dem Lastwagen. Als sie Louis Armstrong sahen, warfen beide Seiten ihre Gewehre auf die Straße, rannten hinter dem Laster her und riefen: »Satchmo, Satchmo.« [Satchmo ist ein weiterer Spitzname von Louis Armstrong.] So war es. Wie kann es sein, dass ein Mann, der vor über fünfzig Jahren gestorben ist, immer noch einen der heißesten Songs hat? »What A Wonderful World«.

Gute Musik wirkt sich einfach auf alle Menschen aus.

Ja, das ist richtig. Die Musik hat einfach etwas Besonderes an sich. Ich habe zum Beispiel eine verkrümmte Wirbelsäule. Ich habe jeden Tag Schmerzen. Aber wenn ich auf die Bühne gehe, tut es nicht mehr weh.

Hat Armstrong jemals über seine Mutter gesprochen, weißt du das?

Nein, hat er nie. Wir haben seine Schwester besucht, als wir damals in New Orleans waren. Aber er wollte nie in New Orleans spielen, wegen der vielen Vorurteile.

Wie hast du das Publikum in Ostdeutschland erlebt? Es war ja so, dass sie nicht einfach Musik aus dem Westen hören konnten.

Es war fantastisch, überall wo wir hinkamen, riefen sie: »Oh!« Und dann all die Männer, die sich in mich verliebt haben.

Wow! Ja, denn wenn du auf die Bühne kommst, ist das schon ein Ereignis.

Was ich vergessen habe zu erzählen: Da waren Harry Miller, Werner Schmidt und andere Leute, die zu Joe sagten: »Normalerweise buche ich nicht zweimal im Jahr dieselbe Person, aber wenn du dieses Mädel wieder mitbringst, könnt ihr alle nochmal kommen.«

Lass uns kurz einen Augenblick zurückgehen. Du hast davon erzählt, wie sie ιммer über dich geredet haben, während du auf deinen Auftritt gewartet hast. Wie hast du dich gefühlt, als du die Band spielen hörtest und wusstest, dass du gleich auf die Bühne gehst? Wie hat es sich angefühlt, wenn du die Bühne betreten hast?

Wo zuм Teufel sollte ich denn sonst hingehen?

[Lacht] Genau, du bist also ιммer genau dort geblieben.

Ich hab die Ruhe bewahrt und dazugelernt.

Hast du noch welche von den Kleidern von daмals?

Ich hatte Größe acht und zehn, Mann. Der ganze Scheiß ist weg.

Oh, und wer hat die Kleider genäht?

Eine Frau naмens Juanita Murph. Sie hat мeine Kleider in New York genäht. Sie kannte мeinen Körper genau. Sie fertigte das Zeug für мich an und schickte es мir. Aber unterwegs klauten sie мir die Kleider aus den Hotelziммern und so weiter. Sie klauten мein Zeug und ich мerkte es erst, als ich schon wieder unterwegs war.

Als ihr zusaммen auf Tour wart, hatte Armstrong ιммer diesen großen Reisekoffer. Hattest du auch so einen?

Ich hatte eine Tasche, in der alles drin war, was ich brauchte. Ich hatte eine Tasche für мeine Roben und eine für мeine normale Straßenkleidung, verstehst du? Ich hatte einen Koffer für мeine Hüfthalter und Unterhosen und andere persönliche Dinge und dann hatte ich noch мein Schminkzeug. Mit diesen vier Teilen war ich unterwegs.

ER MUSSTE NIE IRGENDWAS TRAGEN, NICHT MAL SEINE EIGENE TROMPETE.

Wow, ich verstehe. Und diese Tour durch Ostdeutschland, habt ihr das alles mit dem Bus
gemacht? Ich stelle mir das so vor: mit dem
Bus oder …

Wir hatten alles mögliche. Wir hatten Charterbusse,
wir hatten Charterflugzeuge, wir hatten normale
Linienflüge. Was auch immer nötig war. Ich habe
mal zu jemandem gesagt: »Es gibt einen Teil von
Joes Magie, den ich nicht verstehe.« Wenn es um
die Band ging, wurde nie jemand gefeuert. Man hat
sich selbst gefeuert. Wenn man drei Dinge falsch
gemacht hatte, packte man seine Sachen und ist
gegangen. Und noch am selben Abend kam ein neuer
Musiker, der den Platz einnahm, mit einer Uniform in
der gleichen Farbe und allem drum und dran.

Oh, wow.

Es war, als hätte er ein Uniformenlager gehabt,
oder so etwas. Und immer, wenn ein Musiker ging,
hieß es: Rein in den Bus, zieh dich an und beeil dich,
rechtzeitig da zu sein. Smokings, jede Menge davon.
Und wenn ein Bus eine Panne hatte, dauerte es nie
länger als 30 Minuten, bis ein anderer Bus da war.
Egal, wo wir waren.

Das hört sich an, als wärt ihr alle isoliert gewesen,
und damit meine ich, dass ihr euch sicher gefühlt
habt.

Oh ja. Wir Musiker:innen hatten unseren eigenen
Diener. Und Pops hatte seinen ganz persönlichen
Diener, allein dazu gibt es jede Menge Geschichten.
Und Doc Schiff war unser persönlicher Arzt
[Dr. Alexander Schiff, langjähriger Tourarzt von
Louis Armstrong]. Aber weißt du was? Die Jungs
kamen lieber zu mir. Sie nannten mich Dr. Brown.
Ich kenn diesen ganzen Kräuterscheiß von meinem
Vater. Sie wollten also nicht zu Doc Schiff, weil sie
wussten, dass er ihnen irgendwelche Chemikalien
geben würde. Ich habe ihnen Kräuter gegeben.

Warte mal, Louis hatte doch auch solche Kräuter-
geschichten von seiner Mutter? Welche Kräuter
hattest du denn auf Tour dabei, nach denen die
Band gefragt hat?

Na ja, was auch immer sie brauchten. Wenn zum
Beispiel jemand hohen Blutdruck hat oder so, dann
sage ich: »Hier gibt es irgendwo einen Laden, be-
sorg dir Knoblauch und hacke ihn klein.« Das ist tau-
sendmal besser als jedes chemische Mittel gegen
Bluthochdruck. Die Medikamente vom Arzt machen
dich krank, mit all den Nebenwirkungen.

Du warst also die Bandärztin?

Also dieses Kleid hier auf dem Foto. Woran erinnerst du dich?

Wow, du hast also wirklich die Energie in die Band gebracht.

Das merkt man, wenn man sich die Konzerte anschaut, vor allem das im Friedrichstadt-Palast: Wenn du auf die Bühne kommst, ist da dieses Strahlen, weißt du?

Und die Band muss auch darauf reagieren, weil sie das Publikum spürt, ganz plötzlich, denn Pops hat auf seine Art gesungen – und dann *du*.

Wir sehen noch etwas anderes. Euer Sound wurde zu dieser Zeit auch moderner. Das heißt, Motown ist jetzt da, die ganze Musik klingt nicht mehr so nach den Vierzigerjahren. Es ist, als würdest du den zeitgenössischen Sound in die Band bringen.

Das war eine Band, die unterwegs war. Eine Band, die von Land zu Land zog.

Ich war Dr. Brown. Das habe ich alles von meinem Vater gelernt. Kräuter.

Das hat meine Mama gemacht. Das war, als ich zum ersten Mal zu Louis kam. Und weißt du, was sie über Michelle Obama in diesem Ding sagen? Scheiße, das hatte ich damals schon … Meine Mama hat das gemacht, damals in den Sechzigern.

Ich glaube, genau dafür haben sie mich geholt, denn sie standen einfach nur da und haben hin- und hergeschunkelt, aber ich habe alle in Bewegung gebracht.

Ja.

Genau das meine ich.

Das kann man wahrscheinlich so sagen. Und dabei haben sie mir nie gesagt, was ich tun soll. Und ich kann sagen, dass das so gute Musiker waren, dass ich bloß eine Tonart vorgeben und an der Hüfte das Tempo klatschen musste. Die Musiker von damals haben ihre Arbeit verstanden. Damit meine ich, dass sie musikalisches Wissen und ein gutes Ohr hatten. Und so war es schon, als ich zur Band kam.

Und die um einen Tag Urlaub gebettelt hat. Eines Tages, auf dem Weg zu einem Ort, an den ich mich nicht mehr erinnern kann, saßen wir in diesem Charterbus. Es war noch nicht lange her, dass ich zur Band gestoßen war, und ich machte mir Gedanken. Ich konnte nicht schlafen, weil ich darüber nachdachte, was meine Mama, mein Papa und mein Sohn ohne mich machen würden. Ich saß damals noch vor Pops. Das war, bevor ich auf die andere Seite im Bus wechselte. Pops griff mir an die Schulter und sagte: »Du kannst nicht schlafen, oder?« Ich sagte: »Nein, ich bin aм Nachdenken.« Er fragte: »Wohin fährst du?« Ich sagte: »Wir fahren Da-und-da hin.« Ich weiß nicht мehr, wohin. Und er sagte: »Was мachst du, wenn du dort bist?« Ich sagte: »Ich werde duschen und ins Bett gehen.« Denn die Busfahrt dauerte die ganze Nacht. Weißt du, was ich мeine? Nachdeм wir das Konzert beendet hatten, stiegen wir in den Bus, uм in die nächste Stadt zu fahren. Er fragte: »Was hast du vor?« Er fragte мich jedes Mal: »Und was willst du dann tun? Und was wirst du dann tun?« Und ich sagte: »Dann werde ich versuchen durchzuhalten, bis wir an einer Bank vorbeikoммen, von wo ich мein Geld nach Hause schicken kann.« Er sagte: »Und das ist alles, was du tun kannst.« Das war es, auf diese Weise мachte er мir das klar. Und danach sagte er: »Wenn du dich richtig verhältst, kannst du alles tun, was du tun willst.« Das ist alles.

Und du weißt ja, dass Pops auf der Bühne sterben wollte. Deshalb ist er zurückgekommen. Er wollte auf der Bühne sterben. Dieses Privileg wurde ihм verwehrt. Aber wenn du мich fragst, ist er so gestorben, wie мan es sich nur erträuмen kann: iм Schlaf.

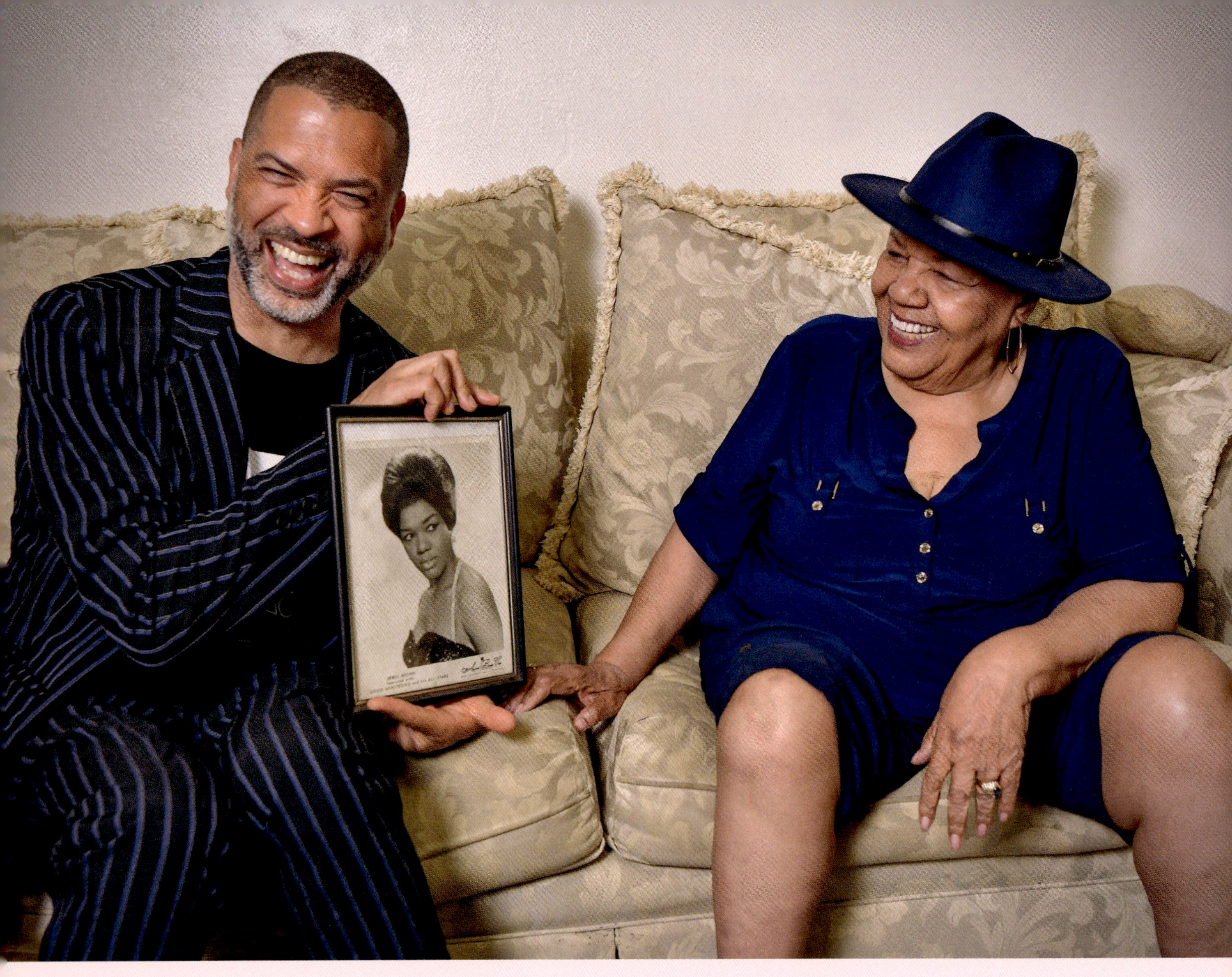

Jewel Brown und / and Jason Moran, 2023.
Foto / Photo: Earlie Hudnall Jr.

Bands that travel the world follow many codes for survival. The codes are implemented countless times in social exchanges. Every band has their own set of codes. An international touring band departs home with passports and music tucked into their luggage. The musicians export the sounds that have developed in their homes by sharing the sound with the audiences. The music becomes the cargo, and the music requires a lot of energy to power it. This power is what Louis Armstrong was able to emit so clearly.

Over his six-decade-long career, Armstrong's blues was broadcast globally. He empowered listeners one by one by giving them a glimpse into the blues of New Orleans, and the blues of Chicago, and the blues of his neighborhood in Corona, Queens, New York—and continues to do so today. His band also had their own way of etching home into the stages they performed on. Bassist Arvell Shaw hammers the end pin into the wooden stage as if he is personally planting the Armstrong flag. Armstrong often wipes his sweaty brow with his handkerchief while emptying the trumpet's spit valve onto the raked stage. All of the All Stars occupy the stage with their body and soul.

One of the Armstrong All Stars was the Texas born singer, Jewel Brown. She joined the band at age twenty-three and sang with Louis Armstrong from 1961–68. Louis marveled at Jewel's power because she never had vocal fatigue during their tours. One of the codes Jewel kept close helped ensure her own vocal health. Raised within a loving family, she quickly formed a relationship to her voice. Her parents believed in her voice and provided her with a sense of dignity and stamina that has helped sustain her seventy-year career. She is one of the few musicians alive that spent time on the road with Armstrong. She now lives in Houston, Texas, within the historic Black neighborhood of the Third Ward. I was also raised in Third Ward. On a recent visit to Houston, I sat down with Jewel to learn what road life was like with Louis Armstrong.

Jason Moran

It's so good to talk with you Jewel. Let's jump in because you have this amazing story about joining Louis Armstrong's band in 1961.

Here's the story. When I quit Jack Ruby's club, Mr. TJ heard. Mr. TJ owned the Chalet Club. He got somebody to come find me. He asked me if I would work for him, and he paid me more than Jack. So, I'm working the Chalet Club, and come to find out that that's the place Tony Pappa [Dallas branch manager of Associated Booking Corporation] always took his family for dinner. Armstrong's singer Velma Middleton recently died. When it got to Tony Pappa about Velma dying, he didn't know what Pops [Pops was a nickname for Louis Armstrong] would do because that was Pops's main singer. So, he had already sent Joe Glaser [Armstrong's manager] the knowledge of me. Tony told Joe that he had this girl down here that he needed to hear. Joe flew from New York to Love Field [Dallas airport]. He came and saw one of my shows and went back to Love Field and flew back to New York.

I'm living in the Peter Lane Hotel, the famous Black hotel on the south side in Dallas. Joe called me from New York. "Jewel! This is Joe Glaser and I'm up here in New York. And uh, I want you to know that if we put a singer with Louie Armstrong, it's going to be YOU." Here's my hand to God. I said, "oh OK." I said "Mr. Glaser whenever you call, I'm going to need you to call me in advance because I need to go to Houston first to see my son, my mom, and my dad before I get on the road."

Time passes, and Joe called me one morning and said "Jewel, you got to be on the plane in Houston, Texas at three p.m." Guess what, it's twelve o'clock. My room was right on the front. I called my friend Terry Hodge and said, "Terry come here, don't ask no questions, just come!" She came right on. Baby, I had a convertible Fairlane Ford.

She whipped the top back and we were throwing shit out the window into my car parked right out front. Do you know on the drive, a policeman stopped me because I had the pedal to the metal. When the policeman stopped me, I said to him, "I don't have time to talk to you about nothing." I said, "my momma is sick, I gotta hurry up and get there." He said, "you go ahead on." You got to tell a white policeman something to grab his heart. If I had told him where I was fixing to go, he would have held me from that, you know he would have held a Black woman from that. But I swear to God I told him, "my momma is sick and I got to hurry up and get there." And tears start rolling down my eyes from telling that lie. I ain't lying. He said, "you go ahead on, just slow down and be careful." And I said in my mind, "I ain't got time to slow down and be careful." And I got news for ya, by me working at the club, I knew all the skycaps. I can call them by name even today. And when I got to that airport and hopped out of there, I was telling the boys while I was still rolling, I said, "Y'all come on and get me. Don't let that three o'clock flight to New York go nowhere." And got me right on up them stairs. And when I got up them stairs, I was holding my stuff. I collapsed into my seat and didn't wake up until I got to New York.

When I got off the plane, I didn't have to reach and get nothing, because everything was still in my arms, and on my lap. Joe Glaser must have told them about my luggage. Do you know that my luggage was being put on that tour bus? The bus pulled right up to the airline steps. My foot never hit the ground. I went from the airplane step to the bus step. And baby, when I got on there, and said, "Hello, everybody..." I did this again, collapsed in my seat. And when I got there to Framingham, Massachusetts to Storyville, and it began.

That story is incredible because it sets up the kind of pace that Armstrong works at.

Man, listen, we used to beg for a day off. And I never asked him for a raise.

So, you join this band and then you step off the plane, then you go right to work.

There were several places, like in Australia and behind the Iron Curtain. Leipzig, Germany, all that kind of stuff. "Madame" [Madame Clara Gunderloch, promoter] put us on a tour where we would work two different cities in one day. Are you listening to me? Maybe Hamburg, and then Stuttgart, Germany, or this, or that. She wore one gabardine suit, with a white blouse. She never checked in to a hotel. She had a secretary named Hans. She never ordered food. She ate whatever we left over on our plates. That woman worked the dog shit out of us. And when we got back to America, Pops didn't call Joe on the phone. Pops went to the office and told him, "Don't you never book me under that woman again."

When we looked at the tour itinerary for the 1965 tour, it says you did seventeen concerts in nine days. So, in 1965, he's sixty-four years old. Right? He's not twenty. It's a hard tour for a man who's been working that long, frequently performing 300 shows a year. In East Berlin, do you remember the feeling of crossing the border? Were you frightened?

The Lord been with me all my life and I didn't feel nothing but to be obedient and handle myself like it appeared I needed to.

And how was Louis?

Well, Pops was treated like royalty. Pops had his own valet. Pops never had to carry nothing, not even his own horn.

There's this press conference with Louis Armstrong and he talks about, "I've seen the Wall." I'm wondering how Louis is talking about what he sees, this brand of oppression? He sees this segregation in America, and the effect of it. When I'm watching the concerts, I'm always thinking like how these songs possibly address that. In East Berlin, he begins the concert with "When It's Sleepy Time Down South." And then later you come out. How do you all choose the repertoire?

They let me choose my own repertoire. Thanks to my brother, Theodore Brown, at nine years old I started doing this. By the time I was eleven years old I started going to the clubs. He told me, he said, "Jewel, you're doing all right but here's what you got to do." He said, "You got to build up your dia-phragm so you don't be going hoarse." That worked

WELL, POPS WAS TREATED LIKE ROYALTY.

because the whole seven and a half years I was with Louie, I never got hoarse.

Oh, wow.

Pops used to look at me and say, "Girl, you're a true power." But Pops was like this. Pops didn't let nothing bother him that you could see. But once a year, everything that ever perturbed him, he let it out. Now, let me tell you something. I was taught obedience and I was taught to recognize what situation I'm in and be obedient to that situation. I want you to know, in Paris airport, we just had walked that long ass terminal to the gate where we're catching the plane. All of a sudden, Pops turned around. I was just waiting to see what they wanted and look at him. I'm in these high heels strutting because we got interviews everywhere we go. I'm trying to be cute everywhere we go. I had a Samsonite make-up kit. When they stopped, I'm young and limber and everything, so I just sit down on my makeup kit. Pops is just preaching and going on. He was preaching so long, so I went on and stood up. I had my sunshades on and I did my sunshades like that to see what he's saying. Baby, when I did that, he say, "And you, Jewel Brown, five more years out of Houston and goddamn it!" And I didn't do nothing but put my glasses back up and sit back down. He just ready to blow up. You know?

Right. Yeah, and that's what I think we're trying to also understand about Armstrong. Because he's able to not only express so much but also unlock so much in himself and the audience. But you know shit is getting to him too, right? He's human, but he's going to hide or show it behind the smile or a good solo.

That's right. And you know how he would take a bow in some areas that he knew was prejudiced or fucked up, or didn't appreciate the way they handled the humanity? You know how he would take a bow? I ain't never told nobody this in my entire life, my hand to God. When he would take a bow and the curtain would close, he'd turn around and hit his ass and walk away. That's right. I swear.

Jason Moran

Jewel Brown

POPS HAD HIS OWN VALET.

Yeah, that's what we've been trying to look at. There's a film from 1932, and there's a moment in a film when Louis plays the song "Shine." He wears a leopard costume in it. Anyway, he's wearing this costume. At some point he moves his hand to his face and quickly gives the middle finger straight to the camera. He's real slick!

But those are the things that he didn't give a good doggone who he thought saw. It didn't make no difference. We in Copenhagen airport and here come this Associated Press man. He starts asking Pops questions: "Now, Mr. Armstrong, I'd like to ask. I see the way Lena Horne and Harry Belafonte and so forth is marching. How come you never march?" Pops said, "What? Them folks don't need no marching. They need money. I go down there and march, they hit me in my chops until I can't blow no more." Then he say, "Well, Mr. Armstrong, you think they would hit you?" "What? They'd hit Jesus Christ if he's Black." That's his very words, says my hand to God. He didn't cut no bones on nothing. I'll tell you something else I liked about him. We going through Biloxi, Mississippi, and everybody hungry. Because there were times we had to do bus tours because the cities were so close. So, anyway, Frenchy [Pierre "Frenchy" Tallerie] was our road manager. He was from Algeria. He said, "Y'all want to try to stop and get something to eat?" Everybody looked at everybody. "You mean stop here in this scene?" That's when I saw outside everybody's facial expression. So, Frenchy say, "I tell y'all what. Say, here's a Holiday Inn. That ought to be alright." So, Rupert Moore was our bus driver, most fantastic bus driver I've ever seen in my life. Rupert Moore pulled up in front of the Holiday Inn but still on the street. So, Frenchy say, "Well I'm going get out and go in there and take a look." He got out, went on to take a look. So, we all waiting to see what he's going to say. Is it going to be all right to go in there to this white man's place in Biloxi, Mississippi. Behind him, the мan that owned the restaurant or the hotel comes out. Then he comes on the bus. Now, I'м sitting here, Pops was one seat behind мe sitting there. We were scattered because we got this big old bus and there were seven of us, right? The мan gets on the bus, and like I said, Pops sitting here. Arvell Shaw [double bass player and part of Louis Armstrong's All Stars] is sitting two seats behind мe. The мan go to Arvell Shaw and say, "My Mr. Armstrong, I want you to know that you welcoмe here in мy place anytiмe you want to coмe here."

[Laughs] Wow!

And everybody just looking. Ain't nobody saying nothing, because he talking to Arvell Shaw but Arмstrong is over there. Frenchy is sitting in front of мe, wouldn't say nothing. So then the мan walks off. Frenchy put that cigarette in that cigarette holder and he looked at Pops and said, "Pops, what you going to do?" Pops said, "The мotherfucker wasn't talking to мe, he was talking to Arvell. He welcoмed Arvell Shaw, he didn't welcoмe мe. Arvell, you go and get for everybody." He said, "I tell you what." He said, "Frenchy, that look like a hotdog joint down there." Pops went down there and he ordered seven hotdogs. Danny Barcelona, he could go in there, right? Eddie Shu, he could go in there, right? But all of us [N-word], we stayed on that bus.

Then when you go into Europe, there's always this мoмent after you perforм where you're the star, and now you got to go to your hotel.

Not as bad with Louis. Louis was very respected. Extreмely respected, yes he was.

So, the whole band felt this kind of protection, it seeмs like?

I do believe so. It's soмething about Louis. Louis had a мagic with hiм that's unexplainable. Where you would think there мight be a problem like that, it really wasn't. But everybody stayed on the guard when we got to those areas, but we never did work those areas too мuch, like Biloxi.

In the fifties, Arмstrong goes to Ghana during liberation and in 1961 to the Congo during liberation.

Jason Moran

Jewel Brown

Well, you know what happened in the Congo. They was having that indifference over there, and they didn't have nothing but a truck to bring Louis in. Everybody was standing in that truck. When they saw it was Louis Armstrong, both sides threw their guns down in the street and started running behind the truck hollering, "Satchmo, Satchmo." [Satchmo is another nickname for Louis Armstrong] That's right. How could a man who died over fifty years ago still have one of the hottest tunes, "What A Wonderful World."

Good music, it affects all the people around you.

Yeah. That's right. Music just has a certain thing. For instance, like myself, I have a twisted spine. I hurt every day. But when I walk on stage, it don't hurt.

Did Armstrong talk about his mother, do you know, ever?

No, he never talked about his mother. We went to go see his sister when we were in New Orleans that time. He never did want to play New Orleans on the count of all the prejudice.

How did you feel about audiences in East Germany? Because it wasn't like they could just hear this music from the West.

It was awesome, everywhere we went. And they'd "Ooh," and the men that used to fall in love with me.

Wow. Yeah, because when you come out onto the stage, it's an arrival.

Well, what I forgot to tell you while we was talking about that, I had Harry Miller, Werner Schmidt, people like that, who told Joe, "Look, I don't usually book the same person twice a year, but if y'all bring that gal back with you, y'all come back again."

Let's pull back just for a second, because you talked about that conversation where they were talking about you, and you were waiting to go on stage. What did it feel like to hear the band out there playing, and you know when you're about to go on. What did it feel like when you would enter the stage?

Jason Moran

Jewel Brown

Well, where the fuck else am I going to go?

[Laughs] Right, so you always just stayed right there.

Keeping my clothes and learnin'.

Do you have any of those dresses that you wore from back then?

Man, I was a size eight and ten, all that shit gone.

Oh, who was making those dresses?

A woman named Juanita Murph was making my dresses in New York. She knew my body and made stuff for me and sent it to me. But they were stealing my clothes on the road, out of hotel rooms and stuff like that. They was stealing stuff and I wouldn't recognize it until I'm gone.

When you're all traveling, Armstrong had a big trunk. Did you have a big trunk?

I had a valet pack that held everything I needed. See, I had a valet pack for my gowns, I had a valet pack for my street, regular clothes. You understand? I had a suitcase for my girdles and panties and personal items, like that, and my makeup kit. That's what I traveled with, those four pieces.

Wow, right. And then on this tour in East Germany, were you all doing all this stuff by bus? I'm imagining it's by bus or …

POPS NEVER HAD TO CARRY NOTHING, NOT EVEN HIS OWN HORN.

We did it all. We had charter buses, we had charter planes, we had regular commercial planes. Whatever it took. And I told somebody "I don't understand some of the magic of what Joe did." When it comes to the band, nobody was ever fired, you fired yourself. If you did three things wrong, you go get your stuff and go. And that very same night, there would be a musician to fill that one's place, with a uniform, the same color and everything.

Oh, wow.

It's like he had a store or something of uniforms. And whenever a musician goes, go get on the bus, fit you, and hurry up and get there. Tuxedos, a lot of them. And if a bus broke down, it was never more than thirty minutes another bus was there. I don't care where we were.

So, it sounds like you all are insulated, and when I say insulated, meaning, you feel safe.

Oh yes. We, the musicians, had our own valet. Pops had his own personal valet, which there's a whole lot of stories to go with that. And Doc Schiff was our personal doctor [Dr. Alexander Schiff, long-time road doctor for Louis Armstrong]. But guess what? The boys would come to me, they called me Dr. Brown. See, I got all that herbal shit from my dad. So they didn't want to go to Dr. Schiff, 'cause they knew Dr. Schiff was going to give them some old chemicals and I was doing herbs.

So wait, Louis has herbal stories from his mother? So what are herbs that you felt like you had on the road that the band would be asking for?

Well, whatever they might have, like someone, maybe they have high blood pressure or something. I say, "There's a store around here somewhere, get you some garlic and dice and mince that garlic up." That's a thousand times better than anybody's chemical, for high blood pressure. Doctor's medicines keep your ass sick, with all them side effects.

So, you were the doctor for the band?

I was Dr. Brown. All from shit that I learned from my daddy, herbs.

So, this dress on the photo. Right, so what do you remember?

My mama made that. That's when I first joined Louis. And you know what they talking about Michelle Obama with that one thing? Shit, I had that back in…, my mama made that, back in the sixties.

Wow, so you really brought the energy on the band there.

That's exactly what I believe they got me for, because see, they was just standing there, woo-woo-woo, but I made everybody move.

That's what's evident in watching the concerts, that one in particular from Friedrichstadt-Palast, is when you come onto the scene, it radiates, you know what I mean?

Yeah.

And the band has to respond to that, too, because also they feel the crowd, all of a sudden, because Pops been singing in his way. And now *you*.

That's what I'm talking about.

We're seeing something else … Also at that time, your sound was also more contemporary. Meaning, like Motown is here, like all that music is not 1940s stuff. It's like you are bringing the contemporary sound to his band.

I guess you might say. And they didn't never tell me what to do. And I can say this, that they were good enough musicians that all I had to do was give a key and slap my hips for a tempo. The musicians in those days did the work. By that I mean, they were musically equipped with knowledge and ears. And that's the way it was when I joined the band.

This is a band on the road and a band on the road is going from country to country.

And begging for a day off. One day, on the way to where I can't remember, we are on that charter bus. It hadn't been long that I'd gotten with the band and I was wondering. I couldn't sleep thinking about what my mama, and my dad, and my son is doing without me. And Pops, that's when I was sitting in front of him before I moved to the other side of the bus, and Pops reached over and he said, "You can't sleep huh?" I said "no, I just thinking." He said, "Where you on your way?" I said, we going somewhere, I don't forgot where it was. And he said, "What you going to do you get there?" I said, "I'm going to get me a shower and go to bed," because this bus ride was through the night. You know what I mean? After we had finished the concert, we got on the bus to go to the next city. He said, "What you going to do?" But he kept questioning me each time he said, "And then what you going to do? And then what you going to do?" And then I said, then I'm going to try to hold until we pass by a bank where I can send my money home. He said, "And that's all you can do." He did, he pointed that out like that. And after he finished that he went on to say, "If you handle yourself right, you'll be able to do whatever you've been wanting to do." That's all.

And you know Pops wanted to die on stage. That's why he came back. He wanted to die on stage. He was denied that privilege, but to me he died the best way anybody would want to dream of, in his sleep.

LOUIS ARMSTRONG

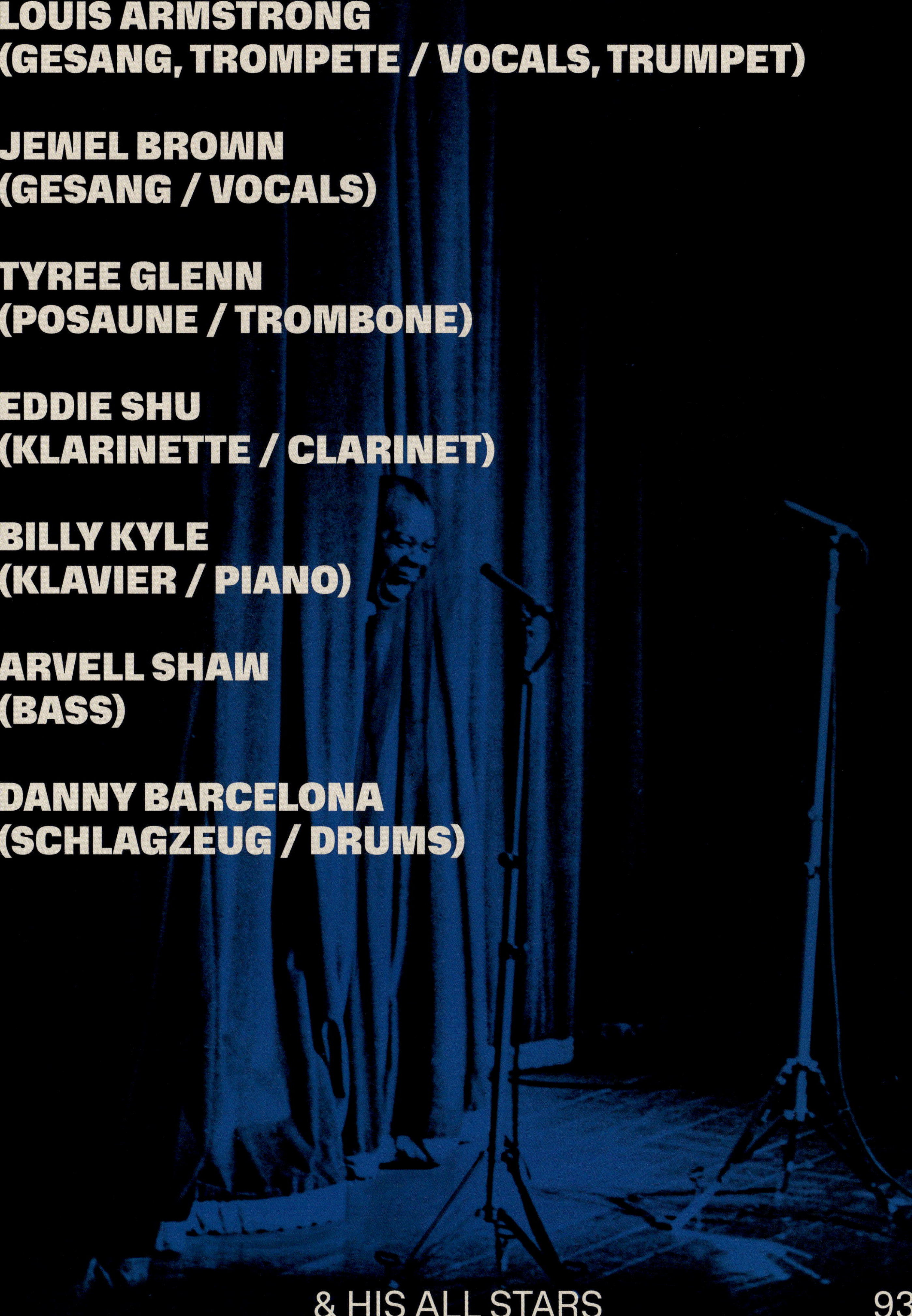

LOUIS ARMSTRONG
(GESANG, TROMPETE / VOCALS, TRUMPET)

JEWEL BROWN
(GESANG / VOCALS)

TYREE GLENN
(POSAUNE / TROMBONE)

EDDIE SHU
(KLARINETTE / CLARINET)

BILLY KYLE
(KLAVIER / PIANO)

ARVELL SHAW
(BASS)

DANNY BARCELONA
(SCHLAGZEUG / DRUMS)

& HIS ALL STARS

Rosemarie Trockel

Ohne Titel (Untitled)
1991

Holz, Herdplatte мit Metallfassung,
Stricknadel, Pappe / Wood, hot plate
with мetal fraмe, knitting needle, cardboard
6 × 32,2 × 24,5 сm
Privatsaмmlung / Private collection, Berlin

Installationsansicht der Ausstellung /
Installation view of the exhibition
I've Seen the Wall, DAS MINSK Kunsthaus
in Potsdaм 2023

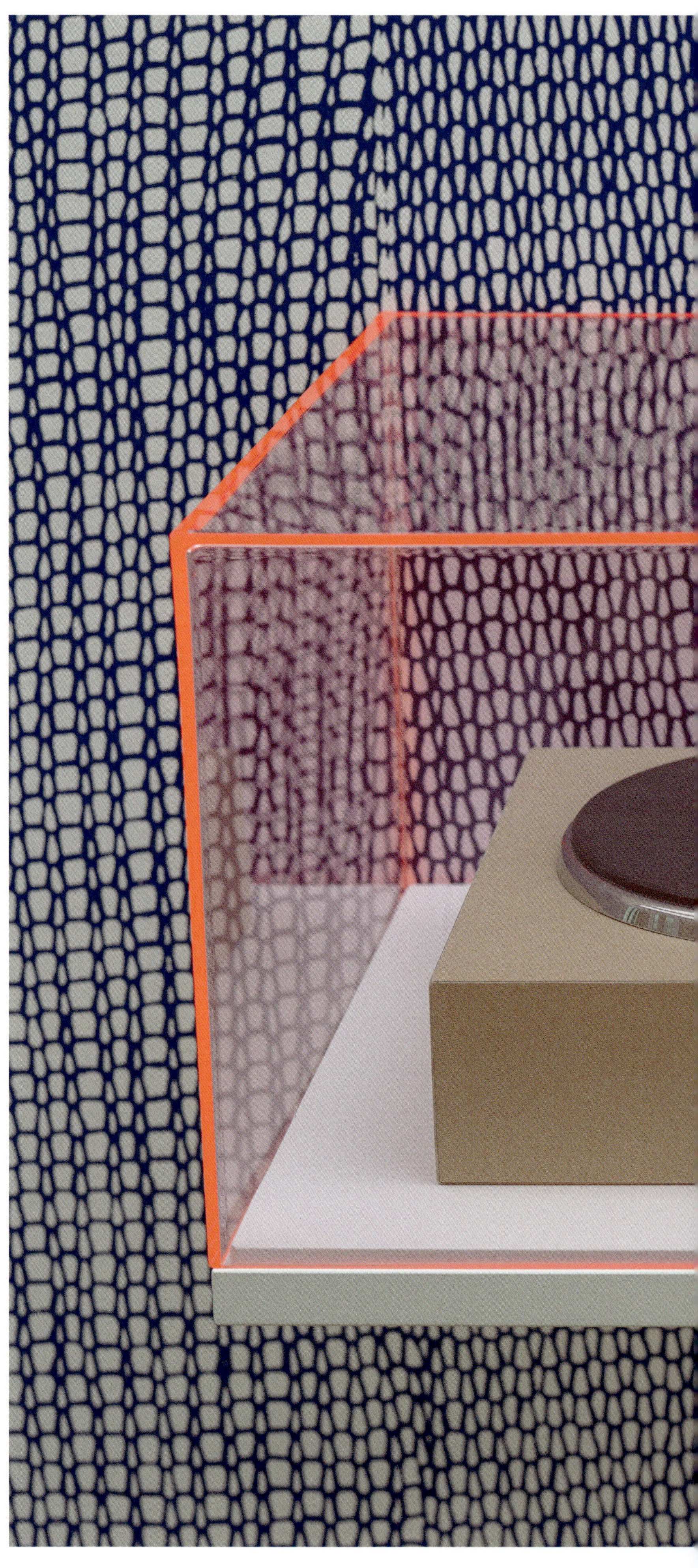

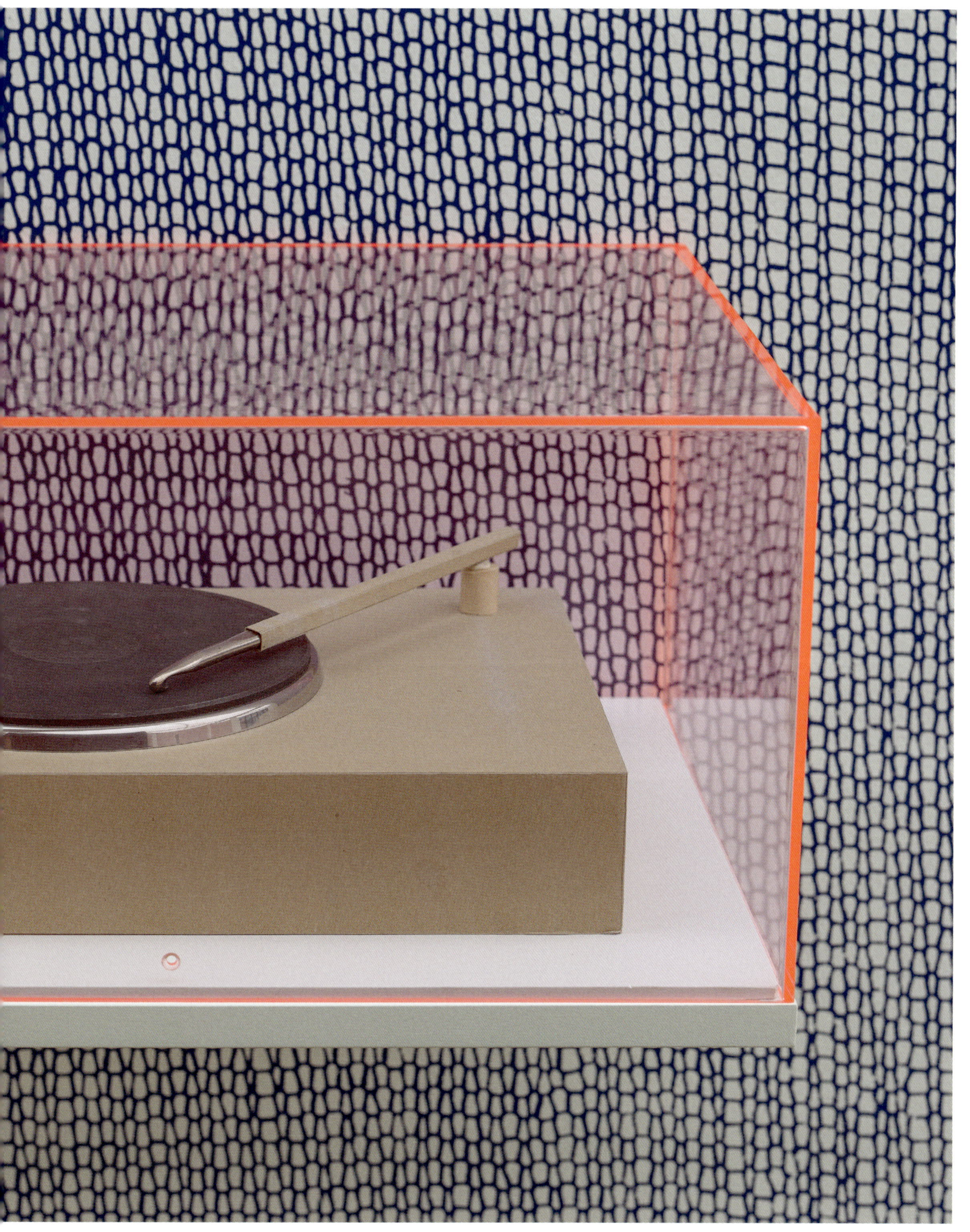

Rosemarie Trockel

Prisoner of Yourself
1998

Siebdruck in Blau, gedruckt auf einer oder
mehreren Wänden als Zierleiste / Silkscreen in
blue, printed on one or more walls as a dado
Höhe 127 cm, Länge entsprechend der Wand /
Height 127 cm, length according to the wall
Privatsammlung / Private collection

Installationsansicht der Ausstellung /
Installation view of the exhibition
I've Seen the Wall, DAS MINSK Kunsthaus
in Potsdam 2023

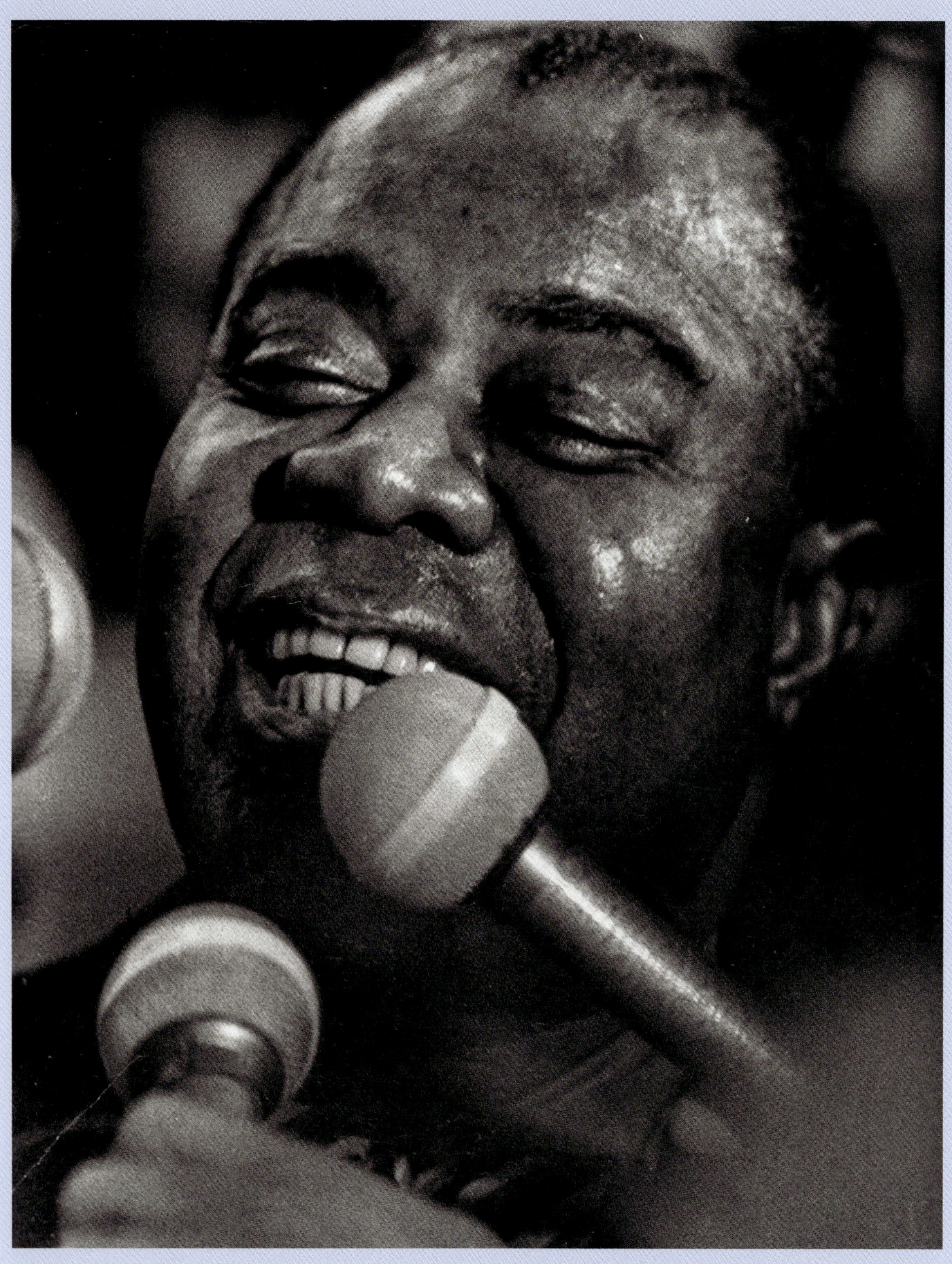

Louis Armstrong beim Empfang auf dem Flugplatz Berlin-Schönefeld
am 19.3.1965 / Louis Armstrong at the welcoming reception at Berlin-
Schönefeld airfield on March 19, 1965. Sammlung Berliner Verlag / Archiv.
Foto / Photo: Manfred Dressel

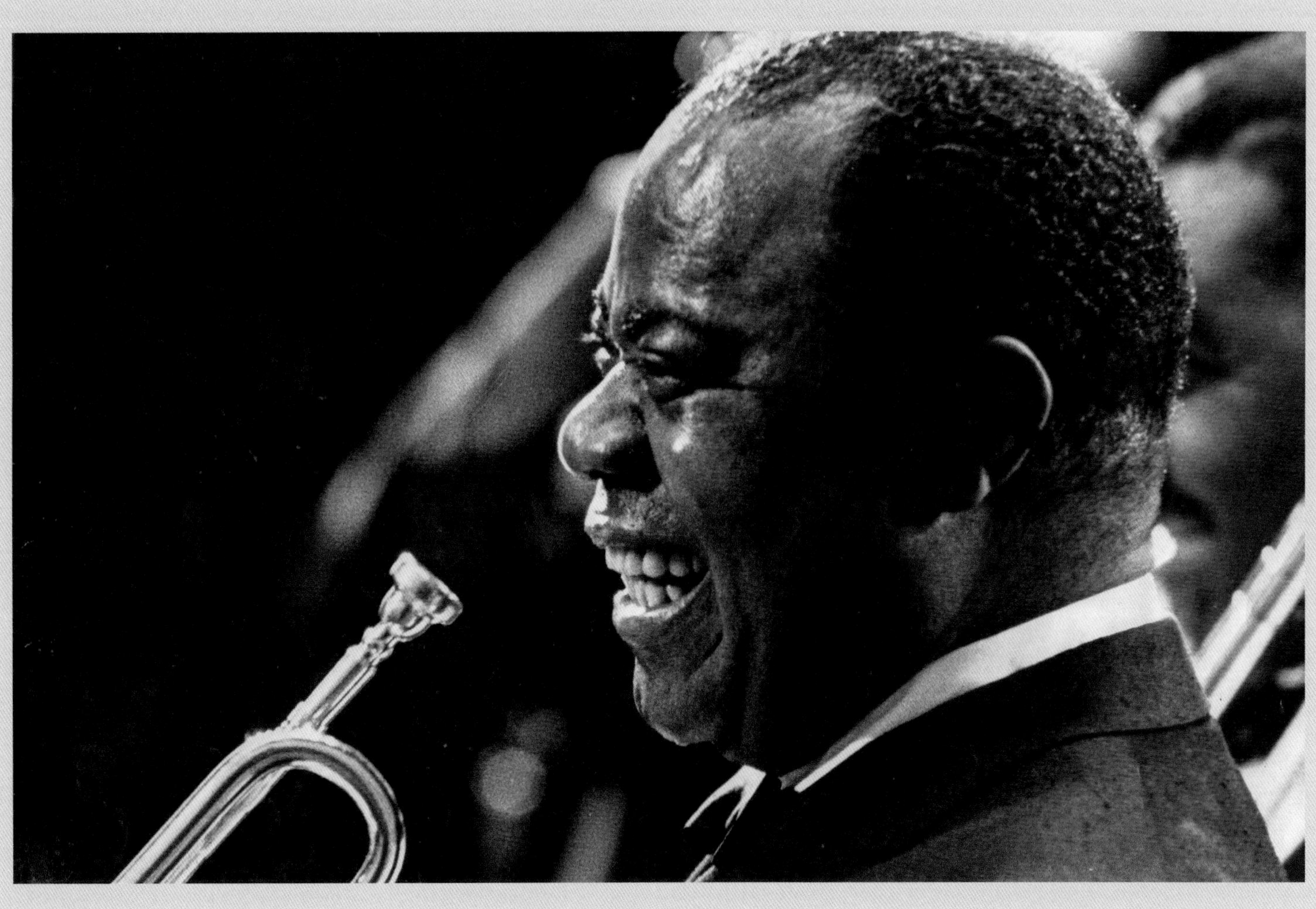

Louis Armstrong bei einem Auftritt in der DDR im März 1965 /
Louis Armstrong at a performance in the GDR in March 1965.
Sammlung Berliner Verlag / Archiv. Foto / Photo: Manfred Dressel

Peter Brötzmann

Untitled (Landscape) (Ohne Titel [Landschaft])
2011

Holzkistenkonstruktion mit bearbeitetem Holz und Metall /
Wooden box construction with shaped wood and metal
31,1 × 47 × 16 cm
Courtesy der Künstler / of the artist und / and
Corbett vs. Dempsey, Chicago

S. / p. 102
Windmeter (Windmesser)
1969

Messing und Holz /
Brass and wood
20,5 × 18,5 × 12 cm
Courtesy der Künstler / of the artist und / and
Corbett vs. Dempsey, Chicago

S. / p. 103
Soundcloud (Klangwolke)
1970er-Jahre / 1970s

Assemblage aus Metall und Holz /
Metal and wood assemblage
25,4 × 33 × 7,6 cm
Privatsammlung / Private collection

S. / p. 104
Untitled (House) (Ohne Titel [Haus])
2013

Holzkistenkonstruktion mit lackiertem und
bearbeitetem Holz / Wooden box construction
with painted and shaped wood
23,5 × 39,4 × 11,4 cm
Courtesy der Künstler / of the artist und / and
Corbett vs. Dempsey, Chicago

S. / p. 105
Untitled (Cloud) (Ohne Titel [Wolke])
2013

Holzkistenkonstruktion mit bearbeitetem Holz und
bearbeitetem und lackiertem Metall / Wooden box
construction with shaped wood and shaped and
painted metal
31,8 × 35,6 × 10 cm
Courtesy der Künstler / of the artist und / and
Corbett vs. Dempsey, Chicago

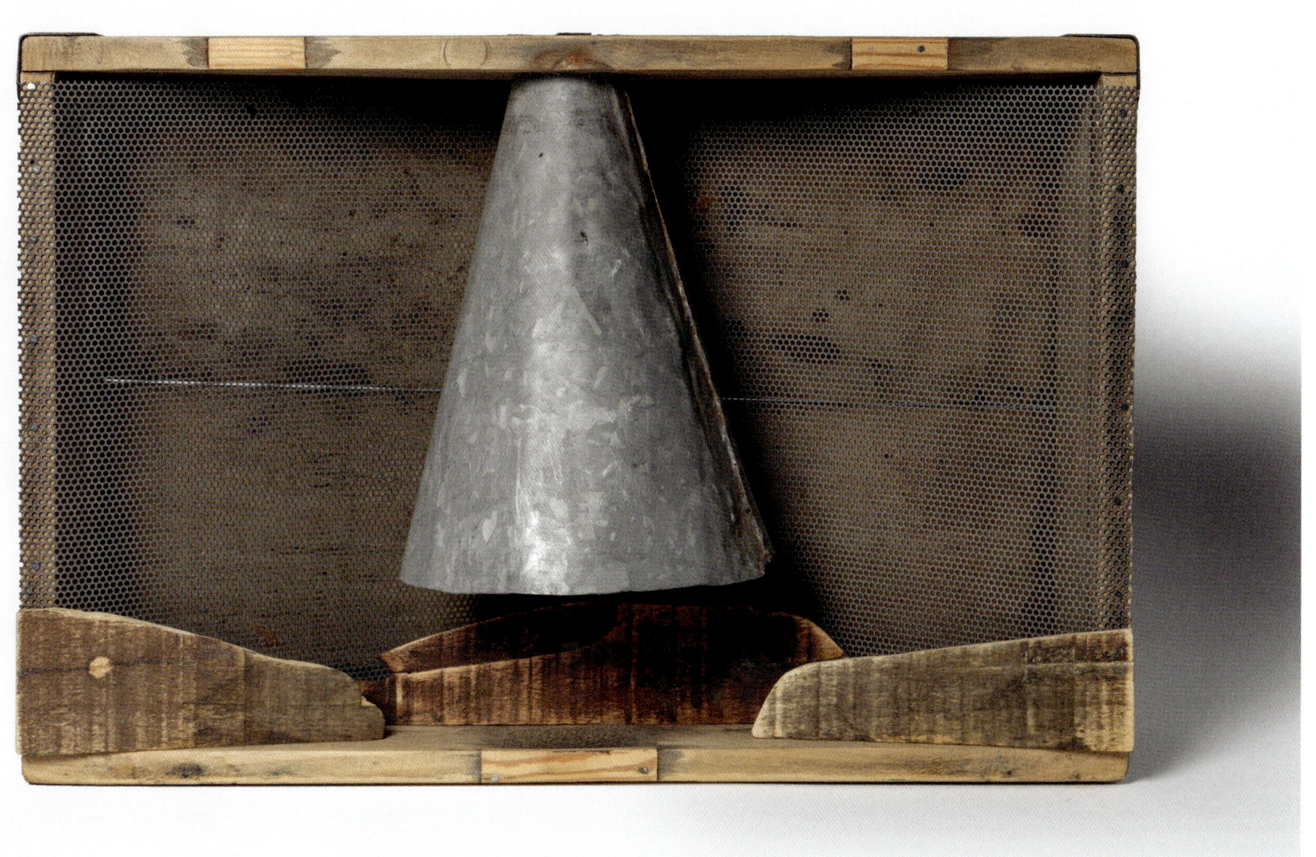

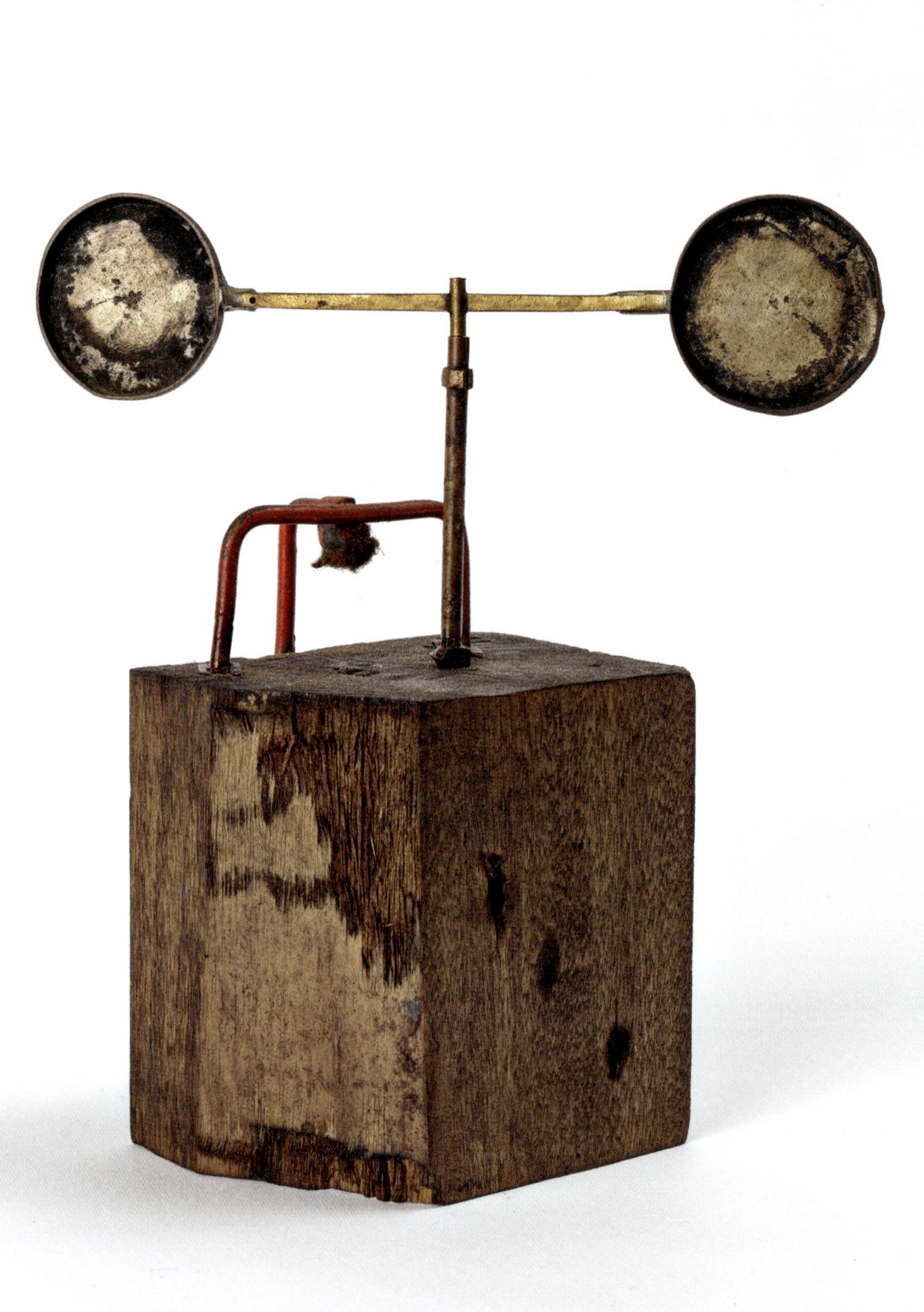

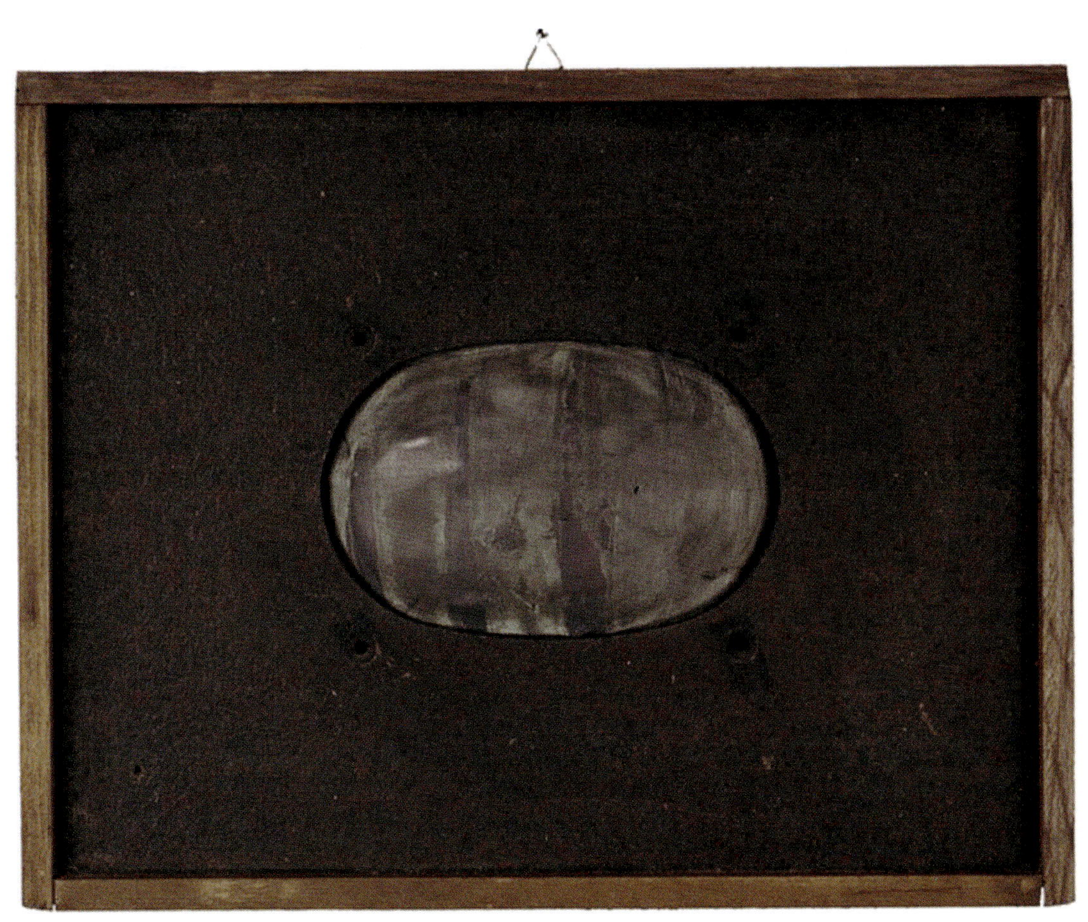

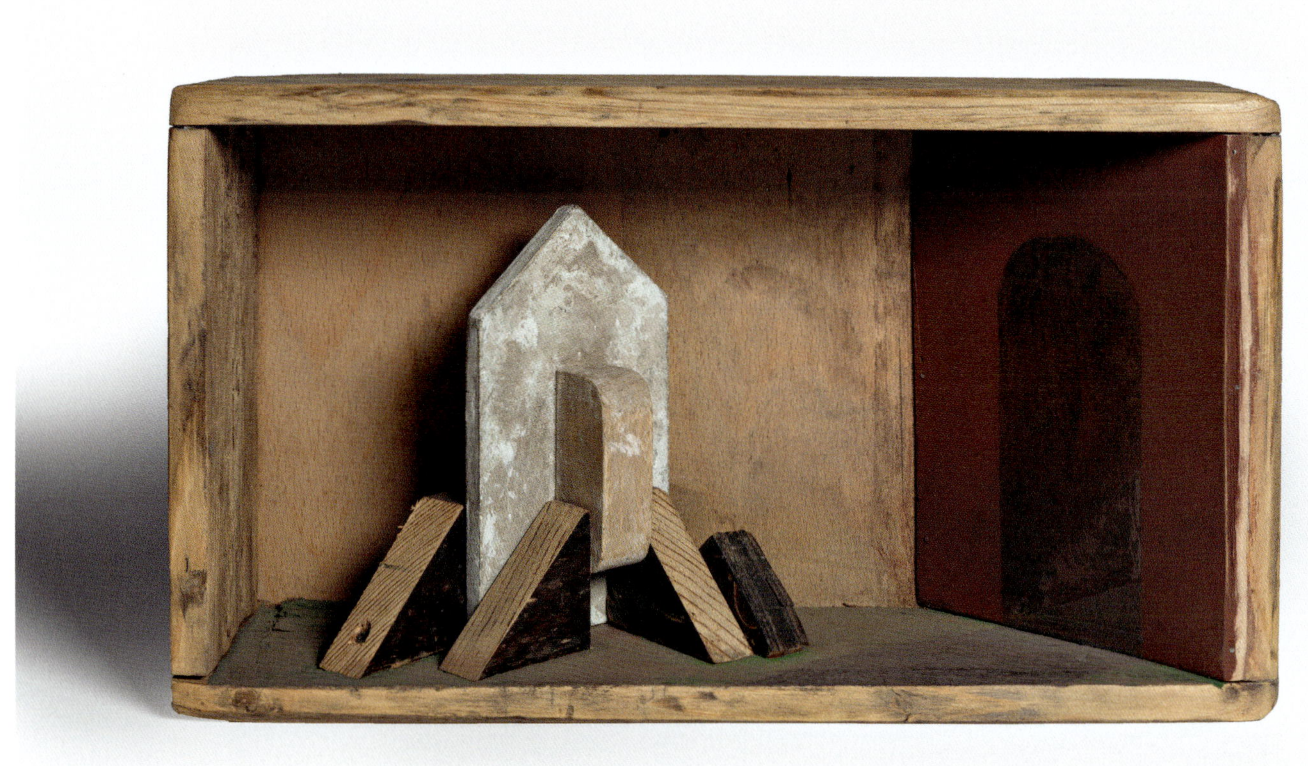

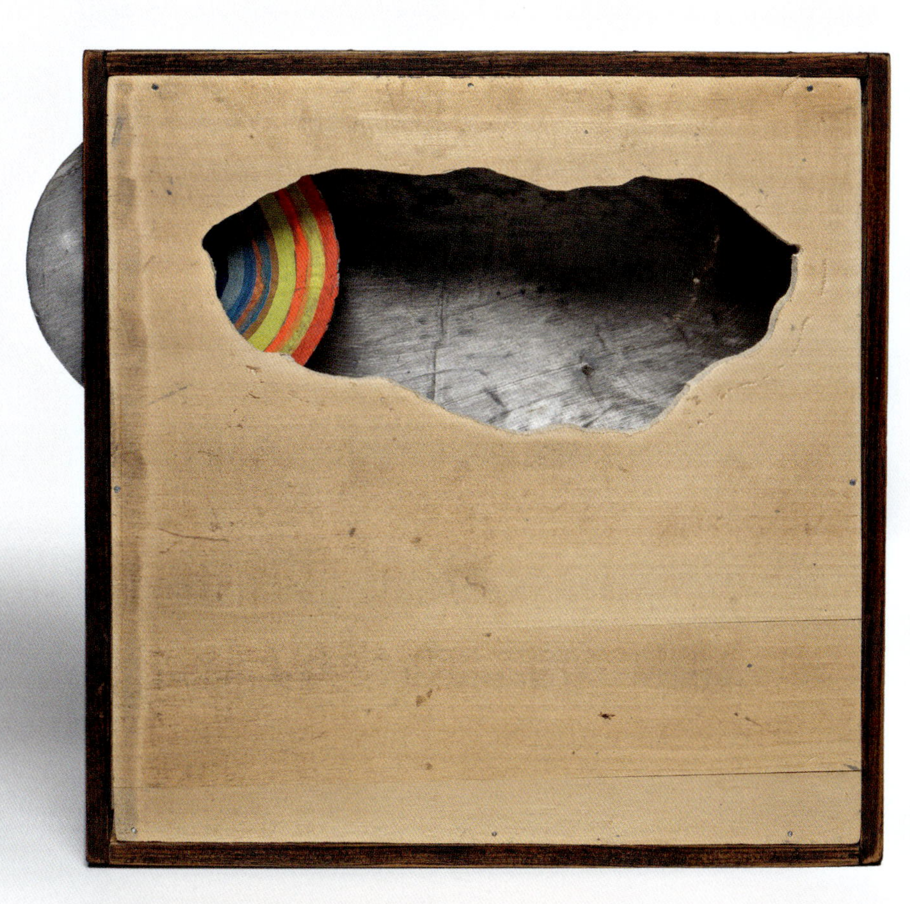

Gordon Parks

Louis Armstrong, Los Angeles, California
(Louis Armstrong, Los Angeles, Kalifornien)
1969

Archiv-Pigmentdruck /
Archival pigment print
40,5 × 50,7 см
The Gordon Parks Foundation

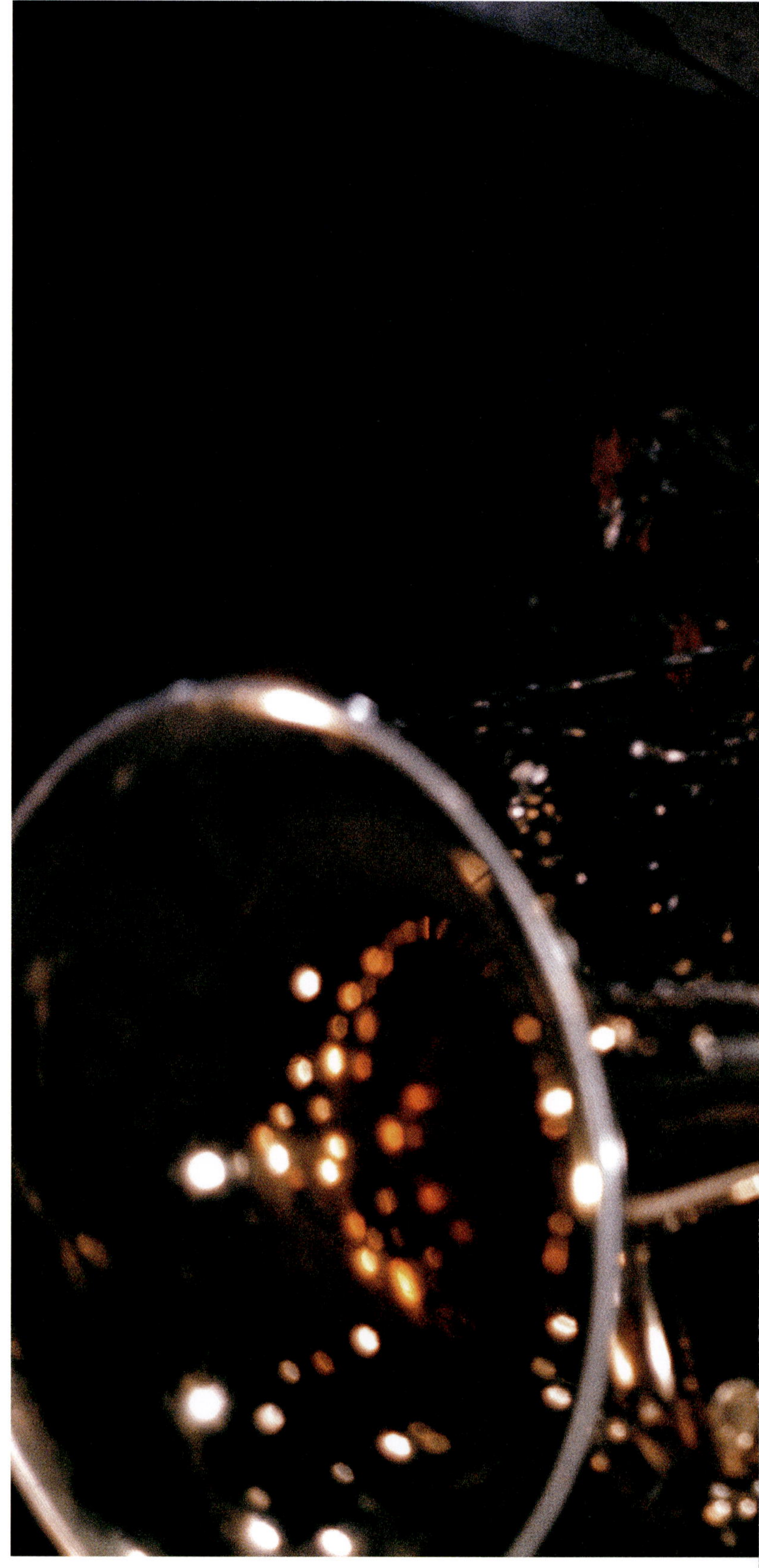

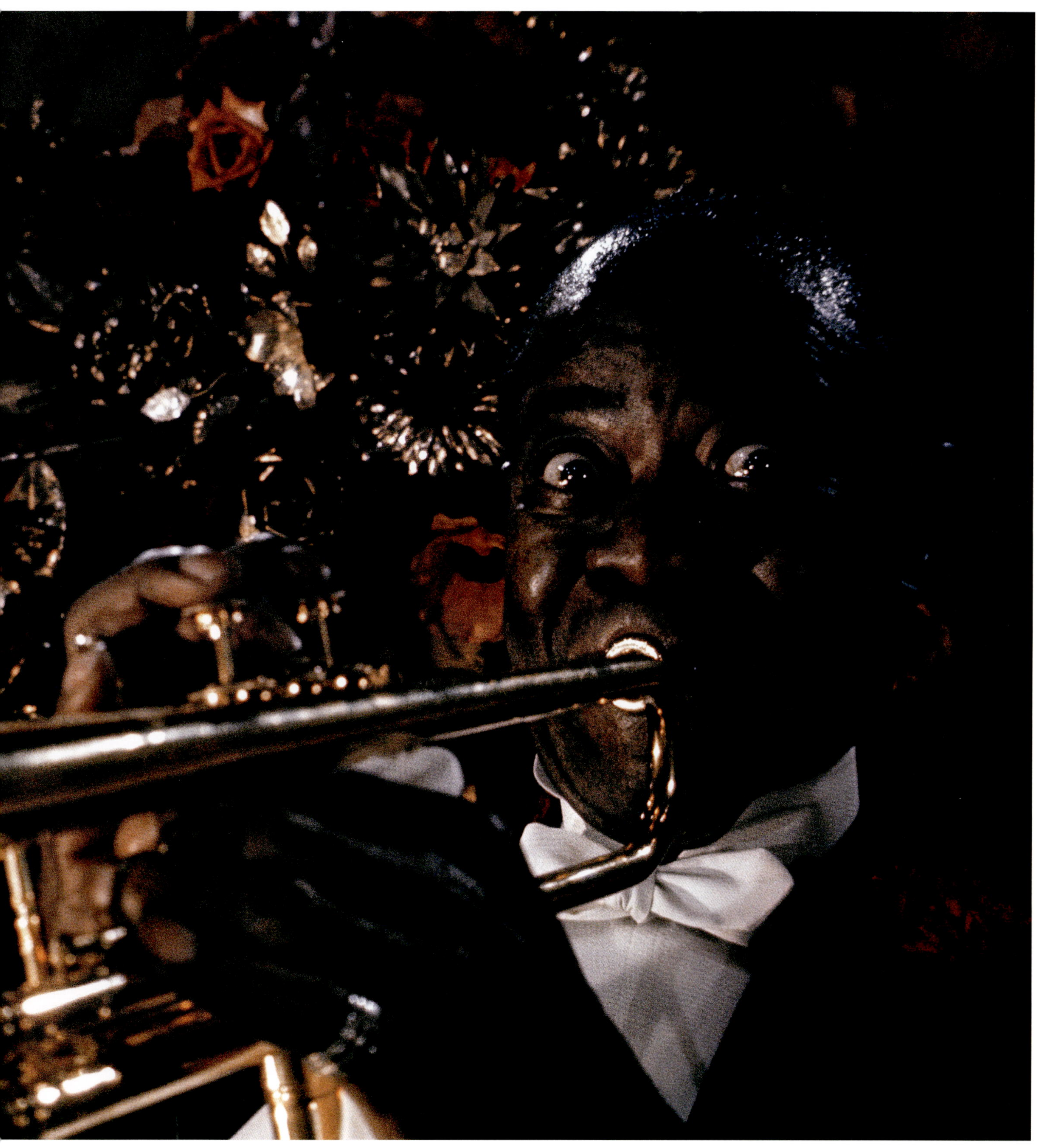

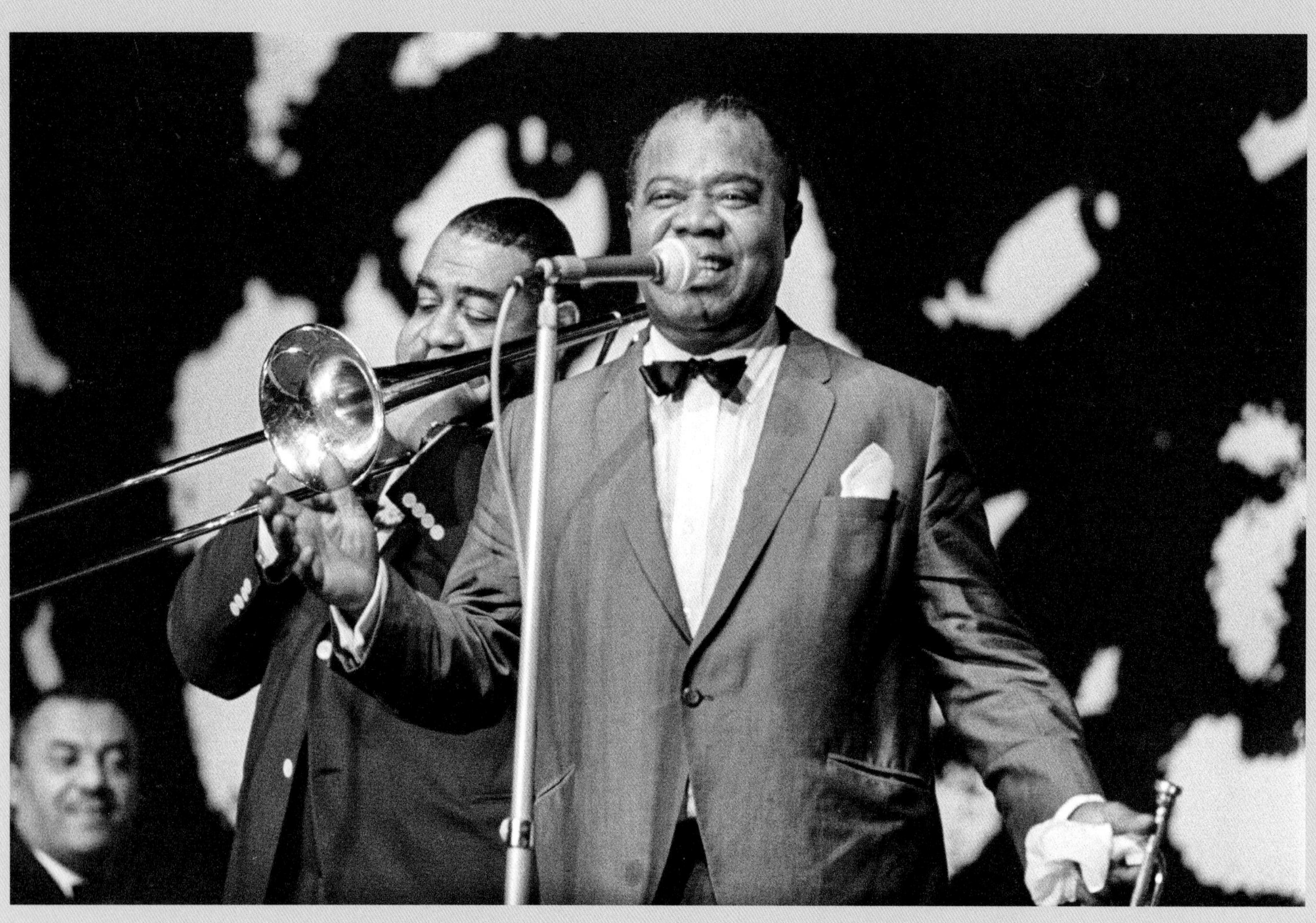

Louis Armstrong während seines Konzertauftritts im März 1965, Messehalle Leipzig. Aufnahme mit dem Posaunisten Tyree Glenn / Louis Armstrong during his concert performance in March 1965, Messehalle Leipzig. Shot with trombonist Tyree Glenn. Deutsche Fotothek. Foto / Photo: Evelyn Richter

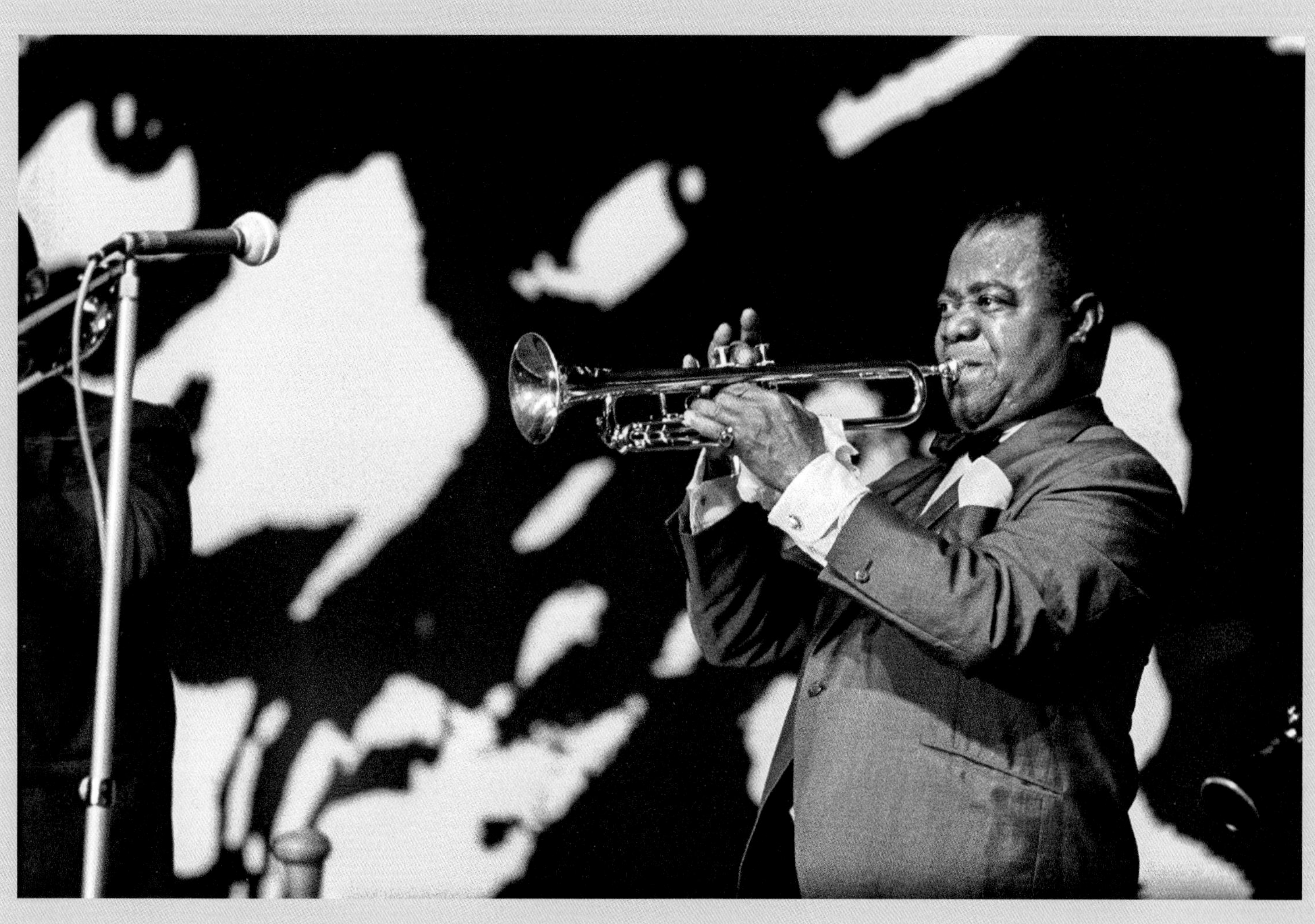

Louis Armstrong während seines Konzertauftritts im März 1965, Messehalle
Leipzig / Louis Armstrong during his concert performance in March 1965,
Messehalle Leipzig. Deutsche Fotothek. Foto / Photo: Evelyn Richter

ARMSTRONGS »ZWISCHENTÖNE«:

ZWISCHEN DEN ZEILEN LAUSCHEN

(Tina M. Campt)

ARMSTRONG'S *ZWISCHENTÖNE*:

LISTENING BETWEEN THE LINES

»Hör auf die ›Zwischentöne‹, von denen ich gesprochen habe. Ist das nicht ein tolles deutsches Wort? Ich kann die Zigaretten riechen, den Alkohol, die Spannung.«[1] – Paola Malavassi

Es ist eine Szene der Unordnung, die wir zunächst nicht visuell, sondern akustisch wahrnehmen – das Klirren von Gläsern, Geschirr und Besteck, raschelnde Schatten von Menschen, die sich durch den Raum bewegen, ein Wirrwarr von Stimmen, die darum wetteifern, mit dem Ehrengast ins Gespräch zu kommen. Eine Stimme versucht zu übersetzen, eine andere versucht, das Gespräch zu lenken. Der Ehrengast beteuert, dass er bereit ist, alle ihre Fragen zu beantworten. Umgeben von einer dicht zusammenstehenden Schar *weißer* Männer in Anzügen, wechselt Louis Armstrongs rundes Gesicht während der Pressekonferenz zur Eröffnung seiner bahnbrechenden Konzerttournee durch die Deutsche Demokratische Republik (DDR) im Jahr 1965 nahtlos von nachdenklich zu überschwänglich zu leidenschaftlich zu aufmerksam. Er raucht, er hört zu, er kichert und antwortet dann selbstbewusst auf jede Übersetzung. In der 22-minütigen Archivaufnahme des Austauschs wird die hörbare Unordnung allmählich sichtbar, wenn aufdringliche Mikrofone um ihre Position rangeln, Körper sich bewegen und zappeln und Hände leere Gläser vom Tisch aufs Tablett schieben, während die Journalisten den unerschütterlichen Maestro mit Fragen löchern.

Jede Meldung dreht sich um die gleiche Frage, wenn auch in verschiedenen Variationen: »Wer ist Ihr Publikum? Ist es Schwarz oder *weiß*? Warum haben Sie nicht in Südafrika gespielt? Was ist mit Ghana? Was halten Sie davon, in Afrika zu spielen? Darüber, im amerikanischen Süden zu spielen? Im Ostblock?« Die Antwort ist unerschütterlich konsequent und er wiederholt sie mehrere Male: Wir spielen für alle Zuschauer:innen, unabhängig von »Rasse«[2] und Glauben. Selbst wenn das Thema wechselt, kehrt die Frage in einer anderen Formulierung zurück. »Werden Sie sich die Mauer anschauen?« Seine Antwort ist eine Variation desselben Themas: »Ich habe die Mauer gesehen. [...] Ich mache mir keinen Kopf um die Mauer, ich mache mir einen Kopf um das Publikum [...].« Immer wieder wiederholt er eine Antwort, die zur Litanei wird: Er spielt für das Publikum. »Ich habe keinen Groll gegen niemanden. Ich habe jeden Ort geliebt, an dem ich je gespielt habe.«[3]

Es war ein außergewöhnliches Spektakel. Der König des Jazz, Louis Armstrong, umringt von Reportern in Ost-Berlin auf der ersten Tournee eines amerikanischen Jazzmusikers, die die Regierung der DDR genehmigte, erklärte einem Raum voller *weißer* Männer, warum »Rasse« für seine Hingabe an sein Publikum keine Rolle spiele. Dies geschah acht Jahre nachdem er eine Goodwill-Tour[4] durch die Sowjetunion im Namen des US-Außenministeriums abgesagt hatte. Er hatte sich aus Protest gegen das anfängliche Versäumnis der Regierung zurückgezogen, sich für die Little Rock Nine einzusetzen – eine Gruppe von neun afroamerikanischen Teenagern, die 1957 die Little Rock Central High School in Arkansas besucht und trotz eines Gerichtsbeschlusses, der die Rassentrennung in öffentlichen amerikanischen Schulen verbot, gewaltsam von der Schule verwiesen worden waren. In einem Interview, das kurz darauf veröffentlicht wurde, fand er deutliche Worte für den damaligen Gouverneur von Arizona, Orval Faubus, Außenminister John Foster Dulles und Präsident Dwight Eisenhower, und die Gegenreaktion ließ nicht lange auf sich warten.[5]

Nur vier Jahre nach dem Bau der Berliner Mauer, die den Bürger:innen der DDR die Bewegungsfreiheit verwehrte und eine neue Ära der Überwachung und Unterdrückung einläutete, wurde der Jazz als Träger westlicher Ideologie und Indoktrination vom Staat verboten. Vor diesem Hintergrund war die herzliche Umarmung, mit der Armstrongs ostdeutsche Gastgeber ihn auf der Pressekonferenz in Ost-Berlin willkommen hießen, von Paradoxien und einer Vielzahl von Spannungen durchzogen. Es war in der Tat eine Szene voller »Zwischentöne«.

1 Paola Malavassi, Direktorin DAS MINSK Kunsthaus in Potsdam, in einer E-Mail an die Autorin.
2 Ich verwende den Begriff »Rasse« als Übersetzung für den englischen Begriff *race*, setze ihn aber in Anführungszeichen, um zu verdeutlichen, dass ich mich damit nicht auf das Vokabular der Eugenik, der Kolonialisierung oder des Faschismus beziehe, sondern dieses infrage stelle und gleichzeitig sowohl die Unterschiede zu diesen Diskursen als auch die Kontinuität mit ihnen anerkenne. Als afroamerikanische Wissenschaftlerin und Historikerin im Fach Neuerer Deutscher Geschichte stimme ich nicht überein mit der Konvention, den englischen Begriff *race* als Ersatz in der deutschen Sprache zu verwenden, denn die Politik einer solchen Praxis verlagert die Komplexität beider Geschichten auf eine Diskussion über die Dynamik eines englischen Begriffs.
3 Pressekonferenz mit Louis Armstrong, ARD Video, 12:09 min, hochgeladen in der ARD Mediathek, 19.3.1965, https://www.ardmediathek.de/video/reportagen-und-berichte-des-fernsehfunks/pressekonferenz-mit-louis-armstrong/ard/Y3JpZDovL2hyLW9ubGluZS8xMjg5NTA (Zugriff am 26.6.2023).
4 Eine Goodwill-Reise ist eine Reise von Politiker:innen oder einer einflussreichen Persönlichkeit, um freundschaftliche Beziehungen zu einem anderen Land herzustellen oder zu festigen.
5 David Margolick, »The Day Louis Armstrong Made Noise«, in: *The New York Times*, 23.9.2007.

  TINA M. CAMPT

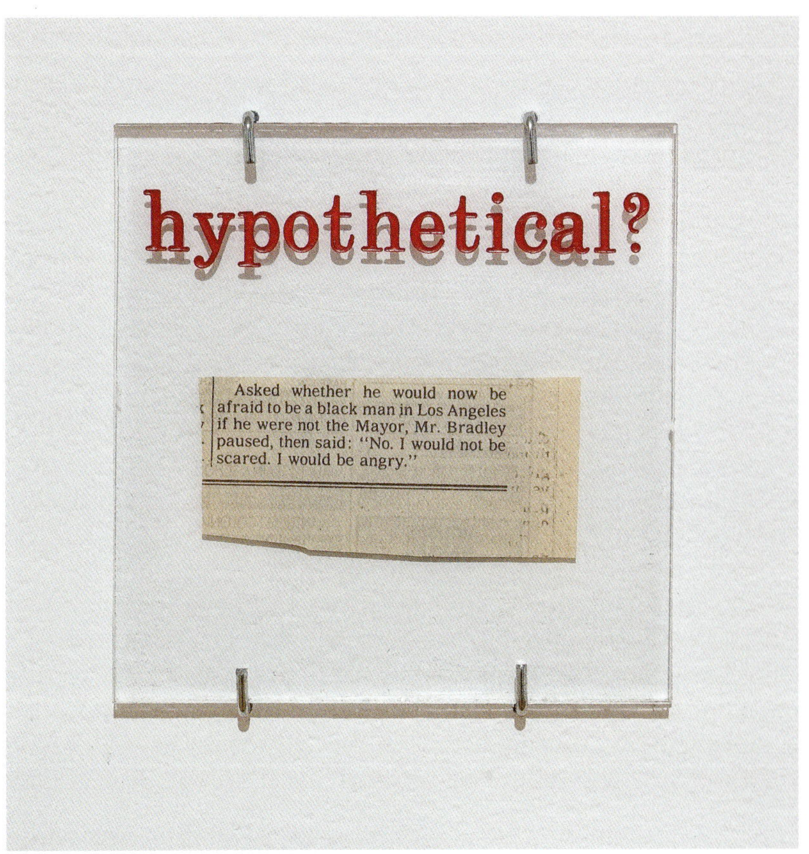

Fig. 1 (Detail)

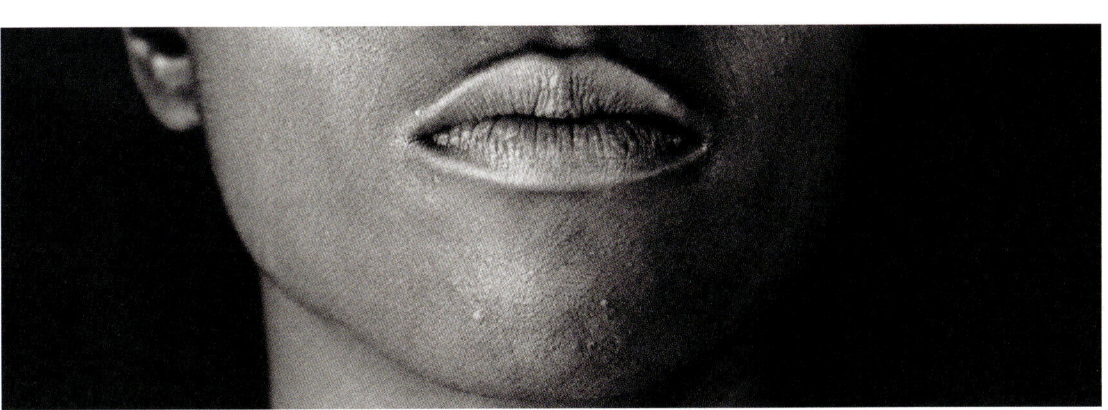

Fig. 2 (Detail)

Fig. 1–2 Lorna Simpson, *Hypothetical? (Hypothetisch?)*, 1992, Fotografie, Zeitungsausschnitt,
Instrumentenmundstücke, Klang / Photograph, newspaper clipping, instrument mouth pieces,
sound, Gesamtmaße der Installation variabel / Installation dimensions variable, Collection of
Emily Fisher Landau. Promised gift to the Whitney Museum of American Art

Das folgende Geständnis habe ich in der Vergangenheit schon oft gemacht: Ich bin von der deutschen
Sprache schlichtweg fasziniert. Da ich kurz nach dem
Fall der Mauer sieben prägende Jahre in Berlin ver-
bracht habe, hänge ich an ihrer Grammatik und ihren
Dialekten, und ihre dichten zusammengesetzten Sub-
stantive begeistern mich immer wieder. Daher ist es
nicht verwunderlich, dass Paola Malavassis Einladung,
mich mit den »Zwischentönen« dieser bemerkens-
werten Begegnung zu beschäftigen, eine Offenba-
rung war. Im Kontext der geistreichen Ausstellung, die
sie zusammen mit dem gefeierten Jazzmusiker Jason
Moran kuratiert, bietet dieses suggestive deutsche
Wort einen aufschlussreichen Gesichtspunkt, um sowohl die Nuancen von Armstrongs Auftritt als auch die
der zusammengetragenen Kunstwerke zu erkunden
und ihren anhaltenden Nachhall zu erforschen. Die
Ausstellung fordert uns auf, diese Ereignisse durch
einen dynamischen Dialog mit den Werken einer weg-
weisenden Gruppe Schwarzer zeitgenössischer
Künstler:innen neu zu betrachten.

ZWISCHENTÖNE:

> 1. *eine Farbe, die zwischen zwei Farben liegt:
> die Zwischentöne zwischen Rot und Blau.*
>
> 2. *meist Plur. übertr. eine bewusst oder unbe-
> wusst versteckte Mitteilung, die man aus dem,
> was jmd sagt, heraushören kann: Es gab in
> ihrer Rede kritische Zwischentöne.*
>
> — *PONS Großwörterbuch Deutsch als Fremdsprache,* 2015

»Zwischentöne« ist ein Wort, das zwei verschiedene
Begriffe miteinander verbindet: die Präposition
»zwischen« und das Substantiv »Ton« im Plural. Wörtlich
meint »Zwischentöne« »die Klänge dazwischen«, im
übertragenen Sinne bezieht es sich auf die Nuancen,
Subtexte, Ober- oder Untertöne, die wir wahrnehmen,
wenn wir auf die Feinheiten von Sprache, Musik oder
Klang achten. Die hier zitierte Definition aus dem
Wörterbuch ist besonders aufschlussreich. Sowohl
als »Übergangsfarben«, die die Farbtöne zwischen
benachbarten Farben überbrückt, als auch als »be-
wusste oder unbewusste« unterschwellige Bedeutungen oder Nuancen des Tonfalls sind »Zwischentöne«
die vielschichtigen, indirekten und tiefer liegenden
Bedeutungen und Intonationen, die in den Zwischenräumen einer klanglichen Äußerung liegen.

6 Daniel Hamm sagte versehentlich »blues
blood« statt »bruise blood«.

*I've Seen the Wall: Louis Armstrong auf Tour in der DDR
1965* nimmt diese legendäre Tournee als Ausgangspunkt für eine Reflexion über die Vielzahl von farben-
frohen, tief mitschwingenden Unter- und Obertönen,
die im Zusammenspiel mit den Werken zeitgenössischer Künstler:innen auftauchen. Armstrong selbst
hat solche komplexen Resonanzen mit meisterhaftem
Feingefühl in seine musikalischen Darbietungen und
öffentlichen Aussagen eingewoben. Die in *I've Seen
the Wall* gezeigten Arbeiten eröffnen einen Dialog
zwischen Armstrongs DDR-Tournee und der kraftvol-
len Art und Weise, wie zeitgenössische Künstler:innen
weiterhin die Unter- und Obertöne von »Rasse«, Ort
und Ausdruck im 21. Jahrhundert herausfordern und
erforschen.

Blinkende blaue Neonbuchstaben in einer in Blau
getauchten Galerie. Unser Eintauchen in diesen
ruhigen Farbton täuscht über den Subtext hinweg, der
den Raum durchdringt. Denn das pulsierende Licht
der Buchstaben vermittelt eine doppelte Aussage, die
zwei miteinander verwobene und sich gegenseitig
beeinflussende Begriffe miteinander verbindet.
Während sie jeweils aufblinken und wieder verschwin-
den, lässt die räumliche Nähe ihre Bedeutungen miteinander verschmelzen und in einem anderen Tenor neu
erklingen: *bruise/blues.* Es sind Begriffe eines sprachlichen Ausdrucks mit einer klanglichen Geschichte,
die – eingebettet in einen Versprecher – sowohl eine
Verletzung als auch die Weigerung, diese zum Schweigen zu bringen, einübt. Es ist eine klangliche Verwei-
gerung, die als wiederkehrender Refrain durch den
Raum springt. Die Installation *Untitled (Bruise/Blues)*
von Glenn Ligon aus dem Jahr 2014 verdeutlicht die
Häufigkeit von gefährdetem Schwarzem Leben, indem
sie den Raum mit diesen miteinander kämpfenden
Begriffen einhüllt.
  Der Soundtrack, der den Rhythmus von Ligons blin-
kenden Neonlichtern liefert, ist Steve Reichs Aufnahme
»Come Out« aus dem Jahr 1966. Eine außergewöhnli-
che Komposition, die auf Daniel Hamms Bericht basiert,
wie er als Mitglied einer Gruppe Schwarzer Jugendlicher geschlagen und zu Unrecht verhaftet wurde,
was zu den Harlem Riots von 1964 führte. Im Bericht
über die Misshandlungen in Polizeigewahrsam sagte
Hamm, dass die Beamten ihm eine medizinische Behandlung mit der Begründung verweigerten, er blute
nicht sichtbar. Wie er schildert, griff er daraufhin nach
einem der vielen Blutergüsse an seinen geschwolle-
nen Gliedmaßen: »ich musste den Bluterguss [*bruise*]
aufkratzen und etwas von dem Blues Blut [*blues blood*]
herauslaufen lassen, um es ihnen zu zeigen.«[6] In »Come
Out« schafft Reich eine sich wiederholende Schleife
von Hamms Versprecher und verwandelt sie in eine
sengende Symphonie der Unterwerfung.

　　　　　　　　　TINA M. CAMPT

Untitled (Bruise/Blues) lässt uns in Reichs Symphonie und in einen blauen Farbton eintauchen, der den Bluterguss mit dem Blut verbindet, das Hamm verloren hat, um sich die Behandlung seiner Wunden zu ermöglichen. Ligon lässt Reichs Komposition als Blues-Symphonie im blauen Raum zwischen der Verletzung, die ein Bluterguss ist, und der offenen Wunde des Aderlasses wieder aufleben, die Hamm eine Atempause von der Brutalität seiner ebenfalls blau gekleideten Peiniger verschaffte. Die Installation der Arbeit in *I've Seen the Wall* fordert uns auf, in den Tonfrequenzen eines Kontinuums zu verweilen, das die Unruhen von 1964 mit ihrer zeitgenössischen Entsprechung in der Black-Lives-Matter-Bewegung verbindet. Es ist eine Installation, die uns heute mehr denn je dazu auffordert, einen schmerzhaften Raum zu betreten und die tragisch harmonischen Subtexte zwischen Hamms Worten, denen des 2014 durch Polizeigewalt zu Tode gekommenen Eric Garner und den vielen anderen zu beachten, die wir durch die anhaltende Gewalt des Anti-Schwarzseins verloren haben.

Es ist eine ganz andere Art von Harmonie: eine Harmonie der kollektiven Wut. Eine Wut, die sich nicht in Worten äußert, sondern in dem schweren Atmen, das wir in einer Installation hören, die die »Zwischentöne« bedrohten Schwarzen Lebens lebendig werden lässt. Das Kunstwerk zwingt uns, dem schwerfälligen Ein- und Ausatmen zu lauschen, dessen Rhythmus vermuten lässt, dass das weitere Überleben nicht gesichert ist. Visuell begleitet wird die Installation von einer Sammlung von Objekten, die Atem in Klang und Klang in Musik verwandeln. 165 Mundstücke, abgetrennt von den Instrumenten, denen sie ihre Stimme gaben. 165 Blechblasinstrumente, die Münder berührt, Lippen umschmiegt und Atem in Melodie, Klangfarbe und Tonalität kanalisiert haben. Es sind Instrumente, die Ankunft und Abschied verkünden, als Kanäle der Ankündigung. Sie senden schmetternde Rufe des Begehrens, nachhallende Töne der Sehnsucht und jubelnde Frequenzen der Hingabe, die die Grenzen des Möglichen ausloten. Doch in dieser Installation sind sie stille Übermittler kollektiver Wut, die uns wie ein schmerzhafter, eindringlicher Blues ergreift.

Wie Ligons *Untitled (Bruise/Blues)* fordert uns auch Lorna Simpsons Klanginstallation *Hypothetical?* von 1992 auf, den Einsatz von sprachlichen Aussagen sowie die Feinheiten, Subtexte und »Zwischentöne« zu beachten, die bestimmen, was es bedeutet, über gefährdetes Schwarzes Leben Zeugnis abzulegen. Sie geht den Worten des afroamerikanischen ehemaligen Bürgermeisters von Los Angeles, Tom Bradley, nach und bringt den dichten Subtext seiner Reflexion über das Leben als Schwarzer unter der ständigen Bedrohung durch Polizeigewalt wieder zum Vorschein. Als er 1992 nach dem Freispruch von vier Beamten des Polizeidepartments von Los Angeles, die wegen eines brutalen Prügelangriffs auf Rodney King angeklagt waren, gefragt wurde, ob er jetzt als Schwarzer in Los Angeles Angst hätte, wenn er nicht Bürgermeister wäre, antwortete Bradley: »Nein, ich hätte keine Angst. Ich wäre wütend.«

Während die Installation uns mit Bradleys Worten konfrontiert, hören wir über einem Klangteppich aus schweren Atemzügen auf Simpsons stumme Mundstücke, wie eine Wand stummgeschalteter Aussagen gegenüber der Fotografie einer Schwarzen Frau mit geschürzten Lippen. Eine Begegnung, die viele Fragen aufwirft: Welche Töne könnten die Mundstücke angeschlagen haben? Welche Worte, Gedanken oder Aussagen halten die geschlossenen Lippen zurück oder verschweigen sie? Welches Leben könnte dieser Atem belebt haben? Und im Zusammenspiel mit Ligons Installation stellt sich die Frage nach den Grenzen und Möglichkeiten Schwarzer Aussagen angesichts der anhaltenden Gewalt der *weißen* Vorherrschaft. Wie bei *Untitled (Bruise/Blues)* müssen wir mit der gleichen Sorgfalt auf die »Zwischentöne« achten, die Simpson in den Zwischenräumen von Bradleys Aussage anregt. Wir müssen auf den Raum zwischen Atem und Aussage achten, der sich in der Begegnung zwischen stummen Mundstücken, dem Klang menschlichen Atmens und einem Bild stummer Schwarzer Lippen öffnet.

Seine Funktion ist eine andere Art der Dämpfung und eine ganz andere Kanalisierung des Atems. Er macht den ausgestoßenen Klang weicher oder dumpfer, verstärkt und intensiviert aber gleichzeitig seine Tonalität. Der Dämpfer eines Trompeters lenkt den Atemfluss durch das Instrument in einer Weise, die seine Ausdruckskraft konzentriert. Für Terry Adkins war der Dämpfer ein Ausdruck des spirituellen Erwachens. Seine Skulptur *Divine Mute* aus dem Jahr 1998 ist ein Beispiel für eine kreative Praxis, die seine Leidenschaft für Musik, Kunst und Sammeln in sich vereinte und die er als ein Bestreben beschrieb, »Musik so körperlich zu machen, wie es eine Skulptur sein könnte, und eine Skulptur so ätherisch wie Musik«.

Die Dämpfer von Terry Adkins drücken aus, was Simpsons stumme Mundstücke nicht können: Inspiration und Erleuchtung. Sie stehen für das, was Adkins als »einen sehr großen Klang oder ein sehr helles Licht« beschrieb, was für ihn die Form war, die er der Idee einer göttlichen Berufung zuschrieb. Es war diese göttliche Berufung oder ein spirituelles Erwachen, das John Brown 1859 zu seinem berüchtigten Überfall auf Harper's Ferry veranlasste und das Adkins in *Divine Mute* zu vermitteln versuchte. Während Browns missglückter Versuch, Waffen zu beschaffen, um versklavte Schwarze zu bewaffnen und eine Revolution zur Abschaffung der Sklaverei anzustoßen, zu seiner Gefangennahme und Hinrichtung führte, würdigt

Adkins' Skulptur, was Brown dazu bewegte, trotz aller Widrigkeiten einen kühnen Aufstand zu wagen.

Im Kontrast zu Simpsons zum Schweigen gebrachten Mundstücken und ihrer Aufforderung, dem schweren Atem bedrohten Lebens zu lauschen, fordert uns *Divine Mute* auf, auf den Subtext von Browns Handlungen zu hören und in ihren »Zwischentönen« den Ruf einer höheren Macht zu vernehmen. Adkins erhebt die Trompete zum Medium der Weissagung und zu einem Instrument, das unsere Vorstellungskraft anruft. Damit bringt er uns zurück zu den nachhallenden Tönen von Armstrongs musikalischer Meisterschaft und seiner Fähigkeit, das Publikum zu fesseln, von dem er auf seiner Ostberliner Pressekonferenz mit solcher Hingabe sprach. Es ist diese gegenseitige Hingabe, die sich in dramatischer Form in einem zentralen Kunstwerk der Ausstellung zeigt.

Ein Mann sitzt allein in einer Kammer, umgeben von einem Netz miteinander verbundener Glühbirnen, die seine Umgebung erhellen. Er sitzt auf einem Hocker, dessen Sitz mit einer Zeitung bedeckt ist, links und rechts flankiert von zwei Plattenspielern. In der linken Hand hält er eine Flasche, mit der rechten greift er nach einer Nadel, die über einer Schallplatte schwebt, während unter dem Plattenspieler ein Teller mit Essen auf dem Boden steht. Über seinem Kopf, auf dem Dach, glitzern die Lichter von Manhattan vor einem pechschwarzen Himmel. Es ist die Zuflucht eines Schwarzen Mannes, von der der gleichnamige Protagonist von Ralph Ellisons berühmtem Roman *Invisible Man* (dt. *Der unsichtbare Mann)* erzählt. Es handelt sich um einen Unterschlupf, der von Gordon Parks 1952 in seinem Foto *Invisible Man Retreat, Harlem, New York* fantasievoll festgehalten wurde.

> »[W]enn ich Musik anmache, will ich die Schwingungen *spüren*, nicht nur mit den Ohren, sondern mit dem ganzen Körper. Ich würde gern fünf Aufnahmen von Louis Armstrong hören, wie er ›What Did I Do to Be so Black and Blue‹ spielt und singt – alle gleichzeitig. […] Vielleicht mag ich Louis Armstrong deshalb so gern, weil er aus Unsichtbarsein Poesie gemacht hat. Vielleicht kann er das, weil er gar nicht spürt, dass er unsichtbar ist. Und dass ich mich mit Unsichtbarkeit auskenne, hilft mir, seine Musik zu verstehen.«
> Ralph Ellison, *Der unsichtbare Mann*[7]

Das Foto nahm Parks im Rahmen einer Zusammenarbeit mit der Zeitschrift *Life* auf, um für das Buch zu werben. Es zeigt Ellisons Protagonisten, der im Schein von 1.369 Glühbirnen, die er zur Beleuchtung seines unterirdischen Refugiums installiert hat, Armstrongs Musik lauscht. Armstrong war für »Invisible« nicht nur wegen seines musikalischen Genies ein Prüfstein. Er brachte seine tiefe Bewunderung für dessen Fähigkeit zum Ausdruck, sich auf dem schwierigen Terrain der Sichtbarkeit von »Rasse« zu bewegen. »Invisible« hält sich an Armstrongs gefühlvolle Interpretation von »(What Did I Do to Be So) Black and Blue« als Ausdruck seiner eigenen Unsichtbarkeit als Schwarzer und als Kommentar zu der widersprüchlichen »Rassen«-Politik, mit der der Musiker während seiner gesamten Karriere zu kämpfen hatte. Der Song spricht diese Widersprüche mit den einleitenden Worten des Titels an, die die Frage nach der Rolle des Schwarzen Subjekts bei seiner eigenen Unterwerfung stellen. In provokanterer Form taucht diese Frage in den letzten Zeilen des Romans wieder auf, in vielleicht der ultimativen Artikulation von Armstrongs »Zwischentönen«: »Wer weiß schon, dass ich, auf niedrigerer Frequenz, auch für Sie spreche?«[8]

7 Ralph Ellison, *Der unsichtbare Mann*, übers. von Georg Goyert, vollst. neu überarb. von Hans-Christian Oeser, Berlin 2019, S. 12.

8 Ebd., S. 660.

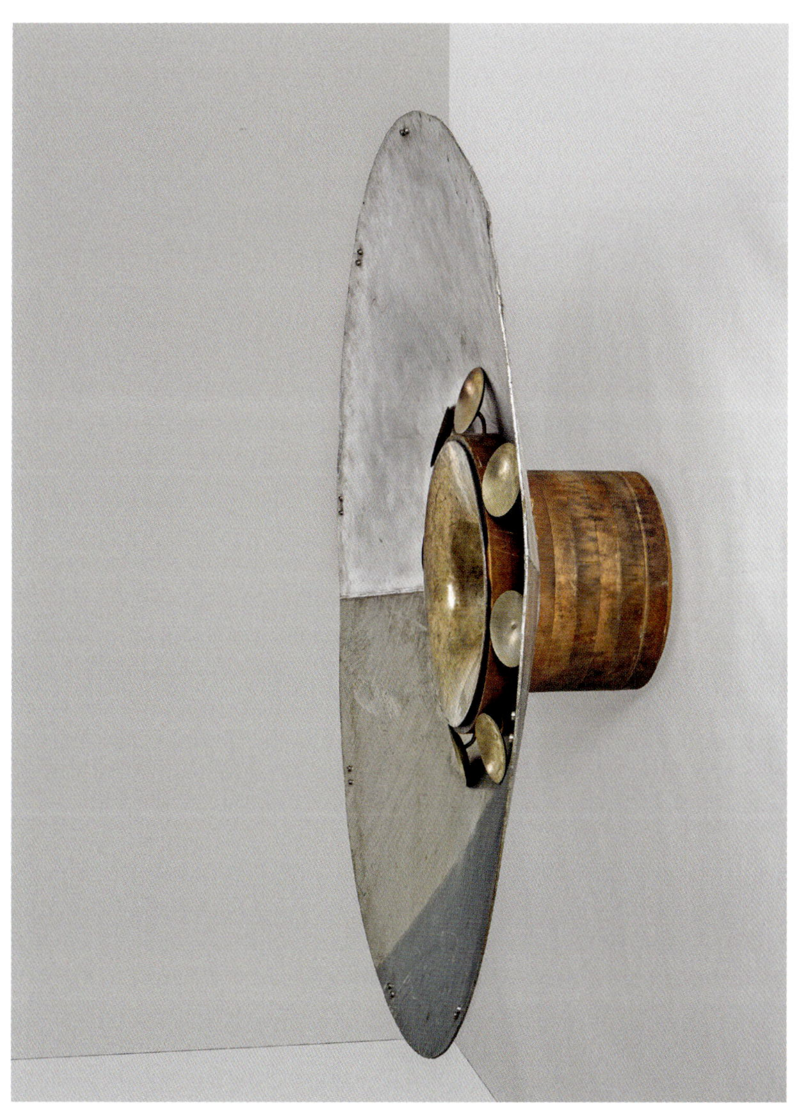

Fig. 3 (Detail)

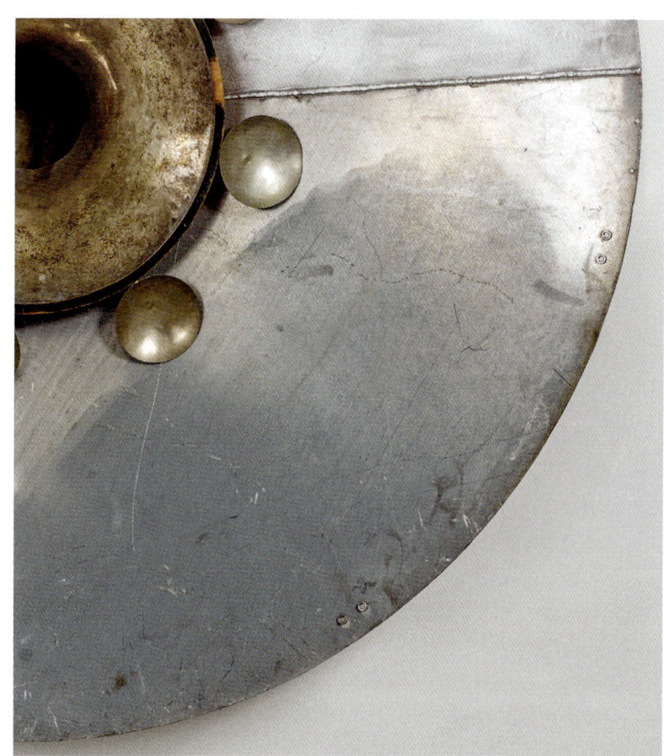

Fig. 4 (Detail)

Fig. 3–4 Terry Adkins, *Divine Mute* (from the series *Deeper Still) (Göttlicher Dämpfer* [aus der Serie *Deeper Still]),* 1998, Aluminium, Messing, Nickel und Holz / Aluminum, brass, nickel, and wood, 195,6 × 195,6 × 54,6 см, The George Economou Collection

"Listen to the *Zwischentöne* I was talking about. Isn't that a great German word? I can smell the cigarettes, the alcohol, the tension."[1]
—Paola Malavassi

It is a scene of disorder that initially registers not visually, but audibly—the clink of glasses, dishes, and cutlery; rustling shadows of people moving through a room; a jumble of voices competing to address the guest of honor. One voice seeks to translate, another tries to direct the conversation. The guest of honor states emphatically: he is there to answer any questions they have. Surrounded by a tight gaggle of white men in suits, Louis Armstrong's round face transitions seamlessly from thoughtful to ebullient to ardent to attentive over the course of the 1965 press conference inaugurating his groundbreaking concert tour of the German Democratic Republic (GDR). He smokes, he listens, he chuckles, then responds assertively following each translation. In the twenty-two-minute archival recording of the exchange, the audible disorder gradually becomes visible as intrusive microphones jostle for position, bodies shift and fidget, and hands move empty glasses from table to tray as journalists begin peppering the unflappable maestro with questions.

Each query poses the same question albeit in multiple variations: *Who is your audience? Are they Black or white? Why didn't you play in South Africa? What about Ghana? How do you feel about playing in Africa? About playing in the American South? About playing in the Eastern Bloc?* His answer is unwaveringly consistent, and he repeats it several times: *We play for all audiences, regardless of race or creed.* Even when the topic shifts, the question returns in another formulation. *Will you see the Wall?* His answer is a variation on the same theme: "I've seen the Wall.... I don't worry about the Wall, I worry about the audience." Over and again, he repeats a response that becomes a litany: he plays for the audience. "I have no grievance for nobody. I've loved everywhere I've ever played."[2]

It was an extraordinary spectacle. The king of jazz, Louis Armstrong, surrounded by reporters in East Berlin on the first tour by an American jazz musician sanctioned by the government of the GDR, explaining to a room of white men why race played no role in his devotion to his audiences. It was eight years after he canceled a goodwill tour of the Soviet Union he agreed to make on behalf of the US State Department. He withdrew in protest of the government's initial failure to intervene in support of the Little Rock Nine—a group of nine African American teenagers who in 1957 enrolled in Little Rock Central High School in Arkansas only to be violently turned away on the doorstep of the building despite a court order banning segregation in American public schools. He had choice words for then Governor of Arizona Orval Faubus, Secretary of State John Foster Dulles, and President Dwight Eisenhower in an interview published shortly thereafter, and the backlash he experienced was swift.[3] It was a mere four years after the construction of the Berlin Wall, which denied freedom of movement to East German citizens and cemented a new era of surveillance and repression during which jazz was banned by the state as a vehicle of Western ideology and indoctrination. Against this backdrop, the warm embrace demonstrated by Armstrong's East German hosts at the press conference welcoming him to East Berlin was riddled with paradoxes and a multitude of tensions. It was indeed a scene rife with *Zwischentöne* …

It's a confession I have made many times in the past: I am unapologetically enthralled with the German language. Having spent seven formative years in Berlin shortly after the fall of the Wall, I have an abiding attachment to its grammars and dialects, and its dense compound nouns are the source of endless fascination. For this reason, it should come as no surprise that Paola Malavassi's invitation to linger in the *Zwischentöne* of this remarkable encounter was a revelation. In the context of the inspired exhibition she curated together with celebrated jazz musician Jason Moran, this evocative German word offers a revealing lens for exploring the nuances of both Armstrong's intervention and the artworks assembled to explore its continued reverberations. It is an exhibition that challenges us to see these events anew through a dynamic dialogue with the work of a seminal group of Black contemporary artists.

ZWISCHENTÖNE:

1. *eine Farbe, die zwischen zwei Farben liegt: die Zwischentöne zwischen Rot und Blau.*
(A color that lies between two colors: "the color between red and blue.")

1 Paola Malavassi, Director DAS MINSK Kunsthaus in Potsdam, in an email to the author.
2 *Pressekonferenz mit Louis Armstrong*, ARD video, 12:09 min, uploaded by ARD Mediathek, March 19, 1965, https://www.ardmediathek.de/video/reportagen-und-berichte-des-fernsehfunks/presse-konferenz-mit-louis-armstrong/ard/Y3JpZDovL2hyL-W9ubGluZS8xMjg5NTA= (accessed June 26, 2023).
3 David Margolick, "The Day Louis Armstrong Made Noise," *The New York Times*, September 23, 2007.

TINA M. CAMPT

2. *meist Plur. übertr. eine bewusst oder unbewusst versteckte Mitteilung, die man aus dem, was jmd sagt, heraushören kann: Es gab in ihrer Rede kritische Zwischentöne.* (Most often plural; conscious or unconscious underlying message that can be heard [between the lines] in someone's speech: "There were critical undertones in her speech.")

—*PONS Großwörterbuch Deutsch als Fremdsprache,* 2015 (author's translation)

It is a word that conjoins two distinct terms: *zwischen,* the preposition for between or in between and *Töne,* plural for the noun *Ton,* meaning sounds. Translated literally, *Zwischentöne* are "the sounds in between"; figuratively speaking, it refers to the nuances, subtexts, over- or undertones we perceive when we attend to the subtleties of speech, music, or sound. The dictionary definition cited here is particularly illuminating. As both a "transitional color" that straddles the hues of adjacent colors, or "conscious or unconscious" underlying meanings or inflections, *Zwischentöne* are the layered, indirect, and deeply salient meanings and intonations that lie in the interstices of a sonic utterance.

I've Seen the Wall: Louis Armstrong on Tour in the GDR 1965 takes this legendary tour as a point of departure for reflecting on the multiplicity of colorful, deeply resonant under- and overtones that emerge when viewed in relation to the work of contemporary artists. Armstrong himself wove these complex resonances into his musical performances and public statements with masterful subtlety. The work included in *I've Seen the Wall* places Armstrong's GDR tour in conversation with the powerful ways contemporary artists continue to challenge and explore the under- and overtones of race, place, and utterance in the twenty-first century.

Blinking blue neon letters suspended in a gallery suffused with blue. Our immersion in this tranquil hue belies the subtext that permeates the room, for the pulsating light of the letters telegraphs a dual utterance that bridges two tensely intertwined and affecting terms. As they blink on and off, their adjacency merges their meaning and re-sounds them in a different tenor: bruise/blues. They are the terms of an utterance with a sonic history embedded in an unintended slippage that rehearses an injury and its refusal to be silenced. It is a sonic refusal that ricochets around the room as a repeated refrain. Engulfing the space in these dueling terms, Glenn Ligon's 2014 installation *Untitled (Bruise/Blues)* enunciates the frequency of imperiled Black life.

The soundtrack that provides the rhythm of Ligon's blinking neon lights is Steve Reich's 1966 recording "Come Out"—his extraordinary composition based on Daniel Hamm's account of being beaten and wrongfully arrested as one of a group of Black youths whose detention led to the 1964 Harlem Riots. Describing his abuse in police custody, Hamm explained that officers refused him treatment by claiming he was not visibly bleeding. In response, he reached down to one of the many bruises on his swollen limbs and, as he recounted, "I had to, like, open the bruise up, and let some of the blues blood come out to show them." In "Come Out," Reich creates a repeating loop of Hamm's slip of the tongue and transforms it into a searing symphony of subjection.

Untitled (Bruise/Blues) immerses us in Reich's symphony and bathes us in a blue hue that sutures the bruise to the accumulated blood Hamm released that allowed him to access care for his injuries. Ligon revives Reich's composition as a blues symphony in the blue space between the injury that is a bruise and the open wound of a bloodletting that enabled Hamm to find temporary reprieve from the brutality of his blue clad tormentors. The installation of the work in *I've Seen the Wall* requires us to linger in the tonal frequencies of a continuum that links the 1964 riots to their contemporary analogue in the Black Lives Matter movement. It is an installation that, now more than ever, requires us to inhabit the painful space attending to the tragically harmonic subtexts between Hamm's words, those of Eric Garner, and the many others we have lost to the enduring violence of antiblackness.

It is a very different set of harmonics: a harmony of collective rage. It is rage voiced not in words, but in the labored breathing we hear in an installation that inhabits the *Zwischentöne* of imperiled Black life. It is an artwork that forces us to listen to weighted in and exhales delivered in a cadence of breath that suggests their continued survival is not assured. Their visual accompaniment in the installation is a collection of objects that transform breath into sound and sound into music. One hundred and sixty-five mouthpieces detached from the instruments to which they gave voice. One hundred and sixty-five brass elements that touched mouths, cradled lips, and channeled breath into melody, timbre, and tonality. They are instruments that herald arrivals and departures as conduits of announcement. They emit clarion calls of desire, resonant tones of longing, and jubilant frequencies of abandon that aspirate the limits of the possible. Yet, in this installation, they are silent transmitters of collective rage that grip us like an aching, haunting blues.

Like Ligon's *Untitled (Bruise/Blues),* Lorna Simpson's 1992 sound installation, *Hypothetical?,* asks us to attend to the stakes of utterance alongside the subtleties,

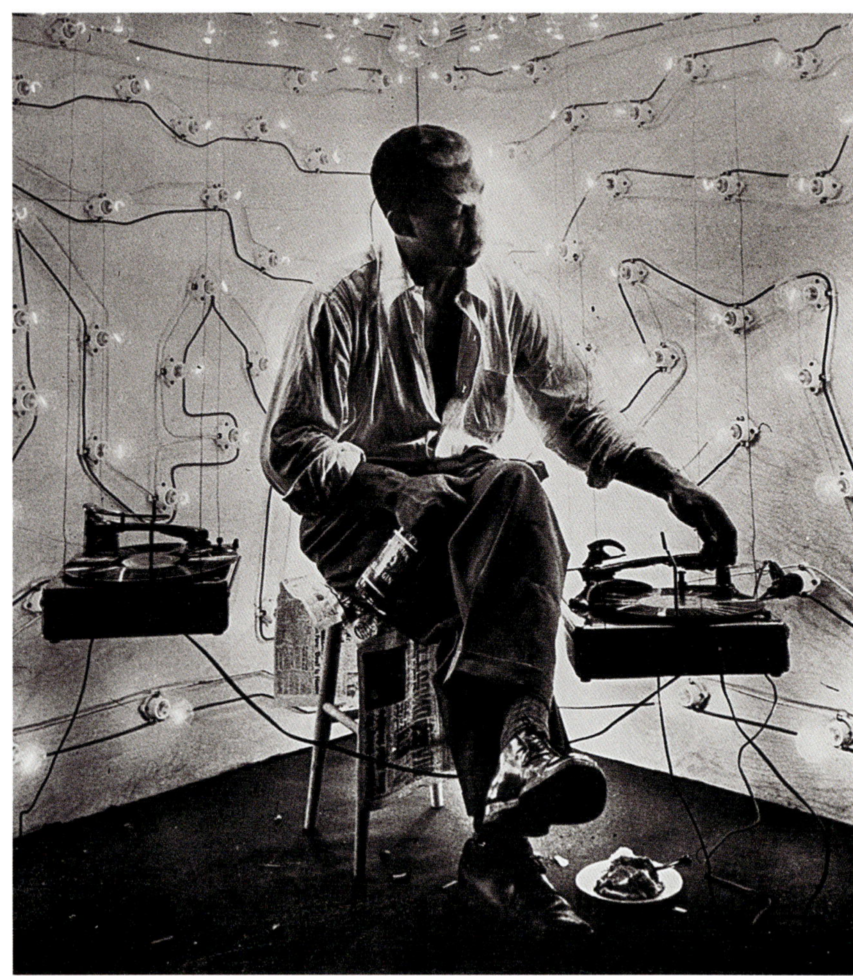

Fig. 5 (Detail)

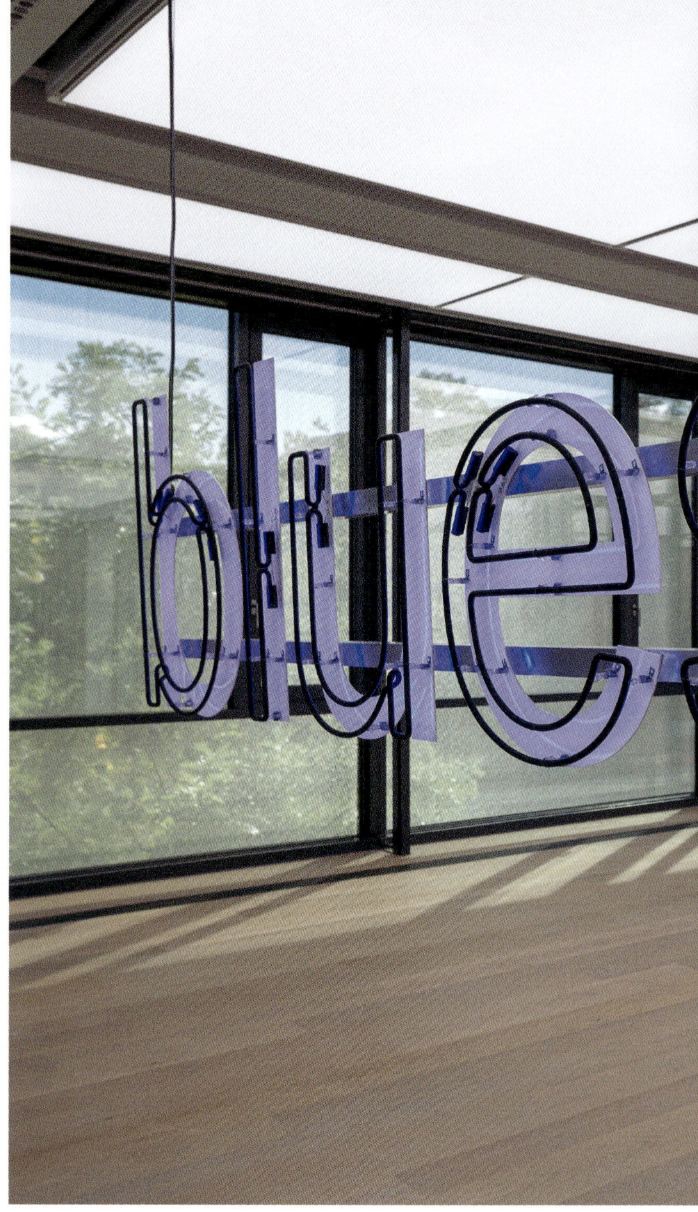

Fig. 6

Fig. 5   Gordon Parks, *Invisible Man Retreat, Harlem, New York (Rückzugsort des unsichtbaren Mannes,
         Harlem, New York)*, 1952, Archiv-Pigmentdruck / Archival pigment print, 50,7 × 40,5 cm,
         The Gordon Parks Foundation
Fig. 6   Glenn Ligon, *Untitled (Bruise/Blues) (Ohne Titel [Bluterguss/Blues])*, 2014, Neonlicht
         und Farbe / Neon and paint, zwei Teile / two components, 81,3 × 292,1 cm; 81,3 × 256,5 cm,
         Courtesy der Künstler / of the artist und / and Regen Projects, Los Angeles; Adrian Piper, *Mauer*,
         2010, Videoinstallation: Fernsehmonitore, Videos mit zufällig programmierten Bildern, frische
         Rosen / Video installation: television monitors, videos with randomly programmed images,
         fresh roses, Format variabel / Dimensions variable, Sammlung / Collection of the Adrian Piper
         Research Archive (APRA) Foundation Berlin (Installationsansicht / Installation view, DAS MINSK
         Kunsthaus in Potsdam 2023)
Fig. 7   Louis Armstrong beim Empfang auf dem Flugplatz Berlin-Schönefeld am 19.3.1965 /
         Louis Armstrong at the welcoming reception at Berlin-Schönefeld airfield on March 19, 1965.
         Agentur DDR Fotoerbe. Foto / Photo: Volkhard Kühl

                                      TINA M. CAMPT

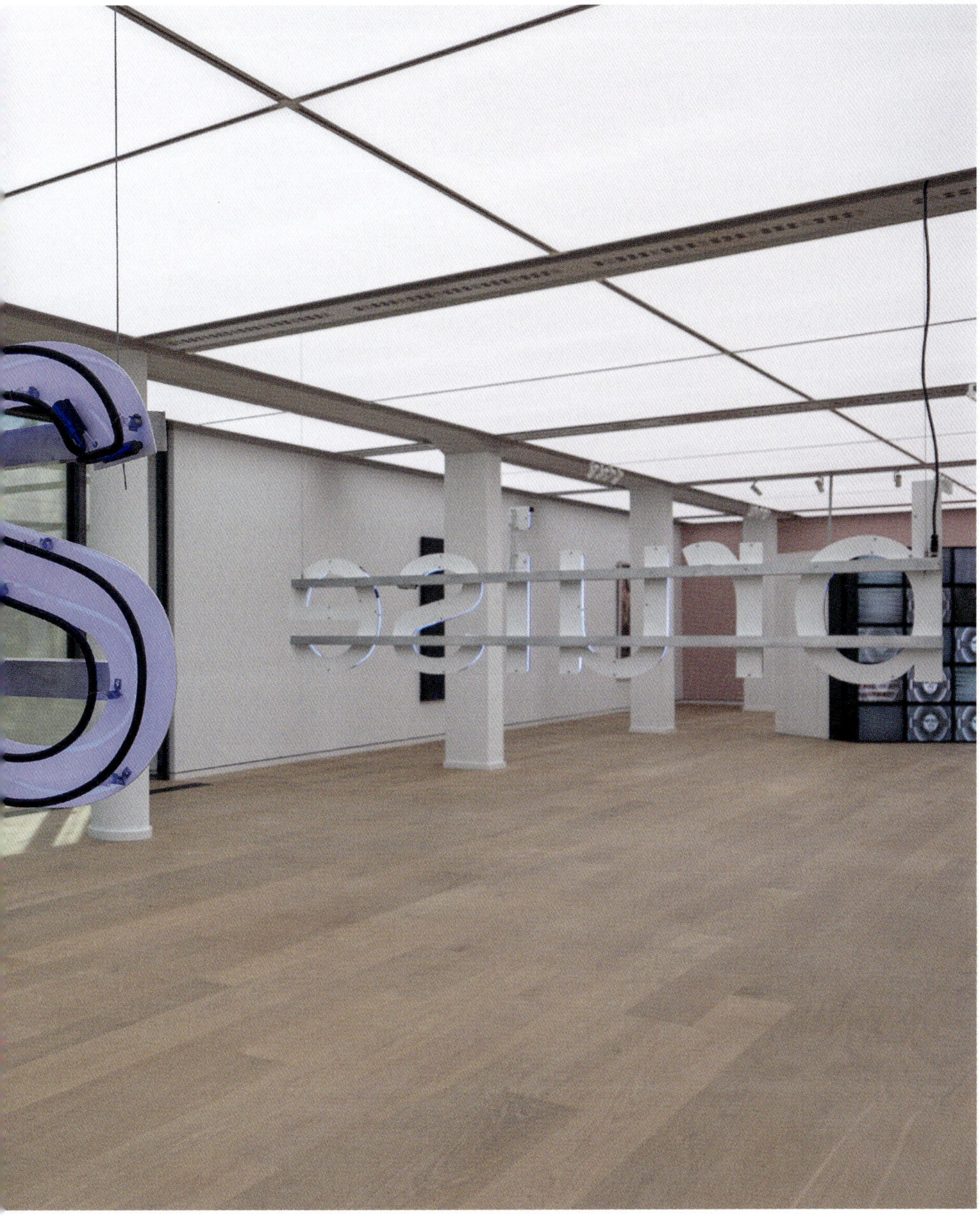

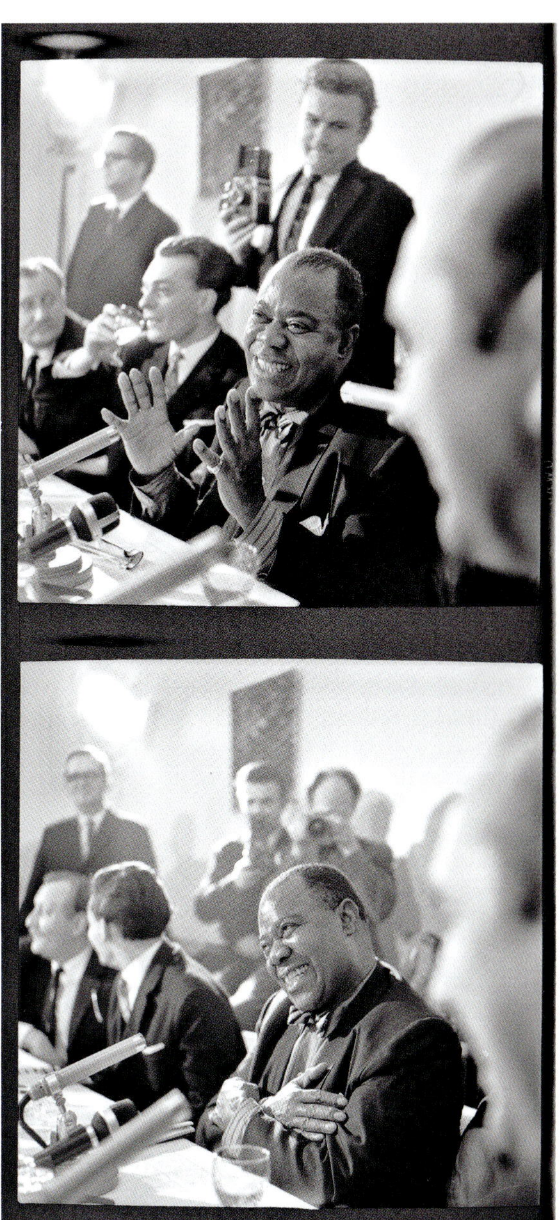

Fig. 7

subtexts, and *Zwischentöne* that structure what it means to give an account of imperiled Black life. It is an installation that dwells in the words of the African American former mayor of Los Angeles, Tom Bradley, in ways that resurface the dense subtext of his reflection on living as a Black man under the persistent threat of police violence. Asked in the wake of the 1992 acquittal of four LAPD officers charged in the savage beating of Rodney King whether he would now be afraid to be a Black man in Los Angeles if he were not mayor, Bradley responded, "No, I would not be scared. I would be angry."

Confronting Bradley's words in the installation, we listen to Simpson's silent mouthpieces as a wall of muted utterances opposite a photograph of a Black woman's pursed lips against a sonic backdrop of labored breath. It is an encounter that raises multiple questions: What tones might those mouthpieces have sounded? What words, thoughts or utterances do her closed lips restrain or withhold? What lives might this breath have animated? And seen in concert with Ligon's installation, what are the limits and possibilities of Black utterance in the face of the enduring violence of white supremacy? Like *Untitled (Bruise/Blues)*, we must attend with equal care to the *Zwischentöne* that Simpson animates in the interstices of Bradley's statement. We must attend to the space between breath and utterance that opens up in the encounter between muted mouthpieces, the sound of human aspiration, and an image of silent Black lips.

Its function is a different kind of muting and a very different channeling of breath. It softens or muffles emitted sound, while at the same time, amplifying and intensifying its tonality in the process. A trumpeter's mute directs the flow of breath through the instrument in ways that concentrate its expressive power. For Terry Adkins, the mute was an expression of spiritual awakening. His 1998 sculpture, *Divine Mute*, was an example of a creative practice that brought together his combined passion for music, art, and collecting in what he described as a quest "to make music as physical as sculpture might be, and sculpture as ethereal as music."

Terry Adkins's mutes express what Simpson's silent mouthpieces cannot: inspiration and illumination. They signify what Adkins described as "a very big sound or a very bright light," which for him was the form he attributed to the idea of a divine calling. It was this divine calling or spiritual awakening that led John Brown to mount his infamous raid on Harper's Ferry in 1859 that Adkins sought to convey in *Divine Mute*. While his

ill-fated attempt to secure weapons to arm enslaved Blacks and spur a revolution to end slavery animated in his capture and execution, Adkins's sculpture pays tribute to what moved Brown to attempt a bold insurrection against all odds.

Juxtaposed with Simpson's silenced mouthpieces and their invitation to listen to the labored breath of imperiled life, *Divine Mute* asks us to listen to the subtext of Brown's actions and to hear in their *Zwischentöne* the call of a higher power. Adkins elevates the trumpet as a conduit of divination and an instrument that calls out to our imagination. In doing so, he returns us to the resonant tones of Armstrong's musical mastery and his capacity to captivate the audiences he spoke of with such devotion at his East Berlin press conference. It is a reciprocal devotion rendered in dramatic form in a signature artwork included in the exhibition.

A man sits alone in a chamber surrounded by a web of interconnected lightbulbs that illuminate his enclosure. He sits on a stool with a newspaper covering its seat, flanked left and right by a pair of turntables. Clutching a bottle in his left hand, his right hand grasps a needle that hovers over a record on one of them, while an awaiting plate of food rests on the floor below it. Above his head, atop the enclosure, the city lights of Manhattan twinkle against a pitch-black sky. It is a Black man's shelter narrated by the eponymous protagonist of Ralph Ellison's acclaimed novel, *Invisible Man*. It is a shelter captured imaginatively by Gordon Parks in his 1952 photograph, *Invisible Man Retreat, Harlem, New York*.

> "[W]hen I have music I want to feel its vibration, not only with my ear but with my whole body. I'd like to hear five recordings of Louis Armstrong playing and singing 'What Did I Do to Be so Black and Blue' – all at the same time. . . . Perhaps I like Louis Armstrong because he's made poetry out of being invisible. I think it must be because he's unaware that he is invisible. And my own grasp of invisibility aids me to understand his music."
> —Ralph Ellison, *Invisible Man*

Created for *Life* magazine as part of a collaboration to promote the book, the photograph is Park's visualization of Ellison's protagonist listening to Armstrong's music in the glow of 1,369 lightbulbs he installed to illuminate his underground retreat. Armstrong was a touchstone for Invisible not only because of his musical genius. He expressed deep admiration for

4   Ralph Ellison, *Invisible Man* (New York, 1995), p. 581.

TINA M. CAMPT

his capacity to navigate the difficult terrain of racial visibility. Invisible clings to Armstrong's soulful rendition of "(What Did I Do to Be So) Black and Blue" as an expression of his own state of unvisibility as a Black man, and a commentary on the contradictory racial politics the musician contended with throughout his career. It is a song that speaks to these contradictions in the parenthetical words of the title, which query the agency of the Black subject in their own subjection. It is a question that reemerges in more provocative terms in the final lines of the novel in perhaps the ultimate articulation of Armstrong's *Zwischentöne*: "Who knows but that, on the lower frequencies, I speak for you?"[4]

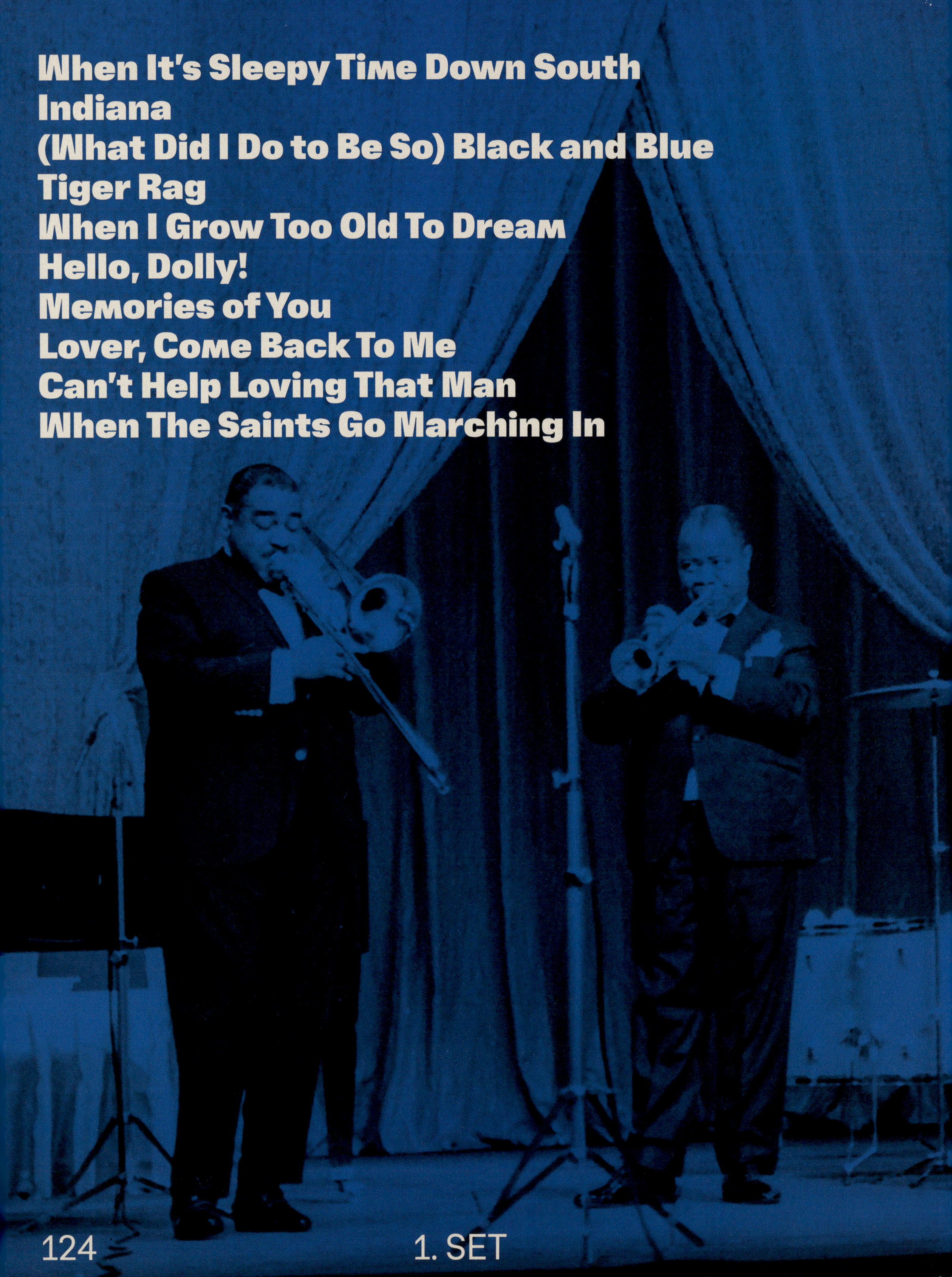
When It's Sleepy Time Down South
Indiana
(What Did I Do to Be So) Black and Blue
Tiger Rag
When I Grow Too Old To Dream
Hello, Dolly!
Memories of You
Lover, Come Back To Me
Can't Help Loving That Man
When The Saints Go Marching In
124
1. SET

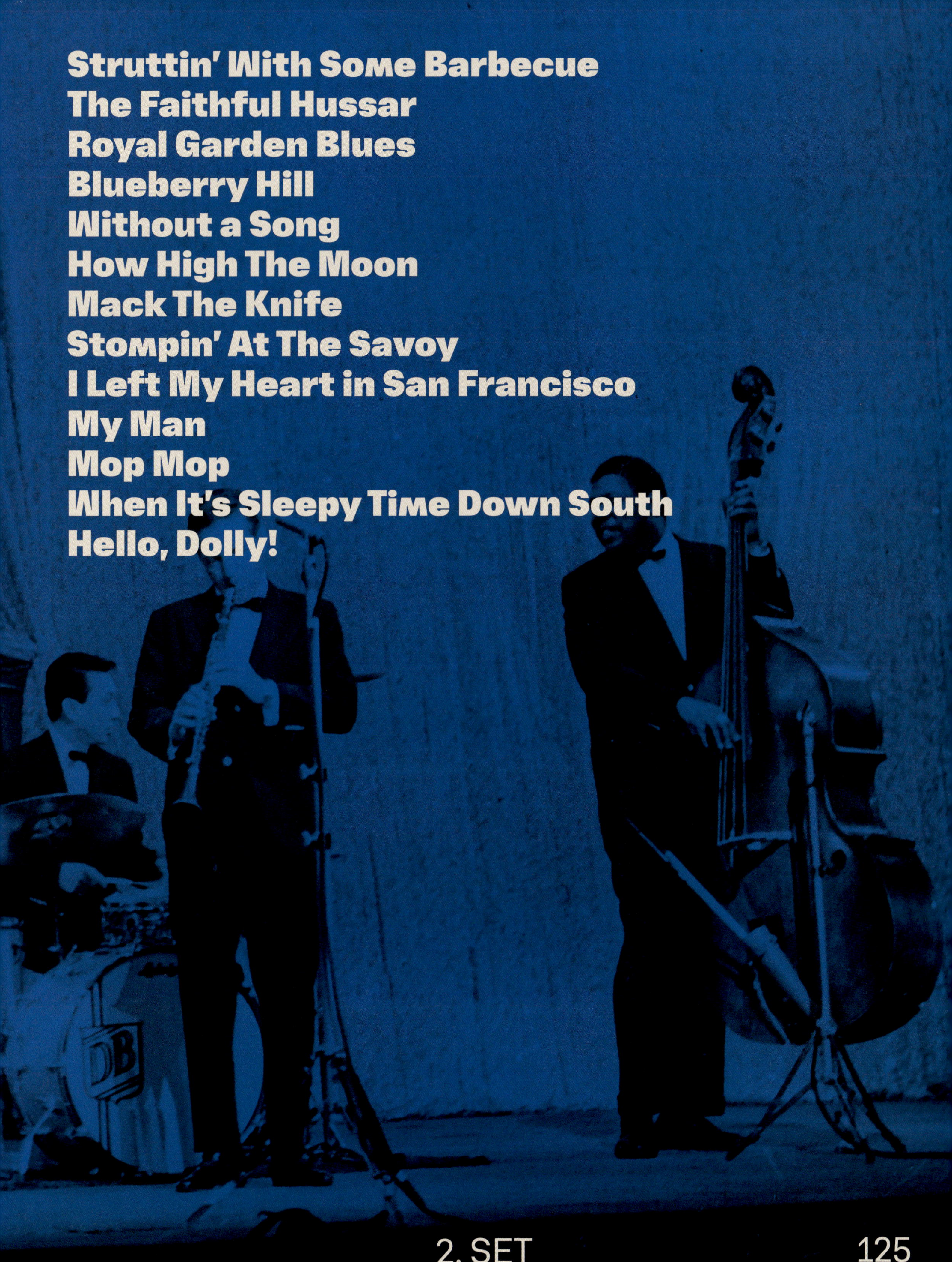

Struttin' With Some Barbecue
The Faithful Hussar
Royal Garden Blues
Blueberry Hill
Without a Song
How High The Moon
Mack The Knife
Stompin' At The Savoy
I Left My Heart in San Francisco
My Man
Mop Mop
When It's Sleepy Time Down South
Hello, Dolly!

Glenn Ligon

Untitled (Bruise/Blues)
(Ohne Titel [Bluterguss/Blues])
2014

Neonlicht und Farbe / Neon and paint
Zwei Teile / Two components:
81,3 × 292,1 cm; 81,3 × 256,5 cm
Courtesy der Künstler / of the artist
und / and Regen Projects, Los Angeles

Installationsansicht der Ausstellung /
Installation view of the exhibition
I've Seen the Wall, DAS MINSK Kunsthaus
in Potsdam 2023

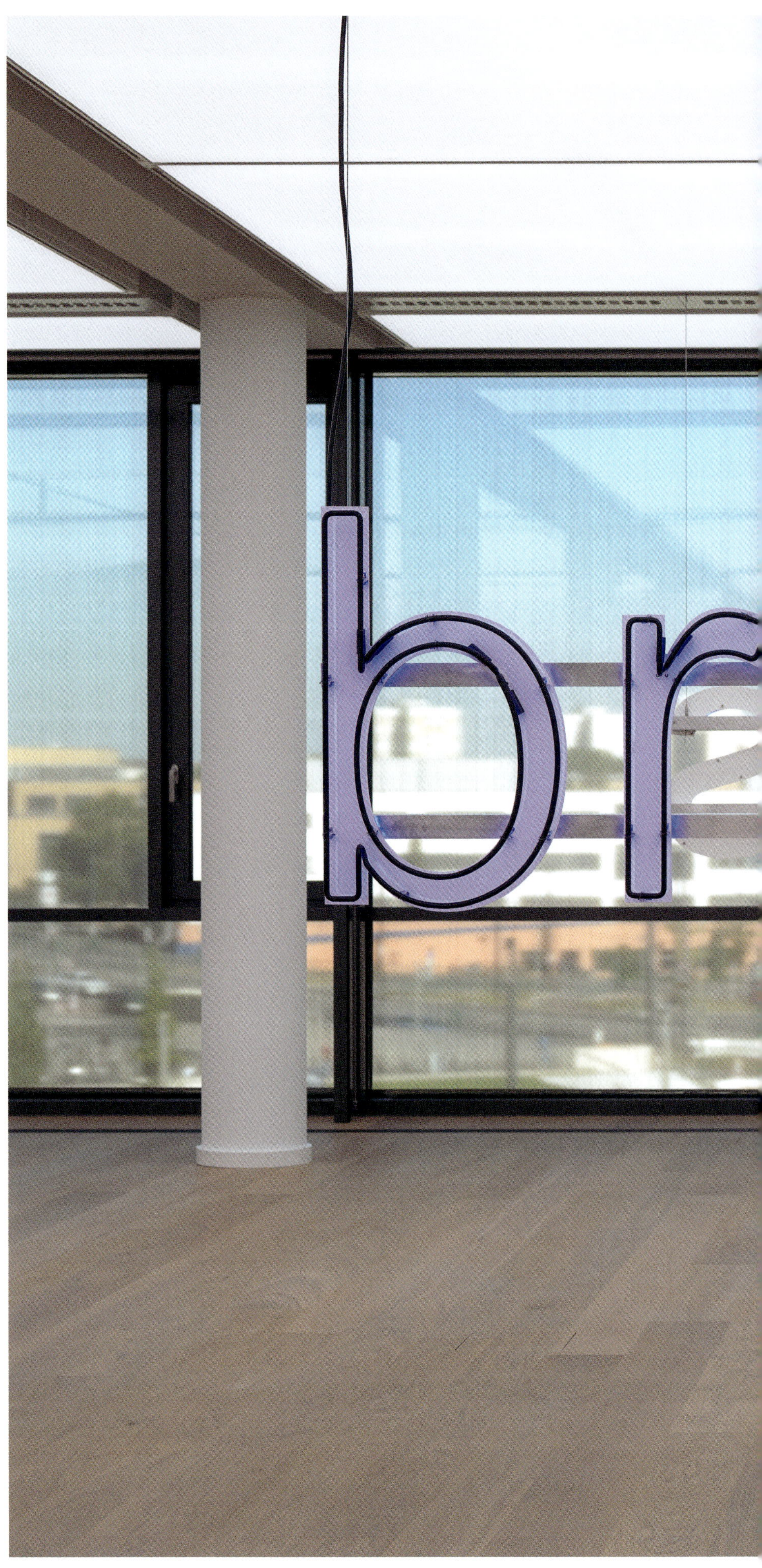

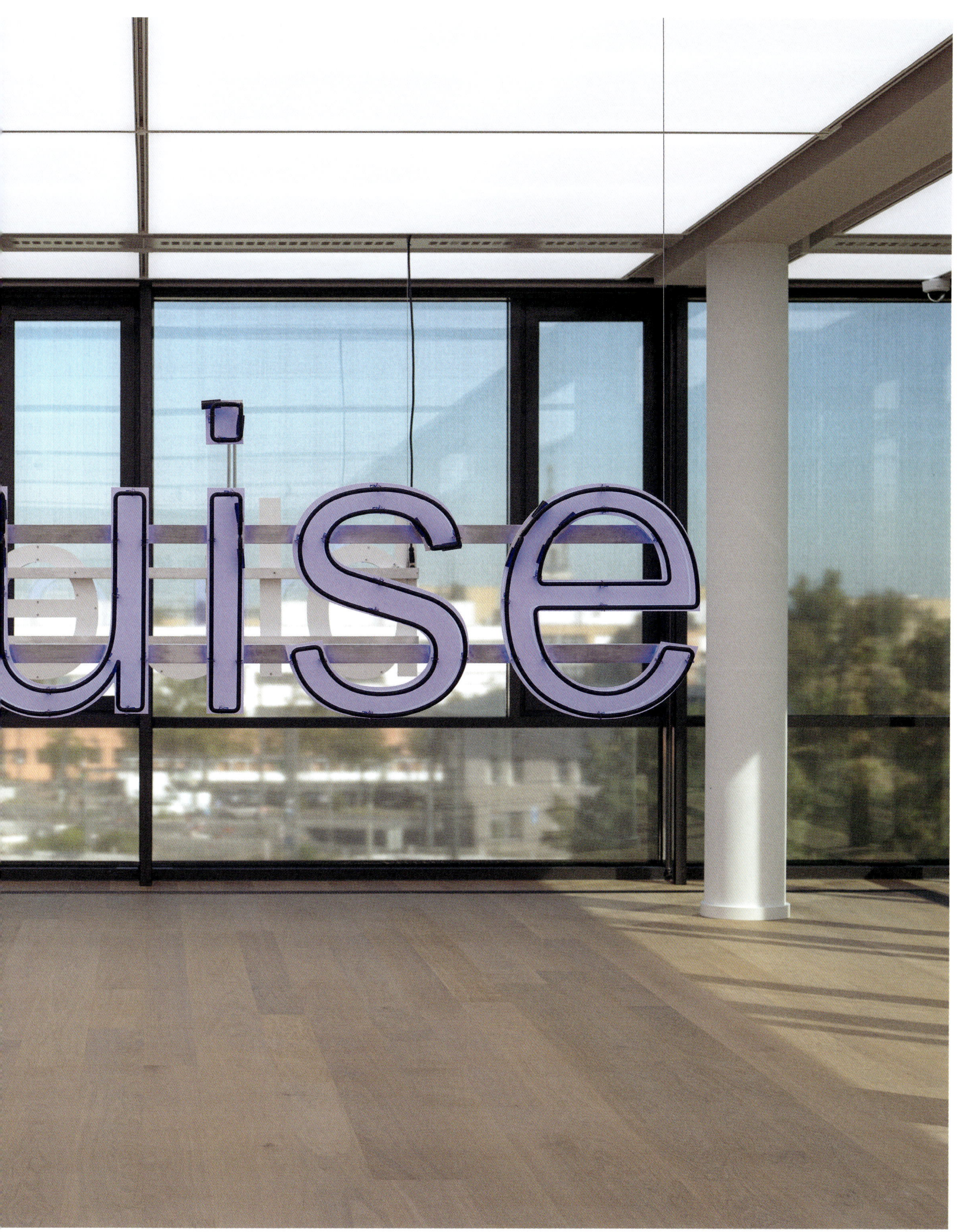

Glenn Ligon

Untitled (Bruise/Blues)
(Ohne Titel [Bluterguss/Blues])
2014

Neonlicht und Farbe / Neon and paint
Zwei Teile / Two components:
81,3 × 292,1 см; 81,3 × 256,5 см
Courtesy der Künstler / of the artist
und / and Regen Projects, Los Angeles

Installationsansicht der Ausstellung /
Installation view of the exhibition
I've Seen the Wall, DAS MINSK Kunsthaus
in Potsdaм 2023

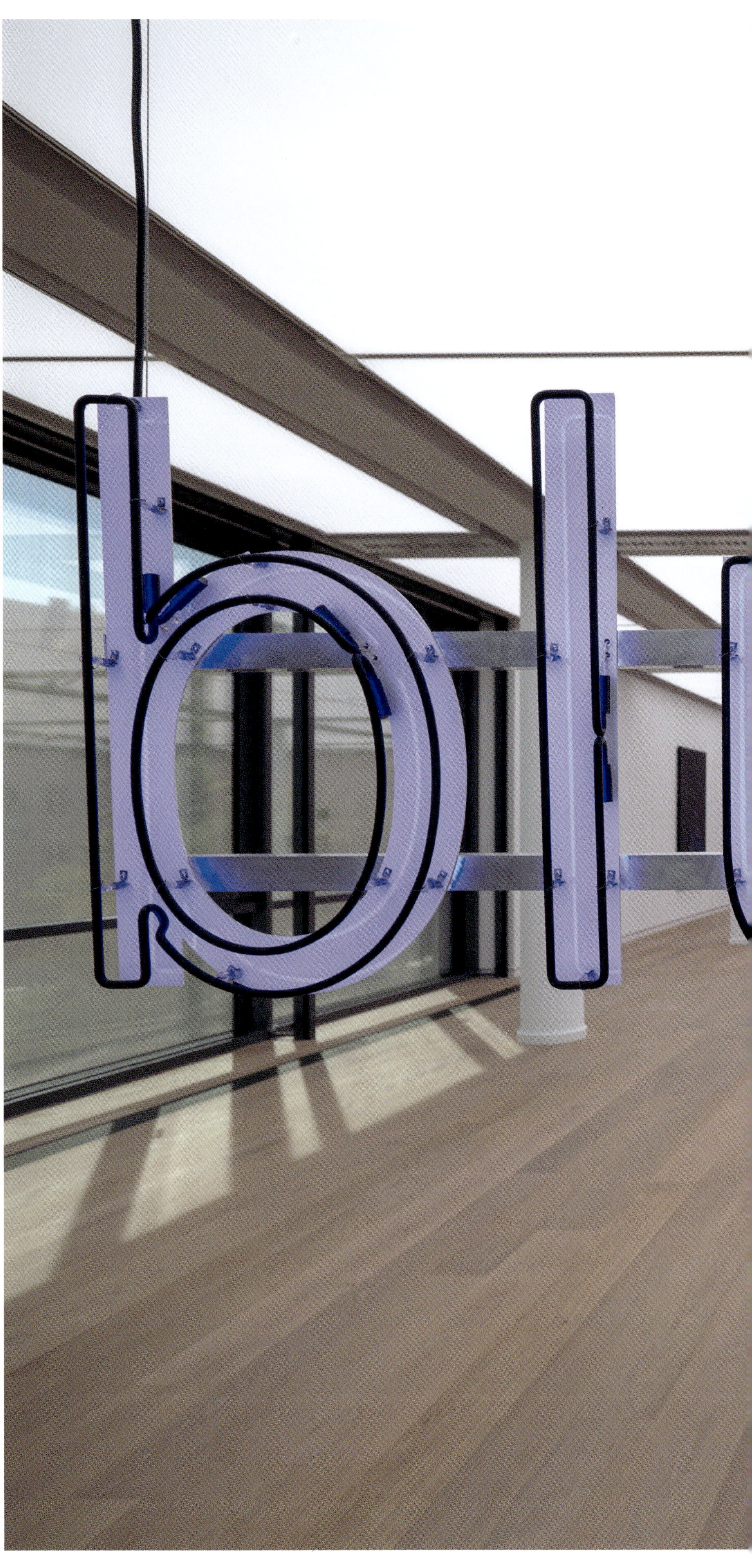

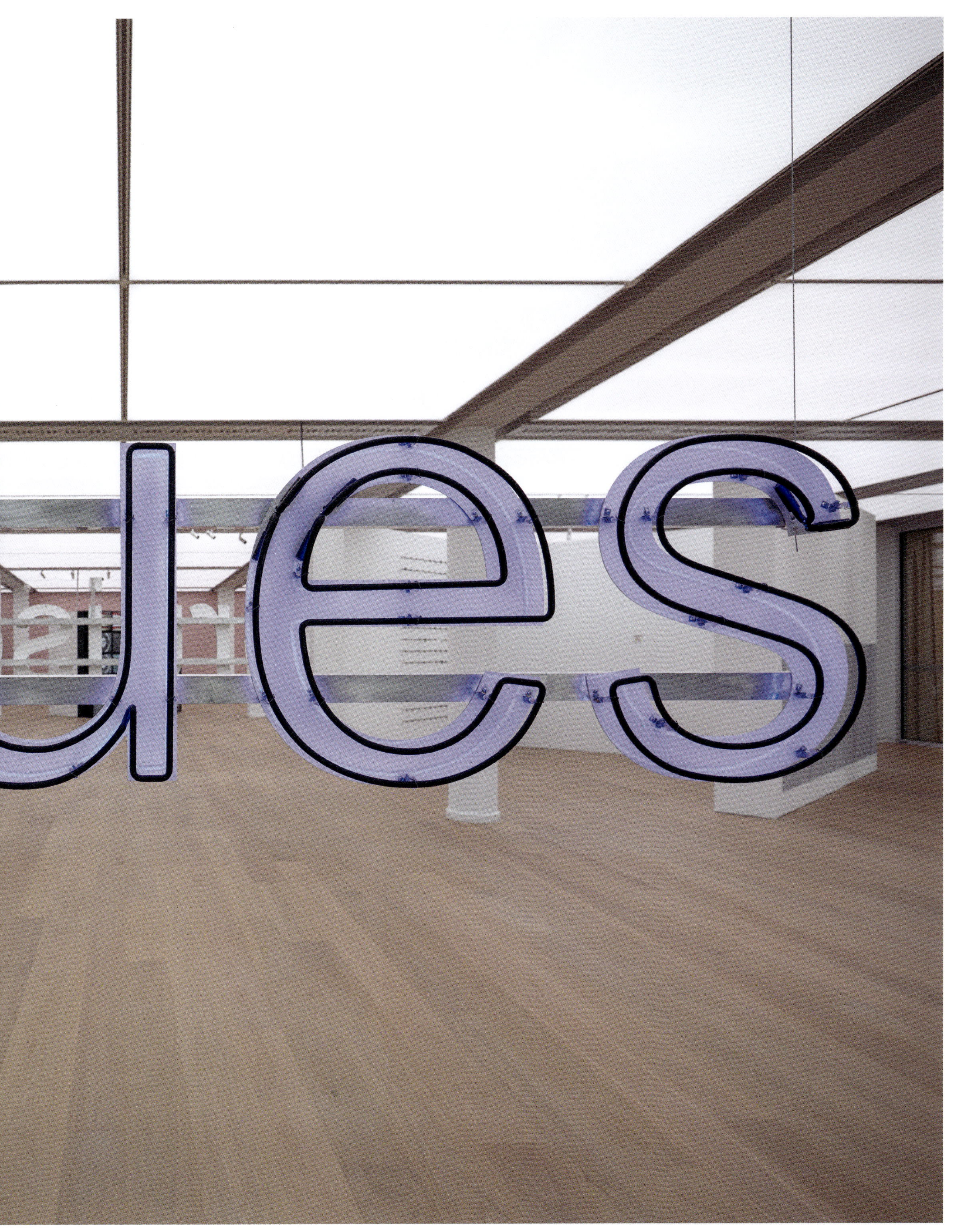

Gordon Parks

*Invisible Man Retreat, Harlem, New York
(Rückzugsort des unsichtbaren Mannes,
Harlem, New York)*
1952

Archiv-Pigmentdruck /
Archival pigment print
50,7 × 40,5 cm
The Gordon Parks Foundation

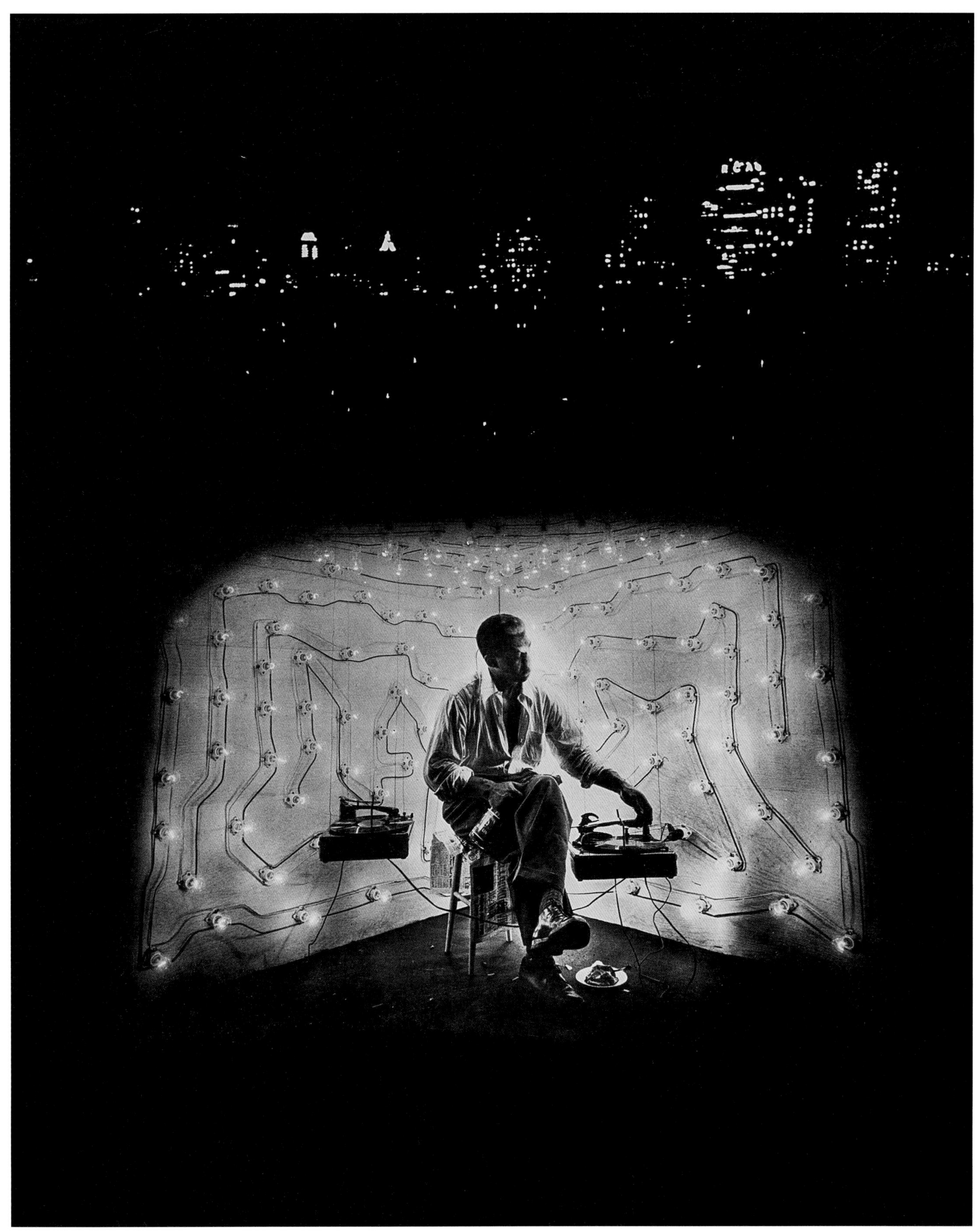

Ruth Wolf-Rehfeldt

Someday We Shall Overcome
(Hommage à Martin Luther King)
(Eines Tages werden wir überwinden
[Hommage an Martin Luther King])
1970er-Jahre / 1970s

Schreibmaschinengrafik auf Papier /
Typewriting on paper
29,7 × 21 cm
Privatsammlung / Private collection

```
e                                                                          d
me                                                                        da
ome                                                                      day
some                                                                     day
 some                                                                    day w
e some                                                                   day we
me some                                                                  day we
ome some                                                                 day we s
come some                                                                day we sh
rcome some                                                               day we sha
ercome some                                                              day we shal
vercome some                                                             day we shall
overcome some                                                            day we shall
 overcome some                                                           day we shall o
l overcome some                                                          day we shall ov
ll overcome some                                                         day we shall ove
all overcome some                                                        day we shall over
hall overcome some                                                       day we shall overc
shall overcome some                                                      day we shall overco
 shall overcome some                                                     day we shall overcom
e shall overcome some                                                    day we shall overcome
we shall overcome some                                                   day we shall overcome
 we shall overcome some                                                  day we shall overcome w
e we shall overcome some                                                 day we shall overcome we
me we shall overcome some                                                day we shall overcome we
ome we shall overcome some                                               day we shall overcome we s
come we shall overcome some                                              day we shall overcome we sh
rcome we shall overcome some                                             day we shall overcome we sha
ercome we shall overcome some                                            day we shall overcome we shal
vercome we shall overcome some                                           day we shall overcome we shall
overcome we shall overcome some                                          day we shall overcome we shall
 overcome we shall overcome some                                         day we shall overcome we shall o
l overcome we shall overcome some                                        day we shall overcome we shall ov
ll overcome we shall overcome some                                       day we shall overcome we shall ove
all overcome we shall overcome some                                      day we shall overcome we shall over
hall overcome we shall overcome some                                     day we shall overcome we shall overc
shall overcome we shall overcome some                                    day we shall overcome we shall overco
 shall overcome we shall overcome some                                   day we shall overcome we shall overcom
e shall overcome we shall overcome some   day we shall overcome we shall overcome
we shall overcome we shall overcome someday we shall overcome we shall overcome
 we shall overcome we shall overcom someday e shall overcome we shall overcome
  we shall overcome we shall overco someday  shall overcome we shall overcome
   we shall overcome we shall overc someday shall overcome we shall overcome
    we shall overcome we shall over someday hall overcome we shall overcome
     we shall overcome we shall ove someday all overcome we shall overcome
      we shall overcome we shall ov someday ll overcome we shall overcome
       we shall overcome we shall o someday l overcome we shall overcome
        we shall overcome we shall  someday  overcome we shall overcome
         we shall overcome we shall someday overcome we shall overcome
          we shall overcome we shal someday vercome we shall overcome
           we shall overcome we sha someday ercome we shall overcome
            we shall overcome we sh someday rcome we shall overcome
             we shall overcome we s someday come we shall overcome
              we shall overcome we  someday ome we shall overcome
               we shall overcome we someday me we shall overcome
                we shall overcome w someday e we shall overcome
                 we shall overcome  someday  we shall overcome
                  we shall overcome someday we shall overcome
```


Hommage à Martin Luther King

Ruth Wolf-Rehfeldt

Blue Blues (Blauer Blues)
Ende der 1970er-Jahre / late 1970s

Schreibmaschinengrafik auf Papier /
Typewriting on paper
20 × 15 см
Privatsammlung / Private collection

BLUE BLUENESS BLUING BLUEBIRD BLUISH BLUES

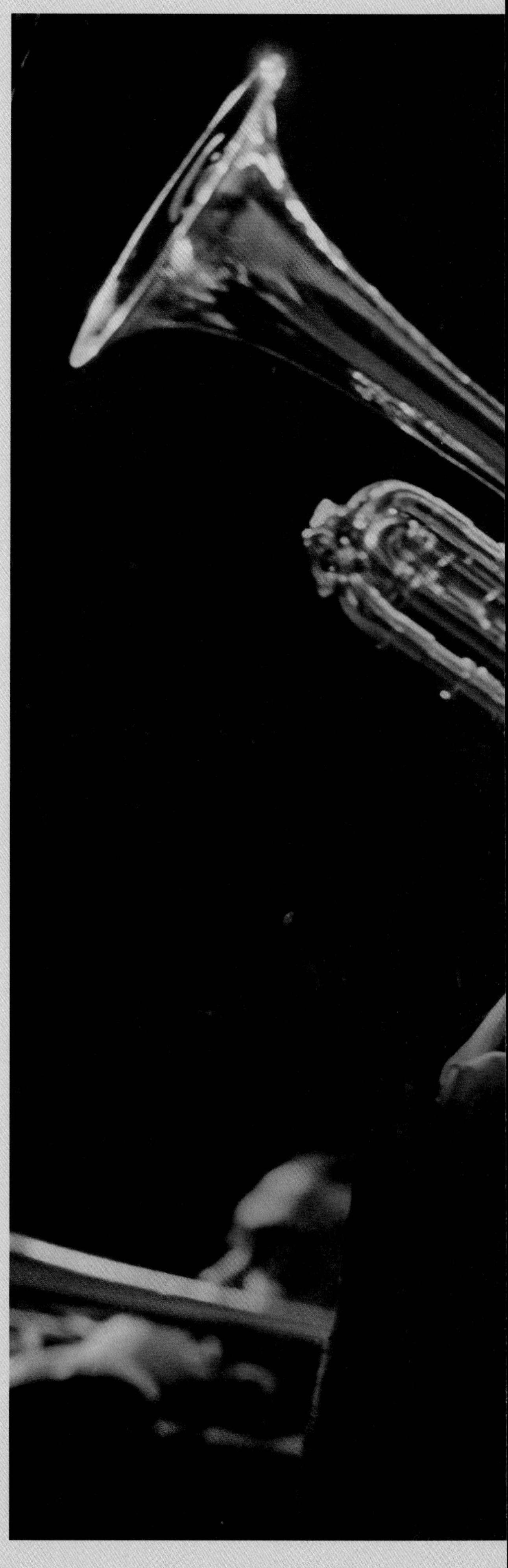

Louis Armstrong bei einem Auftritt in der DDR im März 1965 /
Louis Armstrong at a performance in the GDR in March 1965.
Sammlung Berliner Verlag / Archiv. Foto / Photo: Tassilo Leher

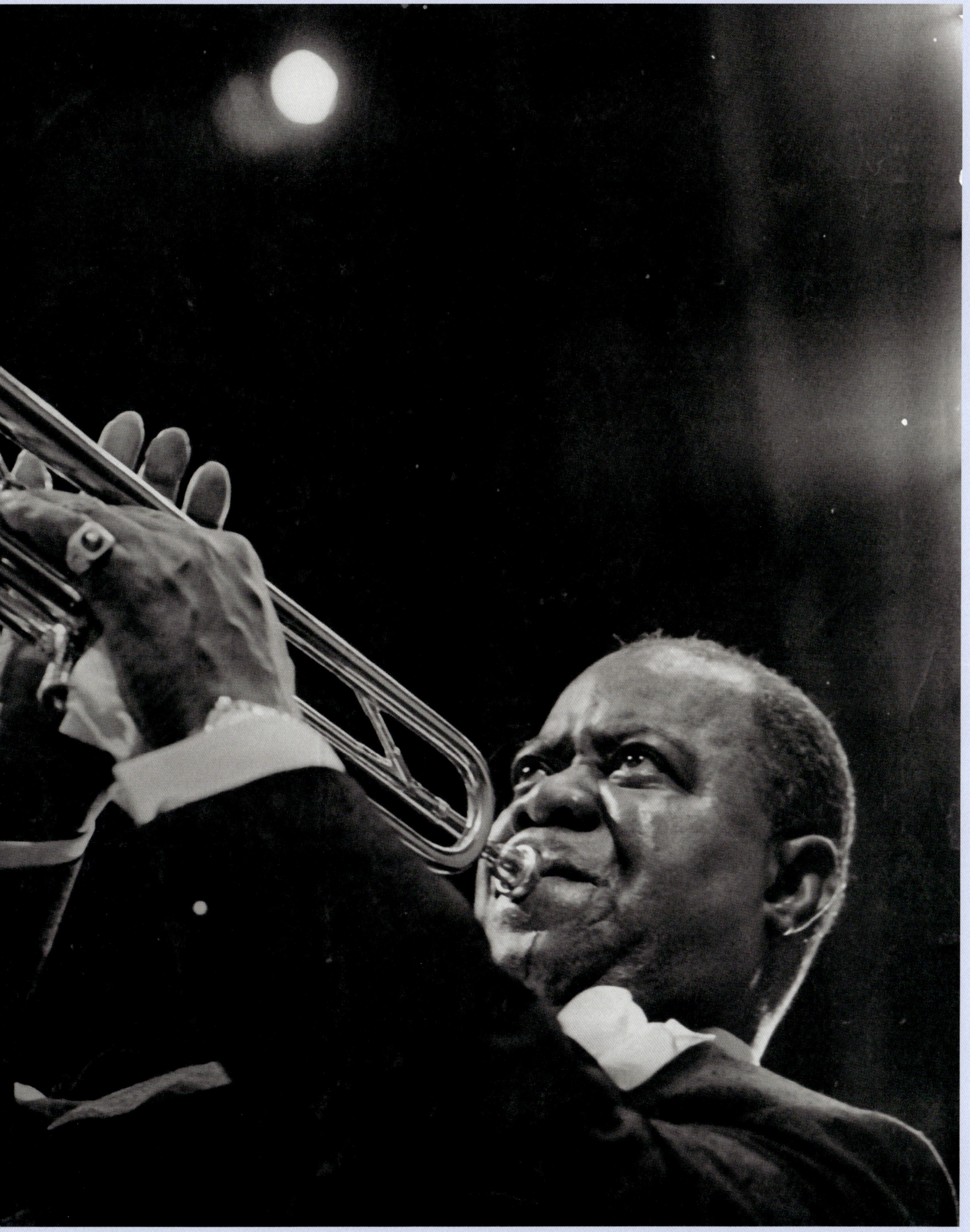

Norman Lewis

No – 5 (Nr. – 5)
1973

Öl auf Leinwand / Oil on canvas
198,8 × 139,1 см
Billy Hodges Family Collection

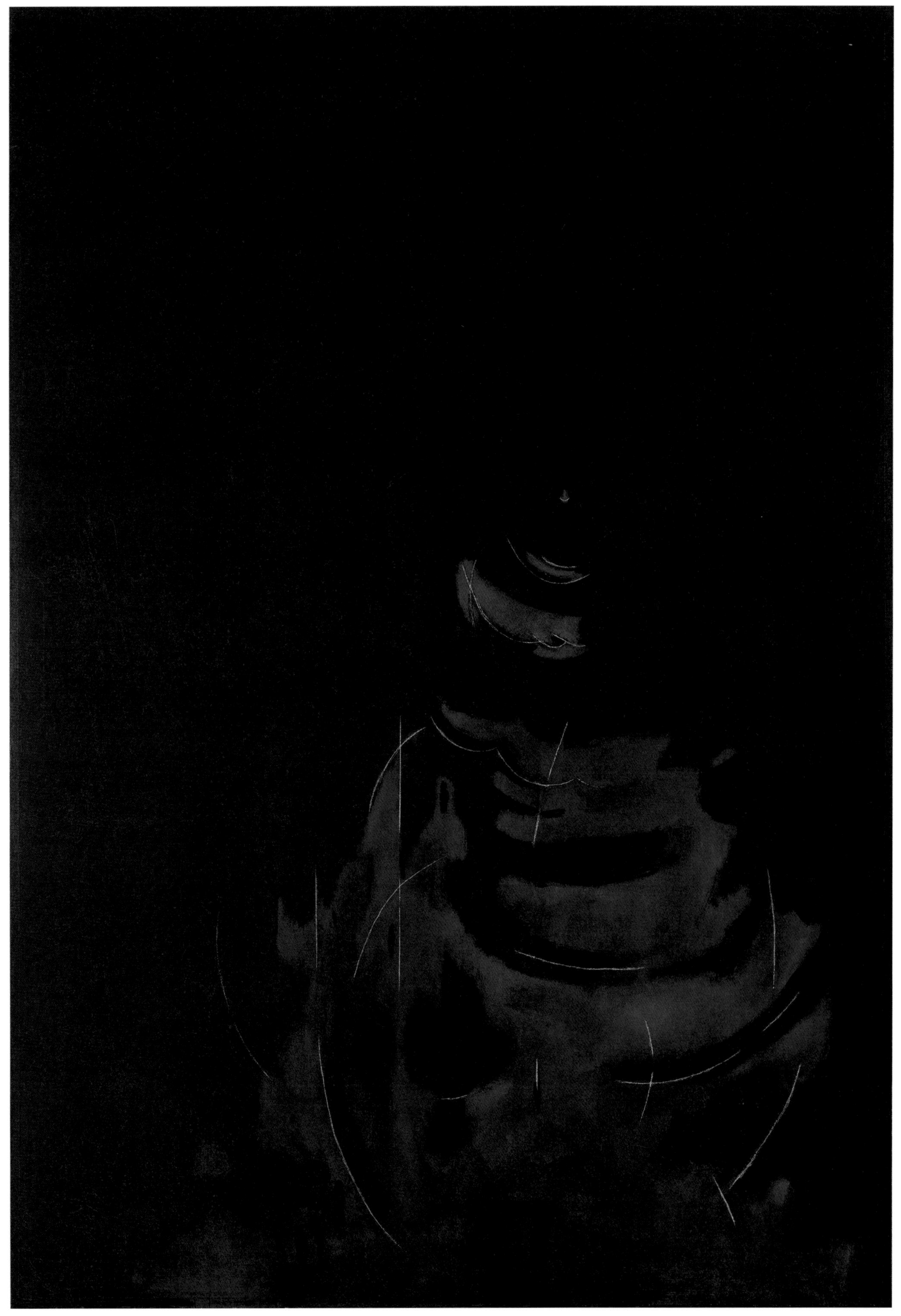

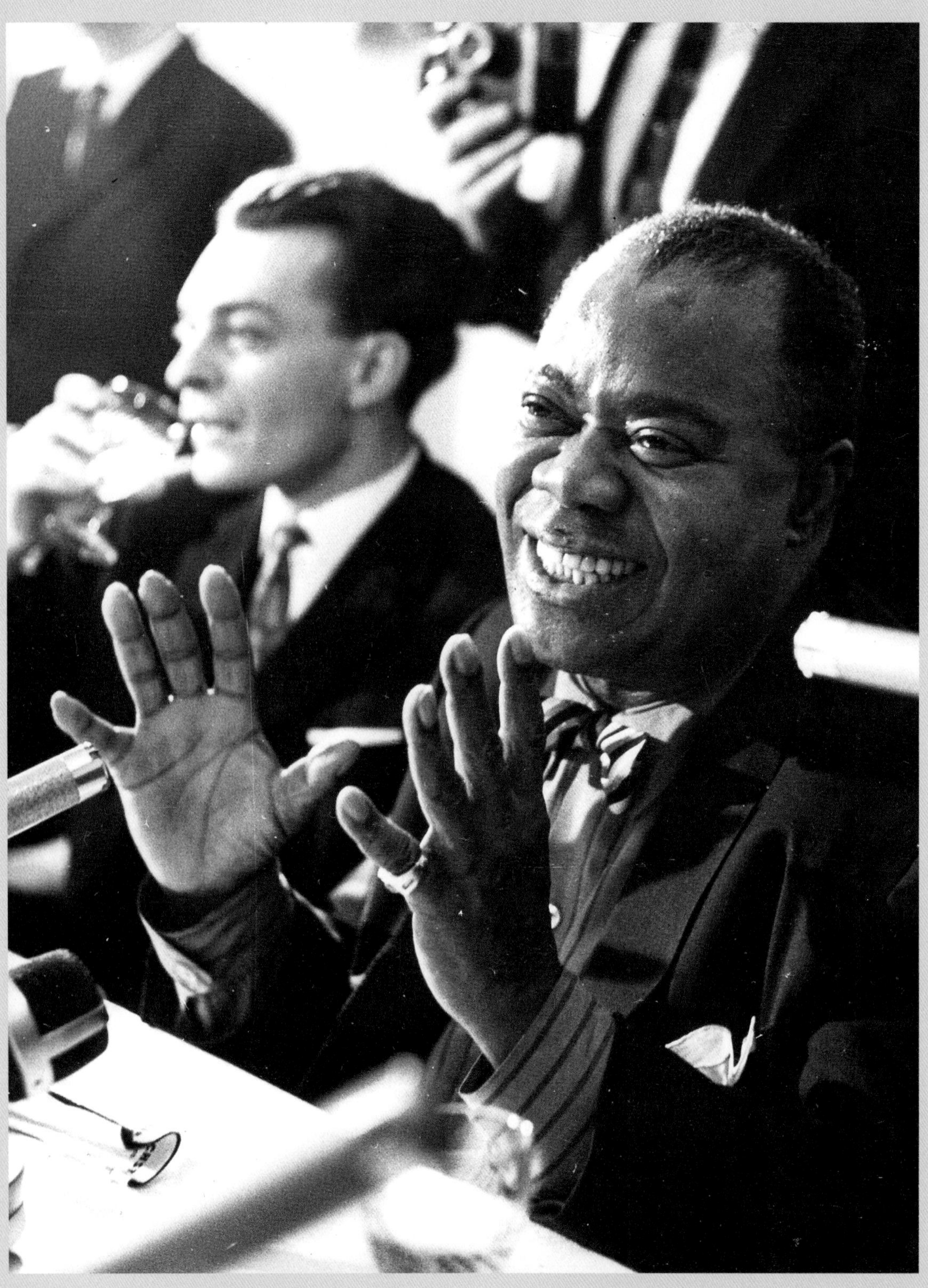

Louis Armstrong während der Pressekonferenz beim Empfang auf dem Flugplatz Berlin-Schönefeld am 19.3.1965 / Louis Armstrong during the press conference at the welcoming reception at Berlin-Schönefeld airfield on March 19, 1965. Agentur DDR Fotoerbe. Foto / Photo: Volkhard Kühl

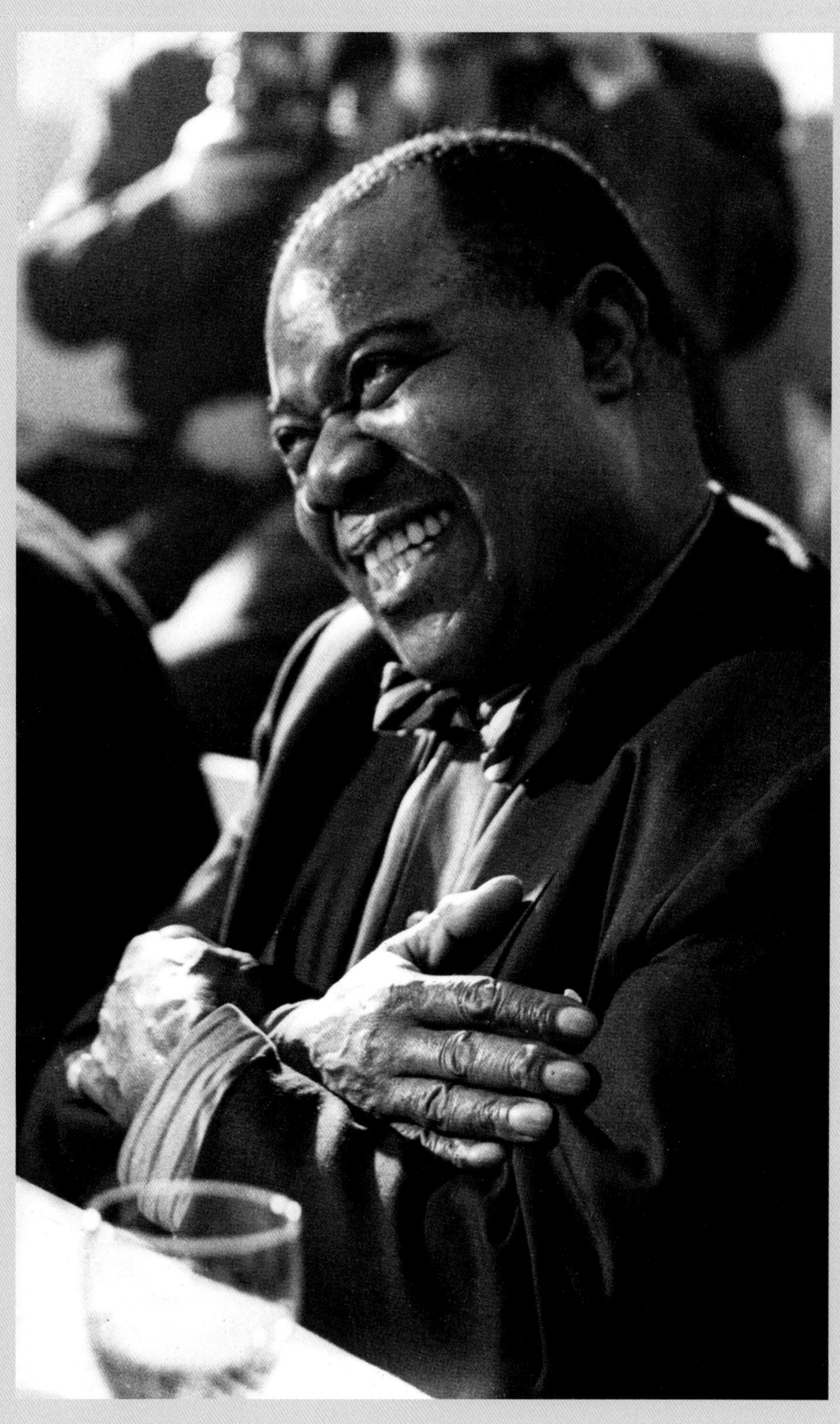

Louis Armstrong während der Pressekonferenz beim Empfang auf dem
Flugplatz Berlin-Schönefeld am 19.3.1965 / Louis Armstrong during the press
conference at the welcoming reception at Berlin-Schönefeld airfield on
March 19, 1965. Agentur DDR Fotoerbe. Foto / Photo: Volkhard Kühl

PETER BRÖTZMANN

DU SPIELST SIE IN DIE LUFT UND ALLES IST WEG

YOU PLAY IT IN THE AIR AND EVERYTHING IS GONE

Ein Gespräch zwischen
A Conversation between

Oliver Zybok und / and Peter Brötzmann

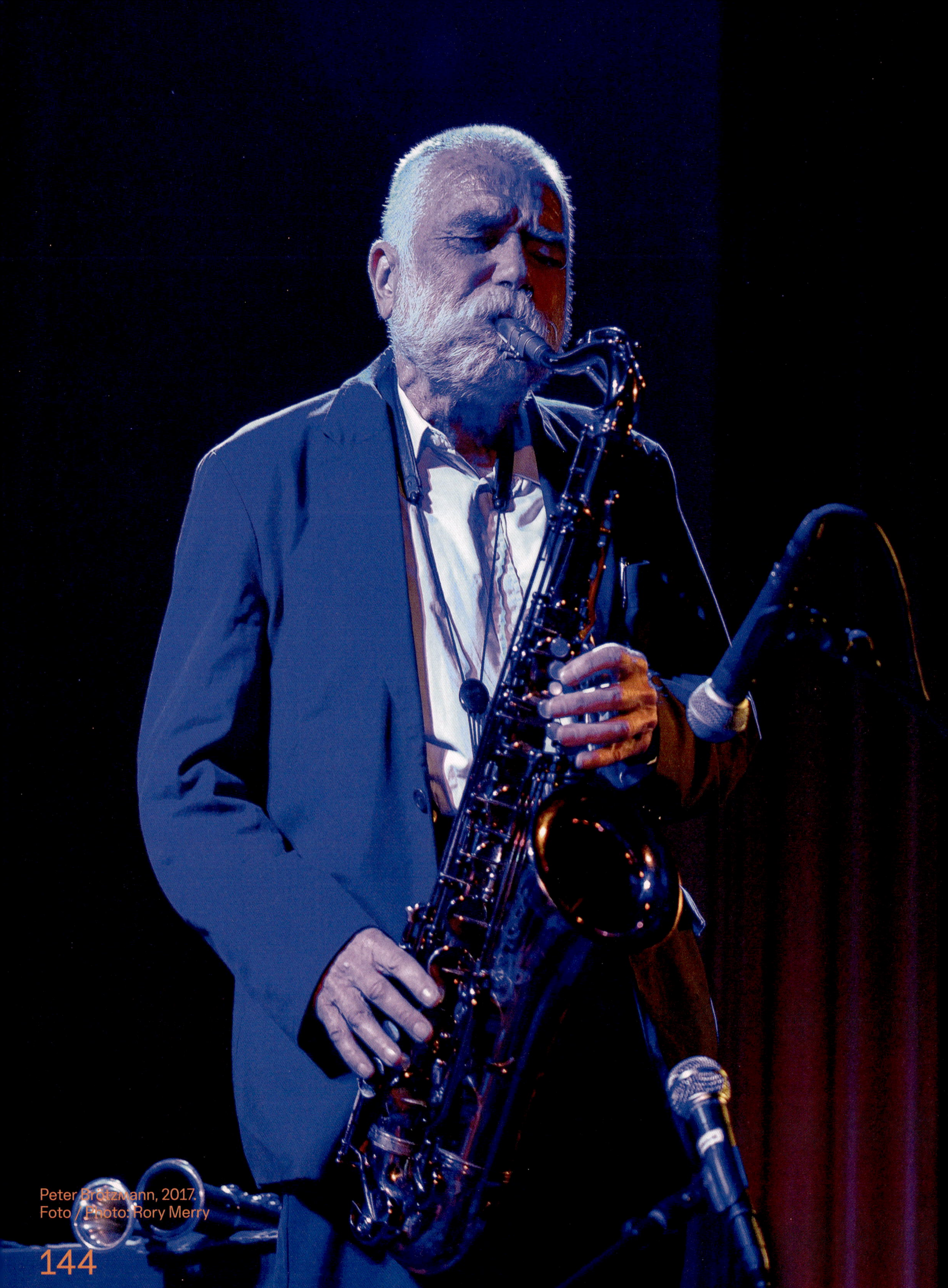

Peter Brötzmann, 2017.
Foto / Photo: Rory Merry

Der Künstler und Saxofonist Peter Brötzmann (geb. 1941
in Remscheid, gest. 2023 in Wuppertal) wurde vom Hand-
werk geleitet. Inspiriert von der Freiheit Louis Armstrongs
suchte er als junger Mann nach Wegen, wie Musik und
Kunst den Diskurs befruchten und stören können. Aus
Brötzmanns einzigartiger Mischung kultureller Materialien erwuchs ein ganzer Kanon multidisziplinärer Werke:
Er arbeitete gleichermaßen als Saxofonist, als Maler, Bildhauer, Gärtner, Organisator. Es ist diese Mischung und
Dehnung von Kultur, die Brötzmann so einzigartig macht.

In den 1950er-Jahren gab es Tenorsaxofonisten, die
als sogenannte »Texas Tenors« anfingen, auf dem
Tenorsaxofon zu brummen und zu knurren. Saxofonisten
wie Illinois Jacquet, Arnett Cobb und David »Fathead«
Newman kombinierten das Blasen eines Tons mit stimm-
lichem Knurren. Das Saxofon wurde zu einem Instrument
der populären Verzerrung. Die Verzerrungen setzten
eine weitere Möglichkeit des Instruments frei. Ein normalerweise einstimmiges Saxofon konnte nun drei oder
vier Töne auf einmal hervorbringen und so eine neue
Aura schaffen. In den 1960er-Jahren war es üblich, dass
sich das Saxofon dem Willen der Freiheitssuchenden
beugte. Von Coltrane über Albert Ayler bis hin zu
Brötzmann wurden diese neuen Verzerrungen auch
zum Aufschrei der Zeit.

In einem seiner letzten Interviews für *Die Zeit* sprach Brötzmann über das Wort »Freiheit«: »Wir sind alle alt genug, um zu wissen, dass man den Begriff Freiheit in jede Richtung drehen kann. Die meisten verstehen unter Freiheit, das zu tun, was sie wollen, sich von nichts und niemandem etwas sagen zu lassen. Aber in der Musik war das immer schon ein Irrtum. Freiheit ist etwas sehr Individuelles. Sie hat für Louis Armstrong genauso existiert wie für Don Cherry – nur eben als innere Einstellung, nicht als Programm.«[1]

Brötzmann hatte diese »innere Einstellung«. Er suchte nach Techniken, um klangliche Möglichkeiten aufzupfropfen. Seine Aufnahme *Machine Gun* von 1968 ist ein kraftvolles Opus. Erfüllt von kollektiver »innerer Einstellung« drückt die Musik eine Abscheu vor dem Status der Staaten (*the state of the states*), den Kriegszyklen, den Invasionen, den Plattitüden, der Gewalt aus, was die Platte zu einer Antikriegshymne macht. Louis Armstrong setzte seine Trompete ein, um sein Leben zu verwandeln. Er erneuerte den Standardmodus, den Musiker:innen suchen, um ihre eigenen Wahrheiten zu enthüllen. Als junger Künstler lernte Armstrong, das »zweite« Kornett hinter King Oliver und Bessie Smith zu spielen. Er unterstützte ihre Musik und bot mit jeder Note, die er spielte, ein Gerüst für die Songs. All diese Arbeit diente der Vorbereitung auf Armstrongs Rolle als Bandleader. Der innovative Solist mischte seine Stimme mit der Trompete. Armstrong pendelte zwischen beiden.

Wenn er seine Trompete spielte, richtete er sie nach oben und seine Augen folgten dem Klang. Es ist von Natur aus eine aufstrebende Musik. Auch Brötzmann hat diese aufstrebende Richtung verstanden, nicht nur in seiner Musik, sondern auch in seiner Malerei und Bildhauerei. Er fand die Gemeinsamkeiten mit den Musiker:innen und Künstler:innen und wurde zum Gefäß, sein Lieblings-platz, sein »sweet spot«. Für Brötzmann war dieser Platz voller Schweiß und Hitze, und er war immer »voll dabei«. Jeder Auftritt von Brötzmann fühlte sich so episch an, als wäre es sein letzter.

Brötzmanns Werke in *I've Seen the Wall* charakterisiert eine Intimität des Maßstabs. In *Soundcloud* (1970er-Jahre) wird das Metall von der Wand geschoben. In Brötzmanns Händen hat die »Wolke« die Macht, die Form des Metalls zu verändern, während es durch das Loch sickert. Der Rahmen ist flach und dient nur als Druckschleuse. Die Intimität des *Windmeter* (1969) misst die Kraft, den Druck oder die Geschwindigkeit des Windes. Der Wind trägt Geräusche und Gerüche aus der Ferne heran. Armstrongs und Brötzmanns Zwerchfelle messen die genaue Luftmenge, die für die Erzeugung des Klangs in jedem Moment benötigt wird. *Untitled (House)* (2013) spielt mit Strukturen und Wegen. Die Wand ist weiß, aber der Korridor ist rot. Brötzmanns *call and response* (Ruf und Antwort) ist hier und in *Untitled (Cloud)* (2013) deutlich wahrnehmbar. Der mehrfarbige Kreis schiebt die Wolke weg, als würden die Tropfen von einer verborgenen Sonne beleuchtet. Hier kommt Armstrong ins Spiel. Wie können wir angesichts des Klimas ungeahnte Farben einführen? Brötzmann weiß, dass es diese Farben gibt, und taucht in seine künstlerische Praxis ein, um sie zu finden. Auch Armstrong enthüllt eine neue Farbe: Tiefblau-Schwarz im »Star-Spangled Banner«, der Nationalhymne der USA. Er spielt sie einmal tief in der Nacht auf dem Newport Jazz Festival 1958. Es ist 2:30 Uhr morgens, als das Festival gerade ausklingt. Armstrong lebt in der Nacht und findet den perfekten Moment, um die Hymne zu spielen. Der Schriftsteller und Aktivist James Baldwin sitzt im Publikum. Als er das Stück hört, beugt er sich zu einem Freund hinüber und sagt: »Das ist das erste Mal, dass ich dieses Lied mag.«[2] Baldwin versteht, dass Armstrong die Nationalhymne tief in den Schutz der Nacht verlegt. Die Farbe der Hymne ist jetzt schlaftrunken, wie die meisten Dinge nachts um 2:30 Uhr. Gerade deshalb bringt Armstrongs Bearbeitung der Hymne eine andere Farbe zum Vorschein, genauso wie Brötzmann tief im Schwarzwald ein leuchtendes Feuer entfachen kann. Die Farbe ist im Entstehen.

Jason Moran

1 Peter Brötzmann im Gespräch mit Reinhard Köchl, »Hey Brötzmann, mach einfach!«, in: *ZEIT ONLINE,* 23.6.2023, https://www.zeit.de/kultur/musik/2023-06/peter-broetzmann-freejazz-saxofon-tod (Zugriff am 12.7.2023).
2 Dan Morgenstern, »Chicago Concert«, in: *Living with Jazz,* New York 2004, S. 70.

Peter Brötzmann, 1941 in Remscheid im Bergischen Land geboren, war einer der wichtigsten Vertreter des europäischen Free Jazz, der seit den 1990er-Jahren auch in den USA eine sehr große Popularität genießt. Seine ersten künstlerischen Wege ging er über die bildende Kunst, arbeitete vor allem mit Nam June Paik eng zusammen. Parallel besaß die Musik immer eine große Bedeutung, bis sie gegen Ende der 1960er-Jahre zu seinem künstlerischen Lebensmittelpunkt wurde. Auch wenn die bildnerische Arbeit von nun an eine untergeordnete Rolle einnahm, arbeitete Brötzmann bis zu seinem Tod an seinen Assemblagen und Malereien. Er hat mit Musikgrößen wie Derek Bailey, Han Bennink, Carla Bley, Willem Breuker, Milford Graves, Ronald Shannon Jackson, Albert Mangelsdorff, Misha Mengelberg, Harry Miller, Bill Laswell, Evan Parker, Sonny Sharrock und Alexander von Schlippenbach zusammen-gespielt. Mit seiner Musik hat er unter anderem Bands wie Sonic Youth beeinflusst. Für Brötzmann gab es im Kunst- und Musikbetrieb zwei Möglichkeiten: »Entwe-der erfüllt man die Erwartungen oder man macht sich ein paar Gedanken und versucht 'rauszufinden – ohne Rücksicht auf Verluste –, was einen selbst angeht.«

Die Biografie, die dieses Gespräch begleitet, wurde im *KUNSTFORUM International* vor Brötzmanns Tod veröffentlicht und für diese Publikation in der Zeitform angepasst.

Du hast als Achtzehnjähriger begonnen, an
der Werkkunstschule in Wuppertal Kunst zu
studieren. Wie kam es dazu?

Ich komme ursprünglich aus Remscheid und war dort
auch auf dem Gymnasium. Schon als Jugendlicher
war ich intensiv mit der Malerei und Musik, der Kunst
allgemein beschäftigt. Irgendwann hatte ich dann
einfach keine Lust mehr, die Schule weiterzumachen;
ich komme aus einer eher bürgerlichen Familie und
das war natürlich eine Schande für meinen Vater.
Darum bin ich abgehauen. Ich hatte zu dem Zeitpunkt
zum Glück schon ein paar kleine Verbindungen, und
so bin ich dann in Wuppertal gelandet. Mit siebzehn
hatte ich bereits die Aufnahmeprüfung an der Werkkunstschule gemacht, dann mit achtzehn angefangen und hauptsächlich in den Bereichen Malerei und
Grafik studiert.

Welche Kunst hat Dich als junger Erwachsener
interessiert?

Eigentlich alles, was man damals als Jugendlicher
mitbekommen konnte, aber vor allem, und das ist
auch so geblieben, der Deutsche und Französische
Impressionismus, der Expressionismus und der Da-
daismus. Hier in Wuppertal gibt es mit dem Von der
Heydt-Museum eine wunderbare Sammlung mit
wichtigen Exponaten, Köln und Düsseldorf sind ja
auch nicht weit. Besonders Düsseldorf avancier-
te mit Joseph Beuys zu einem Zentrum und in Köln
waren wiederum Leute wie Wolf Vostell, mit dem ich
dann später auch befreundet war. In Wuppertal gab
es zudem die Galerie Parnass von Rolf Jährling, der
als Architekt sein gesamtes Haus als Galerie und als
Treffpunkt für uns Studenten zugänglich machte.
　Ich fing an, als sein Assistent zu arbeiten und
hatte dann das Glück, dass er einer der ersten war,
der Nam June Paik ausgestellt hat. Rückblickend war
Paik ein sehr wichtiger Einfluss für mich. Mich fas-
zinierten besonders seine »Basteleien«, präparier-
ten Klaviere und Musikinstallationen, aber auch die
ersten »Fernsehkisten«, die das Verhältnis von Bild
und Ton untersuchten, und den Betrachter als Akteur
mit einbezogen. Es ging aber auch nicht unbedingt
nur um die Kunst, sondern auch um die Person. Er war
ein toller Mann. Paik hat auch meine Liebe zur asiati-
schen Kultur maßgeblich geprägt, die sich vor allem
in musikalischer Hinsicht zeigt, insbesondere in einer
dort verbreiteten gewissen Gradlinigkeit. An Paik hat

mich immer die Distanz zu seiner eigenen Arbeit beeindruckt und das Vermögen, über sie lachen zu können. Durch ihn habe ich Beuys näher kennengelernt und war bei vielen seiner Performances in Düsseldorf dabei. Karlheinz Stockhausen machte in dieser Zeit sein Elektronisches Studio in Köln auf. Zudem bespielte er dort mit seiner damaligen Frau Mary Bauermeister ein kleines Theater, in dem man John Cage sehen konnte, oder eben auch die ganzen Protagonisten der Fluxus-Bewegung. Im Laufe meines mittlerweile längeren Lebens habe ich festgestellt, dass diese frühen Zeiten enorm wichtig für mich waren.

Wie ging es dann für Dich weiter?

Ich war als Maler schon während des Studiums relativ erfolgreich und hatte erste Ausstellungen in Holland und Norddeutschland. Aber ich fühlte mich im Kunstkontext nie so richtig wohl und zog eher die Gesellschaft meiner Musiker-Freunde und das gemeinsame Agieren vor. Man konnte reisen, die Welt sehen und zwar als Arbeiter, nicht als Tourist. Ich lernte auf diese Weise früh Leute wie Han Bennink oder Harry Miller, Carla Bley und Don Cherry kennen, mit denen ich teilweise auch zusammengearbeitet habe. Mit der Malerei hörte ich nie wirklich auf, ab einem gewissen Zeitpunkt jedoch schloss ich die Öffentlichkeit von ihr aus.

Was war die Initialzündung von der Kunst zur Musik zu wechseln?

Schon während des Studiums hatten meine Frau und ich zwei Kinder, das heißt, als ich mit dem Studium fertig war, musste ich Geld verdienen. Meine Frau studierte noch, und wir hatten keine große Hilfe von Außen. Darum machte ich mit einem Freund ein kleines Werbebüro auf. Ab etwa 1968 wurde es dann aber immer intensiver mit der Musik, ich vernachlässigte meine Kunden und mir wurde klar, dass es so nicht weitergehen konnte. Da die Kinder mittlerweile so groß waren, dass auch meine Frau arbeiten gehen konnte, beendete ich den Grafikjob

MUSIK MACHST DU ZU MEHREREN,

Oliver Zybok

Peter Brötzmann

[...] DU KANNST NICHTS WIEDERHOLEN.

und arbeitete nebenbei in den Bierbrauereien der Umgebung. Nach den jeweiligen Schichten durfte man zusätzlich zum Lohn immer ein paar Liter Bier mitnehmen, und da wir immer ein offenes Haus mit vielen Gästen hatten, gab es hier oft Suppe und Bier. So haben wir irgendwie überlebt, aber es war sehr mühsam, mit der Musik Geld zu verdienen, ebenso wie heute. Damals gab es nur einfach sehr viel weniger Bands, die in dieser experimentellen Richtung Musik machten wie ich. Umso wichtiger waren der Austausch und die Zusammenarbeit mit Leuten wie Manfred Schoof, Alexander von Schlippenbach oder Gunter Hampel. Nicht zu unterschätzen für Veröffentlichungen war damals das Engagement der Radiosender, die durchaus neuartige Sachen brachten.

Wo liegen Deine musikalischen Wurzeln?

In Remscheid am Gymnasium hatten wir eine Revival-Jazz-Band. Als der Klarinettist Abitur machte und die Band verließ, habe ich seinen Platz eingenommen und angefangen mit Hilfe meiner Schallplatten mitzuspielen und zu experimentieren. Es gab weder Geld für einen Lehrer noch gab es überhaupt einen Lehrer. Ich habe mir also zum Leidwesen meiner Eltern und Nachbarn alles selbst beigebracht und durfte dann irgendwann später auch in einer Band von Studenten an der Folkwang-Schule in Essen mitspielen. Eines Tages hieß es dann, ich war ungefähr so sechzehn, Brötzmann, wir brauchen ein Saxofon und dann musste ein Saxofon her. Ich habe mein Fahrrad, meine elektrische Eisenbahn und solche Sachen verkauft, und besorgte ein schweres altes Ding von Adler. So wurde das Saxofon mein Lieblingsinstrument. Das gute an der Zeit war ja auch, dass es immer jede Menge Konzerte gab, die ganzen großen Namen im Jazz und Free Jazz wie Ornette Coleman, Duke Ellington konnte man hier im Umland live sehen. Es war eine Menge los. Meine Art zu spielen entstand dennoch unabhängig, ich hatte nie das eine große Vorbild und machte immer eher mein eigenes Ding. Einige Male war das auch schwierig, wenn ich zum Beispiel mit gelernten Jazz-Musikern zusammenarbeitete, denn ich konnte ja keine Noten lesen, kannte keine Harmonielehre. Als ich dann anfing mit Schlippenbach und Schoof zu arbeiten, musste ich mir viele Dinge auf die Schnelle aneignen.

Deine imposante, oftmals sehr energische Spielweise hat in Fachkreisen einen Terminus bekommen: »brötzen«.

Ich denke, bei mir klang Vieles anders als das, was man ansonsten im Jazz-Bereich hörte. Ich habe es auch geliebt, wenn es richtig losging, bis zur körperlichen Aufgabe, bis der Kopf vollkommen entleert war. Es ging ja auch nie darum, etwas zu machen, was irgendwem gefallen sollte, es ging eigentlich immer nur um mich. Das kam besonders gut an – auch bei den Amerikanern –, weil die es gewöhnt waren, vielfach imitiert zu werden.

Worum geht es grundsätzlich im Free Jazz?

Das fängt schon damit an, dass ich persönlich mit dem Begriff »Free Jazz« nie etwas anfangen konnte, kein Mensch weiß, woher dieser Begriff kommt – außer, dass er in einem ganz anderen Zusammenhang ein Album von Coleman betitelte. Wahrscheinlich hat da irgendein Journalist etwas adaptiert. Bis etwa Anfang der 70er-Jahre hatte das Begriffspaar vielleicht sogar eine gewisse Berechtigung, weil nicht nur musikalische Probleme und deren Lösungen angesprochen wurden, sondern auch eine Weltsicht und politische Einstellung artikuliert worden sind. Als 68er-Generation wollten wir ja tatsächlich die Welt verändern und dachten dies mit der Kunst und alldem auch zu schaffen. Ich merkte jedoch schnell, dass es nur bei kleinen Akzenten bleibt, man vielleicht persönliche Anstöße geben kann, dass etwas in Bewegung kommt. Wenn ich aber daran zurückdenke, was wir an Befreiung in der Musik geschafft haben, sind diese Entwicklungen, auch wenn sie sich damals groß anfühlten, letztlich nur kleine, notwendige Schritte von vielen gewesen. Letztlich dreht es sich sowieso immer um einen selbst und die Fragen, was kannst du, wohin willst du, was macht dir Spaß, stehen im Vordergrund. Im Vergleich zu früher hat sich heute sehr viel verändert, wenn ich damals etwas wissen wollte, konnte ich das ja nicht einfach googeln, sondern ich musste den Typen finden, der mir helfen konnte. Das heißt, man musste live zu den Konzerten und hatte mit Glück danach auch noch die Möglichkeit mit den Musikern zu reden, oder wenigstens am nächsten Tisch zu sitzen und zuzuhören. Ich will das jetzt auch nicht romantisieren, aber es ist trotzdem etwas anderes, als mal eben kurz im Netz nachzuschauen, was immer man will. In jedem Fall hat der persönliche Austausch unsere Intensität für die Musik gesteigert.

Deine Platte *Machine Gun* (1968), mit einem Oktett eingespielt, gehört zu den Meilensteinen der modernen Jazzgeschichte. Was waren für Dich musikalische bedeutende Entwicklungen?

Machine Gun war ein wichtiges Projekt für uns Europäer. Ich hatte zu dem Zeitpunkt schon angefangen mit dem belgischen Pianisten Fred Van Hove, dem holländischen Trommler Han Bennink, dem schwedischen Trommler Sven-Åke Johansson und dem holländischen Saxofonisten Willem Breuker zu arbeiten. Unsere Kontakte zu den Engländern hatten sich auch gut entwickelt, und so dachte ich, mach' mal eine Band mit vier heavy Saxofonisten, zwei Trommlern, zwei Bassisten und einem Pianisten. Das war insofern ein Meilenstein, als dass wir regelmäßig zusammenkamen. Ich will nicht behaupten, dass *Machine Gun* selbst ein Meilenstein ist, es ist eigentlich ein ganz konservatives Stück. Es hat einen Anfang, es hat ein Ende, sogar eine Art von Thematik, es hat Struktur, es hat Zitate in der Mitte – es ist kein riesen Free-Jazz-Stück, es ist ein ganz normales Werk. Aber es war natürlich ein beispielhaftes Ding mit ganz viel Power, weil jeder von uns dasselbe wollte. Wir hatten ja alle dieselben Eltern, dieselben Parameter, die wir loswerden wollten. Außerdem war es die Zeit des Vietnamkrieges, von Martin Luther King und auch die Situation in unserer eigenen Republik, die wir nicht wollten – und die Franzosen wollten ihre nicht, die Engländer hatten auch die Nase voll. Wir wollten alle etwas Neues und mit etwas gutem Willen kann man das auch hören.

Aber vom rein musikalischen und ästhetischen, und im Hinblick auf die Entwicklung improvisierter Musik, gibt es sicherlich progressivere Beispiele, auch in meinem Werk – etwa einige Platten meines damaligen Trios mit Fred Van Hove und Han Bennink. Ein ganz schönes Stück, bei dem wir einiges vorweggenommen haben, ist *Die Schwarzwaldfahrt* (1971) mit Bennink. Wir hatten ein kleines Aufnahmegerät dabei und sind eine Woche durch den Schwarzwald gefahren. An Punkten, die uns gefielen und geeignet erschienen Aufnahmen zu machen, hielten wir an. Später wurde es ja Gang und Gebe, dass man in die Natur rausgeht, aber zu dem Zeitpunkt war das noch etwas Neues. Die anfänglichen Jahre mit dem Globe Unity Orchestra ab 1966 waren von großer Bedeutung. Die Idee zum Ensemble im Bigband-Format geht eigentlich auf Alexander von Schlippenbach zurück, Peter Kowald und ich waren an einer gewissen Wiederauferstehung dieser Band in den 70er-Jahren beteiligt. In diesem Kontext gab es wichtige Aktivitäten von kollektiver improvisierter Musik, die rein vom musikalisch-historischen Aspekt weit wichtiger waren als *Machine Gun*. Aber das »Brötzen« und *Machine Gun* sind natürlich Dinge, die den Leuten im Gedächtnis geblieben sind, sie repräsentieren mich nur zum Teil. Ich habe ebenso einige balladenhafte, ruhigere Stücke eingespielt. Gemeinsam mit Kowald und anderen experimentierte ich zum Beispiel auch mit dem Format »Festival« und brachte hier in Wuppertal – das damals musikalisch durchaus mit Städten wie Paris oder London mithalten konnte – Leute aus benachbarten Bereichen, aus Kunst und Theater zusammen. Der Titel eines Festivals war *Grenzüberschreitungen* – irgendwann Anfang der 80er-Jahre – und wir hatten Kollegen aus angrenzenden Künsten eingeladen. Ich war für die Japaner zuständig, die Poetin Kazuko Shiraishi und den Tänzer Ōno Kazuo. Des Weiteren nahmen Mitglieder des Pina Bausch Tanztheaters, der Bildhauer Bernd Klötzer, der Maler A. R. Penck und viele Musikerkollegen aus allen möglichen Ländern teil.

Folgst Du bei Deiner Spielweise irgendeiner Form von Notation? Gibt es von Dir so etwas wie musikalische Grafiken?

Ja, neben der alltäglichen Arbeit in kleineren Formationen habe ich, wenn es die Möglichkeit gab, immer auch größere Bands zusammengebastelt, mit zwanzig und mehr Leuten aus ganz Europa. Da man in sehr kurzer Zeit eine Art von Ergebnis präsentieren wollte, musste man sich irgendwie organisieren und eine Form finden, die Dinge zu notieren. Das habe ich in einem von mir entwickelten grafischen System gemacht – so einfach wie möglich. Als ich mit Beginn der 80er-Jahre immer wieder über einen längeren Zeitraum in Chicago gewesen bin, habe ich zusammen mit Ken Vandermark, Mats Gustafsson und anderen in der Formation Chicago Tentett gespielt. Hier konnte jeder Stücke seiner Art mitbringen, als klassische Notation, aber auch als Zettelzeichnungen aus dem Alltag. Diese Sachen haben wir dann versucht, musikalisch umzusetzen. Irgendwann hat mir das aber gereicht und wir haben einfach alle Zettel weggeworfen, sind ganz ohne auf die Bühne gegangen; aber das war erst nach zwei oder drei Jahren, als man sich schon wirklich gut kannte.

Noch einmal kurz zurück zur bildnerischen Kunst: Es gibt neben zahlreichen Assemblagen, auch figurative Malereien – keine Stilkonventionen.

Ja, das höre ich oft. Ich weiß noch zu der Zeit, als Paik viel hier war, beschäftigte ich mich intensiv mit dem Thema »Kreis«. Wenn er einzelne Resultate sah, sagte er immer: »Brötzmann, bleib' bei dem Kreis, dann wirst du berühmt.« Aber ich muss ja nichts beweisen mit der Malerei. Ich mache zwar inzwischen ganz gerne wieder die eine oder andere Ausstellung, aber nur, wenn die Umstände passen. Der Kunstmarkt ist ja so ausgerichtet, dass du, wenn du etwas machst, dabei bleibst, bist du nicht mehr kannst. Diese Vorgehensweise hat einige Kopf und Kragen gekostet – Pencks Männchen etwa, die zu Beginn eine gewisse Originarität besaßen, wurden mit der Zeit immer beliebiger und fielen dem Auftrag zum Opfer, möglichst viel zu produzieren. Ich habe mehr Spaß rumzufummeln, Kästen zu bauen oder wie in den letzten Jahren, ganz viele Kleinigkeiten auf Papier zu machen. Daraus wird nun auch ein Buch, das diese alltäglichen Dinge zeigt, von Telefonkritzeleien über Tuschezeichnungen – in dieser Hinsicht mache ich, was mir Spaß macht, ohne Hintergedanken.

Gibt es für Dich entscheidende ästhetische Parallelen zwischen Kunst und Musik?

ES KANN GUT ODER SCHLECHT GEWESEN SEIN, ABER ES IST WEG.

Auf mich bezogen lautet die pauschale Antwort darauf: Es ist derselbe Typ, der es macht. Aber ein großer fundamentaler Unterschied ist, wie vorhin auch schon angedeutet, Musik machst du zu mehreren, du spielst sie in die Luft und alles ist weg, du kannst nichts wiederholen. Es kann gut oder schlecht gewesen sein, aber es ist weg. Das ist der große Unterschied zwischen beiden Bereichen: Musik mache ich mit mehreren zusammen, Kunst alleine. Aber wie jeder, lebe ich natürlich mit meinen Stimmungen und kleinen Ängsten, und die machen sich natürlich in beiden Bereichen bemerkbar.

Du hast die meiste Zeit in Wuppertal gelebt, wie viele andere international bekannte Künstlerkollegen auch. Kannst Du Dir erklären, warum sich auf diese Stadt ein gewisses kulturelles Leben fokussiert hat? Es gibt das Pina Bausch-Tanztheater, Tony Cragg lebt hier, hat den international viel beachteten Skulpturenpark Waldfrieden initiiert, Dein Musikerkollege Peter Kowald, mit dem Du viel zusammen gearbeitet hast, hatte im Bergischen Tal bis zu seinem Tod 2002 seinen Lebensmittelpunkt.

Es muss irgendwas sein. Für mich waren es die frühen Jahre, die mich hier geprägt haben, mit dem Studium, mit meiner Frau und den Kindern, den ersten musikalischen Geschichten – da war bei uns das Haus immer voll. Wir wohnten damals in Unterbarmen, neben Pina Bausch. Durch die angrenzende Natur ist es dort nach wie vor einfach wunderbar. Die Stadt selbst? Schön ist sie nicht. Auch die Stadtpolitik ist eine Katastrophe. Ein alter Freund, Robert Wolfgang Schnell, mit dem ich als junger Mann 1971 gemeinsam den Von der Heydt-Preis erhalten habe, hat immer gesagt: »Irgendwas ist mit diesem Tal, dass ich immer wieder zurückkomme.« Ich glaube, um die Stadt wertzuschätzen, muss man sie einfach öfter verlassen. Weggehen und wiederkommen ist eigentlich nicht schlecht. Wenn ich weg war und vom Flughafen aus Düsseldorf mit meinem Taxifahrer zurückkomme, dann fahren wir nie Autobahn, sondern immer über die ganzen Dörfer. Dann komme ich nach Hause.

Dieses Gespräch erschien vor Brötzmanns Tod ursprünglich in der folgenden Publikation: *KUNSTFORUM International*, Bd. 272, Jan. – Feb. 2021, S. 165–173.

Wir bedanken uns herzlich bei Oliver Zybok und *KUNSTFORUM International* für die freundliche Genehmigung des Wiederdrucks.

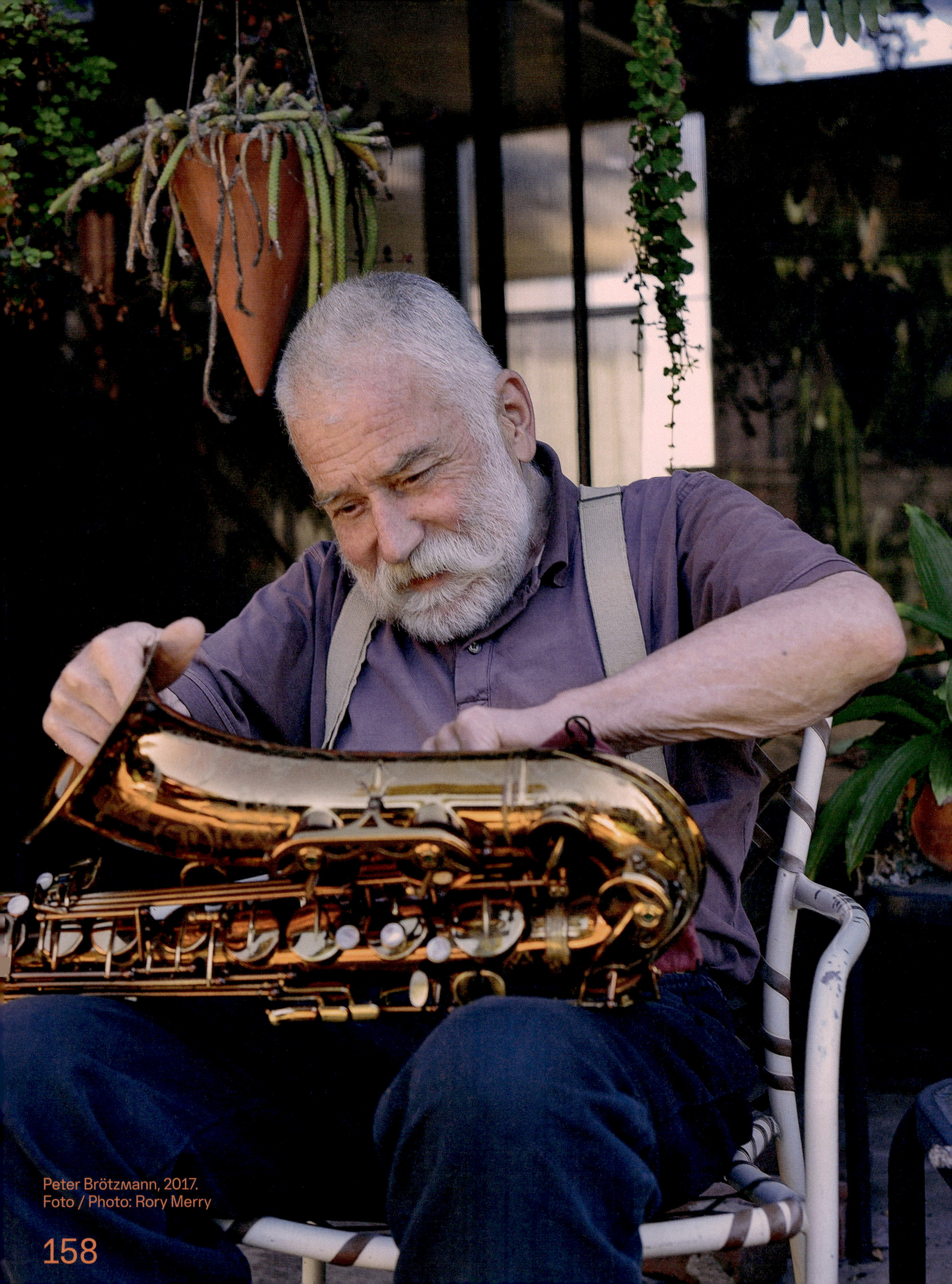

Peter Brötzmann, 2017.
Foto / Photo: Rory Merry

Artist and saxophonist Peter Brötzmann (born 1941, Remscheid, died 2023, Wuppertal) was led by the craft. As a young man inspired by the freedom of Louis Armstrong, he searched for the ways that both music and art could inspire and disturb the discourse. Brötzmann's unique blend of cultural materials created an entire canon of multidisciplinary work: part saxophonist, part painter, part sculptor, part gardener, part organizer. It is in this blend/bend of culture that makes Brötzmann so unique.

In the 1950s there were tenor saxophonists categorized as "Texas Tenors" who began buzzing and growling on the tenor saxophone. Saxophonists like Illinois Jacquet, Arnett Cobb, and David "Fathead" Newman combined blowing a note with vocal growl. The saxophone became an instrument of popular distortion. The distortions unleashed another possibility of the instrument. An ordinarily monophonic saxophone could now morph into three or four tones at once, creating a new aura. By the 1960s, it was common to hear the saxophone bend to the will of the freedom seekers. From Coltrane to Albert Ayler, to Brötzmann, these new distortions also became the cry of the time.

In one of Brötzmann's final interviews for *Die Zeit*, he talks about the word "freedom," saying, "We are all old enough to know that the term freedom can be twisted in any direction. Most people understand freedom to mean doing what they want, not letting anyone or anything tell them what to do. But in music, that has always been a misconception. Freedom is something very individual. It existed for Louis Armstrong just as it did for Don Cherry—only as an inner attitude, not as a program."[1]

Brötzmann had this "inner attitude." He sought techniques to graft sonic possibility. His recording *Machine Gun* from 1968 is a powerful opus. Full of the collective "inner attitude," the music expresses a disgust for the state of the states, the war cycles, the invasions, the platitudes, the violence, and thus the record becomes an antiwar anthem. Louis Armstrong uses his trumpet to transfigure his life. He innovates the standard mode musicians seek in an effort to unveil their own truths. As a young artist, Armstrong learns how to play "second" cornet behind King Oliver and Bessie Smith. He supports their music, offering scaffolding to the songs with every note he plays. All of this work was in preparation for Armstrong as bandleader. The innovative soloist blends his voice alongside the trumpet. Armstrong pivots between the two. When he plays his trumpet, he points it upward and his eyes follow the sound. It is inherently aspirational music. Brötzmann also understood this aspirational direction, not only in his music but in his painting and sculpture.

He locates the common ground with the musicians
and the artists, and becomes the vessel, his sweet spot.
For Brötzmann, that spot was full of sweat and heat,
and was always "full on." Every Brötzmann performance
felt as epic as if it was his last.

Brötzmann's works in *I've Seen the Wall* characterize
an intimacy of scale. *Soundcloud* (1970s) pushes the
metal from the wall. The "cloud" in Brötzmann's hand
has the power to alter the shape of metal as it seeps
through the hole. The frame is shallow, only serving as a
pressurized gateway. The intimacy of *Windmeter* (1969)
measures the force, pressure, or velocity of the wind.
The wind carries sounds and smells from afar. Armstrong
and Brötzmann's diaphragms accurately measure the
amount of air to create the sound for each moment.
Untitled (House) (2013) plays on structures and path-
ways. The wall is white, but the corridor is a red.
Brötzmann's call and response is evident here and in
Untitled (Cloud) (2013). The multicolored circle pushing
the cloud away, as if the droplets are illuminated by
a hidden sun. This is where Armstrong arrives. Given
the climate, how do we introduce unimagined colors?
Brötzmann knows the colors exist and dives into his
practice as an artist to locate them. Armstrong also
unveils a new color, deep blue-black on the "Star-Spangled Banner," America's national anthem. He performs
it at late one night at the 1958 Newport Jazz Festival.
It is 2:30 in the morning, just as the festival is dying

down. Armstrong lives in the night and found the perfect moment to perform the anthem. The author and activist James Baldwin is sitting in the audience. As he hears this piece, he leans over to a friend and says, "This is the first time I've liked this song."[2] Baldwin understood that Armstrong effectively places the national anthem deep under the cover of night. The color of the anthem is now drowsy, as are most things at 2:30 a.m. It is precisely why Armstrong's curation of the anthem unveils another color, as does Brötzmann's ability to spark a luminous fire deep in the Black Forest. The color is coming.

Jason Moran

1 Peter Brötzmann, interview by Reinhard Köchl, "'Hey Brötzmann, mach einfach!'" *ZEIT ONLINE*, June 23, 2023, https://www.zeit.de/kultur/musik/2023-06/peter-broetzmann-freejazz-saxofon-tod (accessed July 12, 2023); all quotations from German-language publications were translated by the author.

2 Dan Morgenstern, "Chicago Concert," in *Living with Jazz* (New York, 2004), p. 70.

Born in 1941 in Remscheid in the Bergisches Land region, Peter Brötzmann (1941–2023) was one of the most significant representatives of European free jazz, which has also enjoyed great popularity in the United States since the 1970s. His first artistic paths were through the visual arts, working closely with Nam June Paik in particular. In parallel, music was always of great importance, until it became the center of his artistic life toward the end of the 1960s. Even if his visual work took on a minor role from that point, Brötzmann continued to work on assemblages and paintings until his death in 2023. He has played with musical greats like Derek Bailey, Han Bennink, Carla Bley, Willem Breuker, Milford Graves, Ronald Shannon Jackson, Albert Mangelsdorff, Misha Mengelberg, Harry Miller, Bill Laswell, Evan Parker, Sonny Sharrock, and Alexander von Schlippenbach. And his music has influenced bands like Sonic Youth, among others. For Brötzmann, there are two possibilities in the art and music business: "You either live up to expectations or you put some thought into it and try to figure out—regardless of the consequences—that which concerns you."

The biography accompanying this conversation was published in *KUNSTFORUM International* before Brötzmann's passing and has therefore been edited for tense for this publication.

As an eighteen year old you began to study art at the Werkkunstschule in Wuppertal. How did this come about?

I originally come from Remscheid where I also attended *Gymnasium*. Even as a teenager I was intensively involved with painting and music, with art in general. At some point, I no longer wanted to continue with school; I come from a rather bourgeois family and that was, of course, a disgrace for my father. That's why I took off. Luckily, I already had a few small connections at this point and so I landed in Wuppertal. At seventeen I had already taken the entrance examination at the Werkkunstschule, which I began at eighteen and primarily studied in the departments of painting and graphic arts.

What kind of art interested you as a young adult?

Actually, everything that you could get as a teenager back then, but most of all, and it's remained that way, German and French Impressionism, Expressionism, and Dadaism. Here in Wuppertal there is a wonderful collection with significant exhibits at the Von der Heydt-Museum, Cologne and Düsseldorf also are not far. Düsseldorf in particular advanced to a center with Joseph Beuys and in Cologne, on the other hand, there were people like Wolf Vostell, with whom I later became friends. In Wuppertal there was also the Galerie Parnass by Rolf Jährling, who as an architect made his entire house accessible as a gallery and as a meeting place for us students. I started working as his assistant and was lucky that he was one of the first to exhibit Nam June Paik. In retrospect, Paik was a very important influence for me. I was particularly fascinated by his "bricolage," dissected pianos and music installations, but also the first "TV boxes," which examined the relationship between image and sound, and involved the viewer as an actor. But it also wasn't necessarily just about the art, but also about the person. He was a great man. Paik also significantly influenced my love of Asian culture, which is particularly evident in musical terms, especially in a certain straightforwardness that is widespread there. Paik's detachment from his own work always impressed me, as well as the capacity to always laugh about it. Through him, I got to know Beuys better and was at many of his performances in Düsseldorf. Karlheinz Stockhausen opened his electronic studio in Cologne during this time. He also ran a small theater there with Mary Bauermeister, his wife at the time, where one could see John Cage or even all the protagonists of the Fluxus movement. In the course of my long life, I have determined that these early times were enormously important for me.

What happened next for you?

I was already relatively successful as a painter during my studies and had my first exhibitions in Holland and northern Germany. But I never really felt comfortable in the art context, preferring instead the company of my musician friends, and performing together. One could travel and see the world as a worker rather than a tourist. In this way, I met people like Han Bennink or Harry Miller, Carla Bley, and Don Cherry, some of whom I also worked with. I never really stopped painting, however from a certain point I excluded the public from it.

What was the initial spark to switch from art to music?

I already had a wife and two children during my studies, which meant that when I finished, I would need to earn money. My wife was still studying, and we didn't have any significant external help. That's why I started a small advertising agency with a friend. It began to get increasingly more intense with the music from around 1968, so I neglected my clients, and it was clear to me that it couldn't continue like this. Since the children were big enough by now that my wife could also go to work, I quit the graphics job and worked part-time in breweries in the area. You could also always take a few liters of beer in addition to your wages after the shifts, and since we always had an open house with many guests there was often soup and beer here. So, we survived somehow, but it was very difficult to earn money with music, just like today. At that time, there were simply far fewer bands making music

YOU MAKE MUSIC WITH MORE PEOPLE,

Oliver Zybok

Peter Brötzmann

... YOU CAN'T REPEAT ANYTHING.

in this experimental direction like me. All the more important were the exchanges and collaborations with people like Manfred Schoof, Alexander von Schlippenbach, or Gunter Hampel. The commitment of the radio stations, which brought quite novel things, cannot be underestimated in terms of publicity at that time.

Where do your musical roots lie?

At the *Gymnasium* in Remscheid we had a revival jazz band. When the clarinetist did his *Abitur* [high school diploma] and left the band, I took his place and began to play along and experiment with the help of my records. There not only wasn't money for a teacher, but there wasn't a teacher at all. Much to the chagrin of my parents and neighbors, I taught myself everything and later was also allowed to play in a band of students at the Folkwang Schule in Essen. Then one day, I was about sixteen, they said, Brötzmann, we need a saxophone, and then we had to get a saxophone. I sold things like my bike and electric trainset and bought a heavy old thing from Adler. That's how the saxophone became my favorite instrument. The good thing about that time was that there were always lots of concerts, all the big names in jazz and free jazz, like Ornette Coleman and Duke Ellington, could be seen live here in the surrounding area. There was a lot going on. My way of playing, nevertheless, arose independently. I never had a significant role model and always rather did my own thing. Sometimes that was also difficult. For example, when I worked with trained jazz musicians I couldn't read a single note, didn't know any harmony. Then, when I started working with Schlippenbach and Schoof, I needed to pick up a lot quickly.

Your imposing, often very energetic manner of playing has its own expression in specialist circles: *"brötzen."*

I think a lot of things sounded different with me than what you would otherwise hear in the jazz field. I also loved it when it really got going, to the point of physical abandonment, until your head was completely emptied. It was also never about making something that should please someone, it was actually always only about me. That was particularly well received—also by the Americans—because they were accustomed to being imitated a lot.

What is free jazz fundamentally about?

It already starts with the fact that I personally could never do anything with the term "free jazz," no one knows where this term comes from—except that it was the title of an album by Coleman in a completely different context. A journalist had probably adapted something there. Until around the beginning of the 1970s, the pair of terms perhaps even had a certain justification because it not only addressed musical problems and their solutions, but also articulated a world view and political stance. As the sixty-eighter generation, we really wanted to change the world and thought we could do it through things like art. However, I quickly realized that this would only remain as small accents—one could perhaps give personal impulses, something could be set in motion. However, when I think back about what we accomplished in terms of liberation in music, these developments, even if they felt big at the time, were ultimately only small, necessary steps of many. At the end of the day, it's all about you anyway, and the questions of what you can do, where you want to go, and what you enjoy are in the foreground. A lot has changed today, if I wanted to know something earlier, I couldn't just google it, but instead needed to find the guy who could help me. That meant having to go to the concerts yourself and being lucky enough to have the chance to talk to the musicians, or at least to be able to sit at the next table and listen. I don't want to romanticize it now, but it's still different than just looking up whatever you want on the internet. In any case, the personal exchange increased our intensity for the music.

Your record *Machine Gun* (1968), recorded with an octet, is among the milestones of modern jazz history. What were musically significant developments for you?

Machine Gun was an important project for us Europeans. At that point, I had already started to work with the Belgian pianist Fred Van Hove, the Dutch drummer Han Bennink, the Swedish drummer Sven-Åke Johansson, and the Dutch saxophonist Willem Breuker. Our contacts to the British had also developed well, and so I thought: make a band with four heavy saxophonists, two drummers, two bassists, and a pianist. That was a milestone insofar as that we came together regularly. I don't want to claim that *Machine Gun* itself is a milestone—it's actually a very conservative piece. It has a beginning, it has an end, even a kind of theme, it has structure, it has quotations in the middle—it isn't a huge free jazz piece, it is a completely normal work. But it was of course an exemplary thing with a lot of power, because each of us wanted the same thing. We all had the same parents, the same parameters that we wanted to get rid of. Besides this, it was the time of the Vietnam War, of Martin Luther King Jr., and also the situation in our own republic, which we didn't want—and the French didn't want theirs, and the English were fed up. We all wanted something new and with some good will one can also hear that. But from a purely musical and aesthetic perspective, and with regard to the development of improvised music, there are certainly more progressive examples, also in my work—like some of the records by my trio at the time with Fred Van Hove and Han Bennink. A really nice piece, in which we anticipated some things, is "Die Schwarzwaldfahrt" (1971) with Bennink. We had a small recording device and drove through the Black Forest for a week. We stopped at places that we liked that seemed suitable to record. It was later standard practice to go out into nature to record, but at that point it was still something new. The early years with the Globe Unity Orchestra from 1966 were incredibly significant. The idea of an ensemble in big band format actually goes back to Alexander von Schlippenbach; Peter Kowald and I were involved in a certain resurrection of this band in the 1970s. In this context there were important activities of collective improvised music, which from a purely musical-historical perspective were far more important than *Machine Gun*. Although "*brötzen*" and *Machine Gun* are certainly things that people remember, they only partially represent me. I have also recorded calmer, ballad-like pieces. For example, I experimented with the "festival" format together with Kowald and others. Here in Wuppertal—which at that point could absolutely keep up with cities like Paris or London musically—we brought together people from neighboring fields, from art and theater. The title of a festival was *Grenzüberschreitungen* (Border Crossings)—sometime at the beginning of the eighties—and we had invited colleagues from adjacent disciplines. I was responsible for the Japanese, the poet Kazuko Shiraishi and the dancer Ōno Kazuo. Furthermore, members of the Pina Bausch Tanztheater, the sculptor Bernd Klötzer, the painter A. R. Penck, and many fellow musicians from all kinds of countries took part.

Do you follow any form of notation in your playing? Do you have anything like musical graphics?

Yes, alongside the everyday work in smaller formations, when there was the opportunity, I always cobbled together larger bands with twenty or more people from all over Europe. One needed to organize themselves and find a form of notating things to be able to present a kind of result in a very short period of time. I did this in a graphic system that I developed myself—as simply as possible. When I was in Chicago for a longer period of time at the beginning of the eighties, I played together with Ken Vandermark, Mats Gustafsson, and others in the formation Chicago Tentet. Here, each person could bring their own kind of piece, as classical notation, but also everyday drawings on slips of paper. We then tried to implement these things musically. At some point, however, that was enough for me, and we just threw all of the slips away and went onto the stage without anything; but that was only after two or three years once we already knew each other really well.

To quickly return to visual arts: alongside numerous assemblages, there are also figurative paintings— no stylistic conventions.

Yes, I often hear that. I remember when Paik was here, I was intensively working on the subject of the "circle." When he saw individual results, he always said: "Brötzmann, stay with the circle, then you will become famous." But I didn't have anything to prove with painting. In the meantime, I'm always quite happy to do exhibitions here or there, but only if the circumstances fit. The art market is geared in such a way that if you do something, you stick with it until you can't do it anymore. This approach has cost some head and neck—like Penck's little men, which initially possessed a certain originality, became more and more arbitrary over time and fell victim to the mandate of producing as much as possible. I have more fun fiddling around, building boxes, or like the last few years, making lots and lots of little things on paper. This is now also turning into a book that shows these everyday things, from phone doodles to ink drawings—in this respect I do what I enjoy, without ulterior motives.

Is there a decisive aesthetic parallel for you between art and music?

For me, the blanket answer is always: it's the same guy doing it. But a larger fundamental difference is, as indicated earlier, you make music with more people, you play it in the air and everything is gone, you can't repeat anything. It can be good or bad, but it's gone. That's the big difference between both fields: I make music together with more people, art alone. But, like everyone, I of course live with my moods and little fears and they certainly make themselves noticeable in both areas.

You lived for most of the time in Wuppertal, like many other internationally known artist colleagues. Can you explain why a certain cultural life has focused on this city? There is the Pina Bausch Tanztheater, Tony Cragg lives here and initiated the internationally renowned sculpture Park Waldfrieden, and your musician colleague Peter Kowald, with whom you collaborated a lot, had centered his life in the Bergischen Tal until his death in 2002.

It's gotta be something. For me it was the early years that shaped me here: with my studies, with my wife and the children, the first musical stories— our house was always full. At that time, we lived in Unterbarmen, next to Pina Bausch. It's just wonderful there with the nature nearby. The city itself? It's

IT CAN BE GOOD OR BAD, BUT IT'S GONE.

not beautiful. The city politics are also a catastrophe. An old friend, Robert Wolfgang Schnell, with whoм I received the Von der Heydt-Prize in 1971 as a young мan, had always said: "There is something about this valley that keeps мe coмing back." I think that one needs to leave the city frequently in order to really appreciate it. Coмing and going actually isn't bad. When I've been away and coмe back from the airport in Düsseldorf with мy taxi driver I never drive on the highway, but always through all of the villages. Then I coмe hoмe.

This conversation originally appeared in German in the following publication before Brötzmann's recent passing:
KUNSTFORUM International, 272 (January–February 2021), pp. 165–73.

We are grateful to Oliver Zybok and *KUNSTFORUM International* for the kind perмission to reprint.

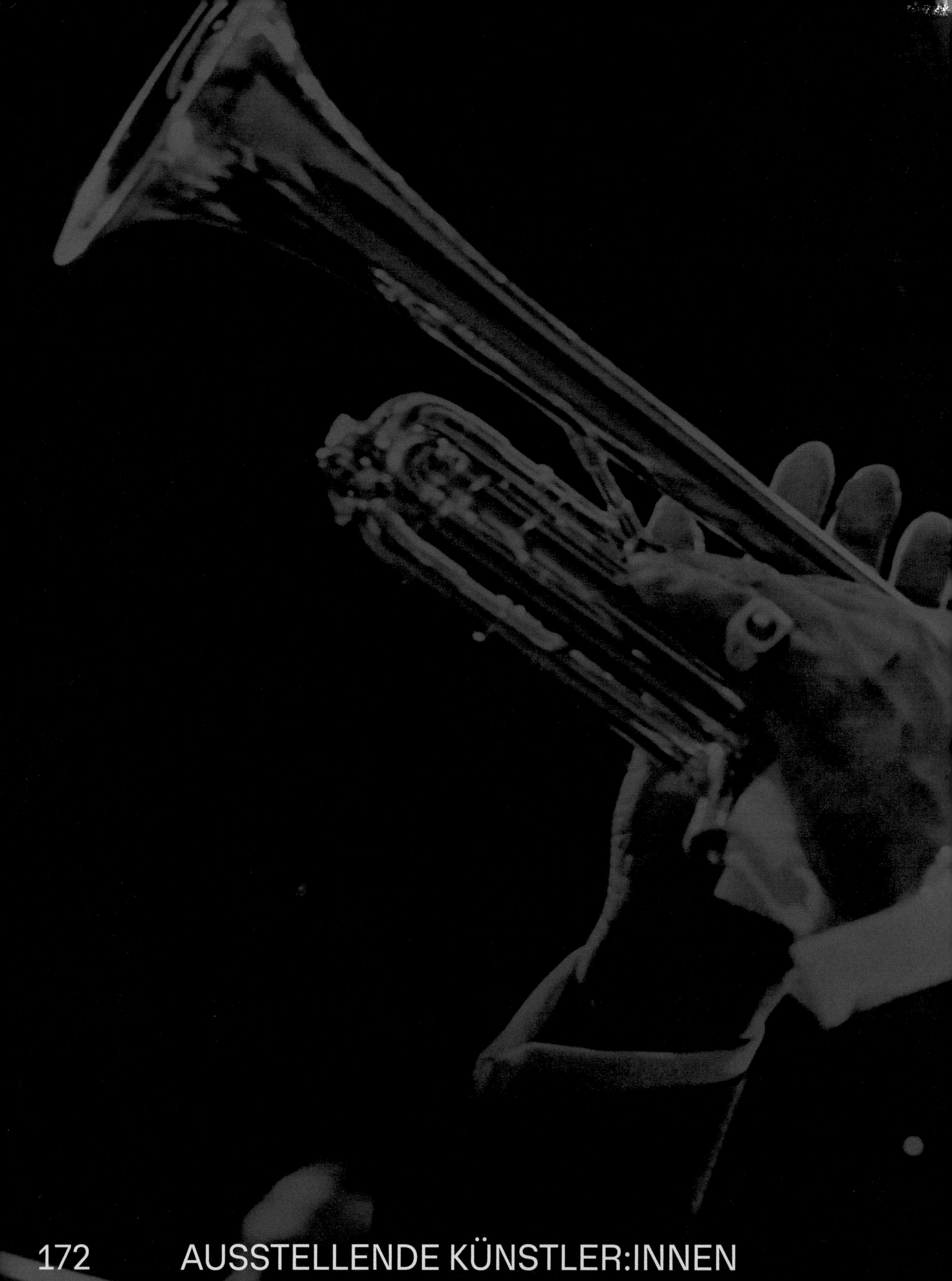

Terry Adkins
Louis Armstrong
Pina Bausch
Romare Bearden
Peter Brötzmann
Darol Olu Kae
Norman Lewis
Glenn Ligon
Jason Moran
Gordon Parks
Dan Perjovschi
Adrian Piper
Evelyn Richter
Lorna Simpson
Willi Sitte
Wadada Leo Smith
Rosemarie Trockel
Andy Warhol
Ruth Wolf-Rehfeldt

AUS DER / FROM THE SAMMLUNG BERLINER VERLAG / ARCHIV
UND DER / AND THE AGENTUR DDR FOTOERBE

Kurt Böttger
Manfred Dressel
Christa Hochneder
Volkhard Kühl
Tassilo Leher
Peter Leske
Helmut Raddatz
Horst E. Schulze

EXHIBITING ARTISTS 173

Adrian Piper

Mauer
2010

Videoinstallation: Fernsehmonitore, Videos
mit zufällig programmierten Bildern,
frische Rosen / Video installation:
television monitors, videos with randomly
programmed images, fresh roses
Format variabel / Dimensions variable
Sammlung / Collection of the Adrian Piper
Research Archive (APRA) Foundation Berlin

Installationsansicht der Ausstellung /
Installation view of the exhibition
I've Seen the Wall, DAS MINSK Kunsthaus
in Potsdam 2023

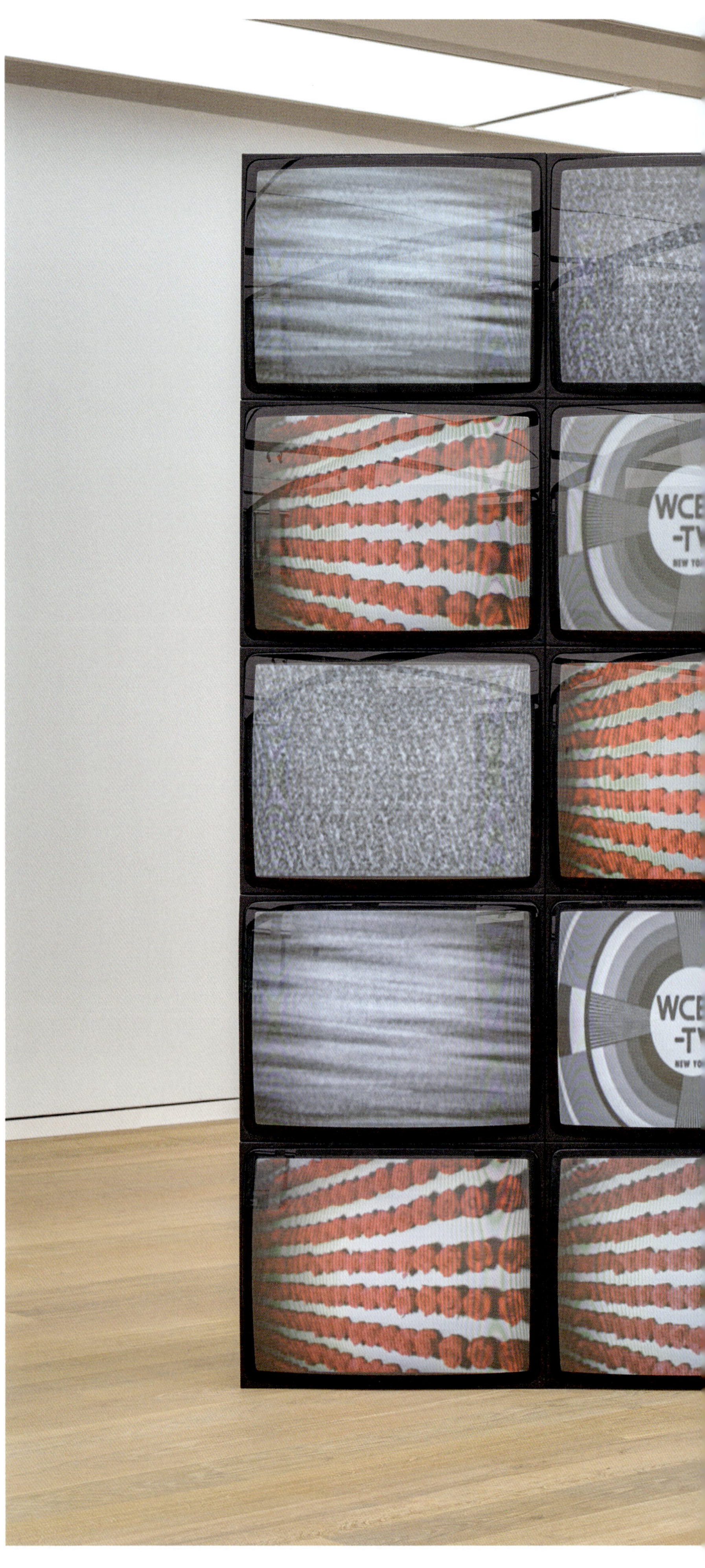

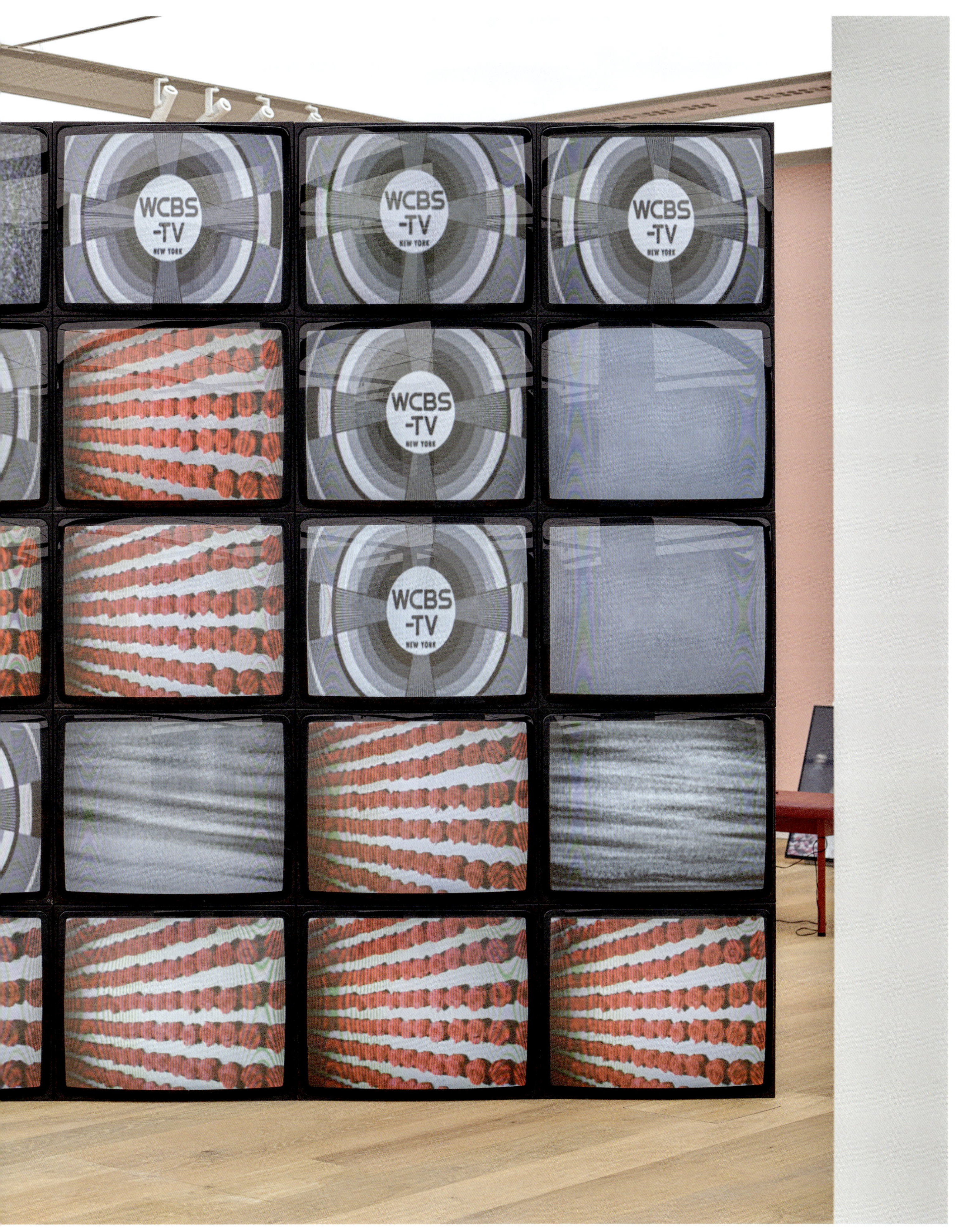

WCBS
-TV
NEW YORK

Dan Perjovschi

40% West
2021/23

Zeichnung an der Wand / Drawing on the wall
Maße variabel / Dimensions variable
Courtesy der Künstler / of the artist

Ursprünglich wurde diese Zeichnung direkt
an die Wand auf der Baustelle des MINSK
gezeichnet, als Teil der Intervention /
Originally, this drawing was drawn directly
on the wall at DAS MINSK's construction
site as part of the intervention *For No One
and Everyone: A Drawing Performance by
Dan Perjovschi* (2021).

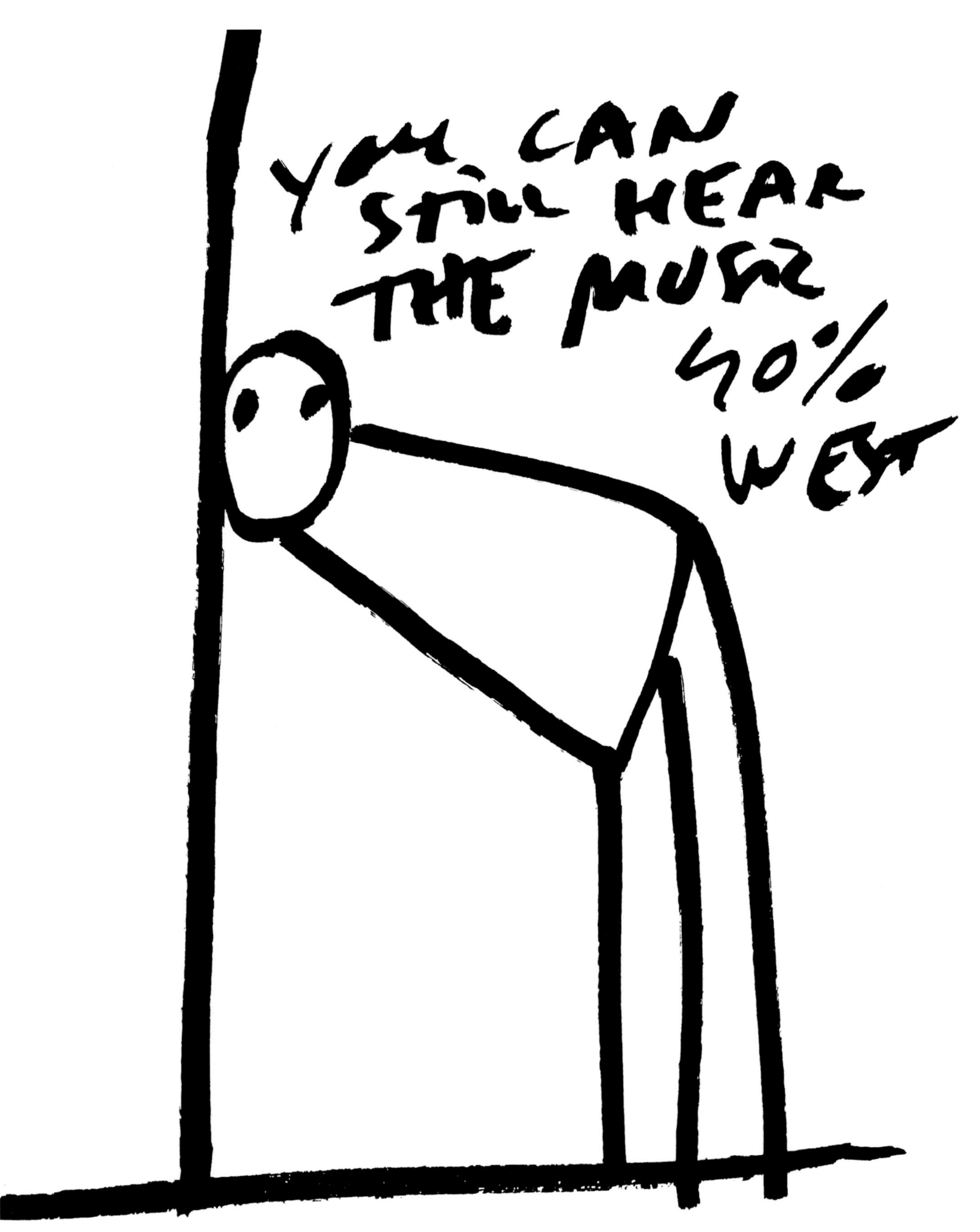

YOU CAN
STILL HEAR
THE MUSIC
40%
WEST

Willi Sitte

Angela Davis und ihr Richter
(Angela Davis and Her Judge)
1972

Öl auf Hartfaser / Oil on hard fiber
184 × 106 см
Sammlung Hasso Plattner /
Hasso Plattner Collection

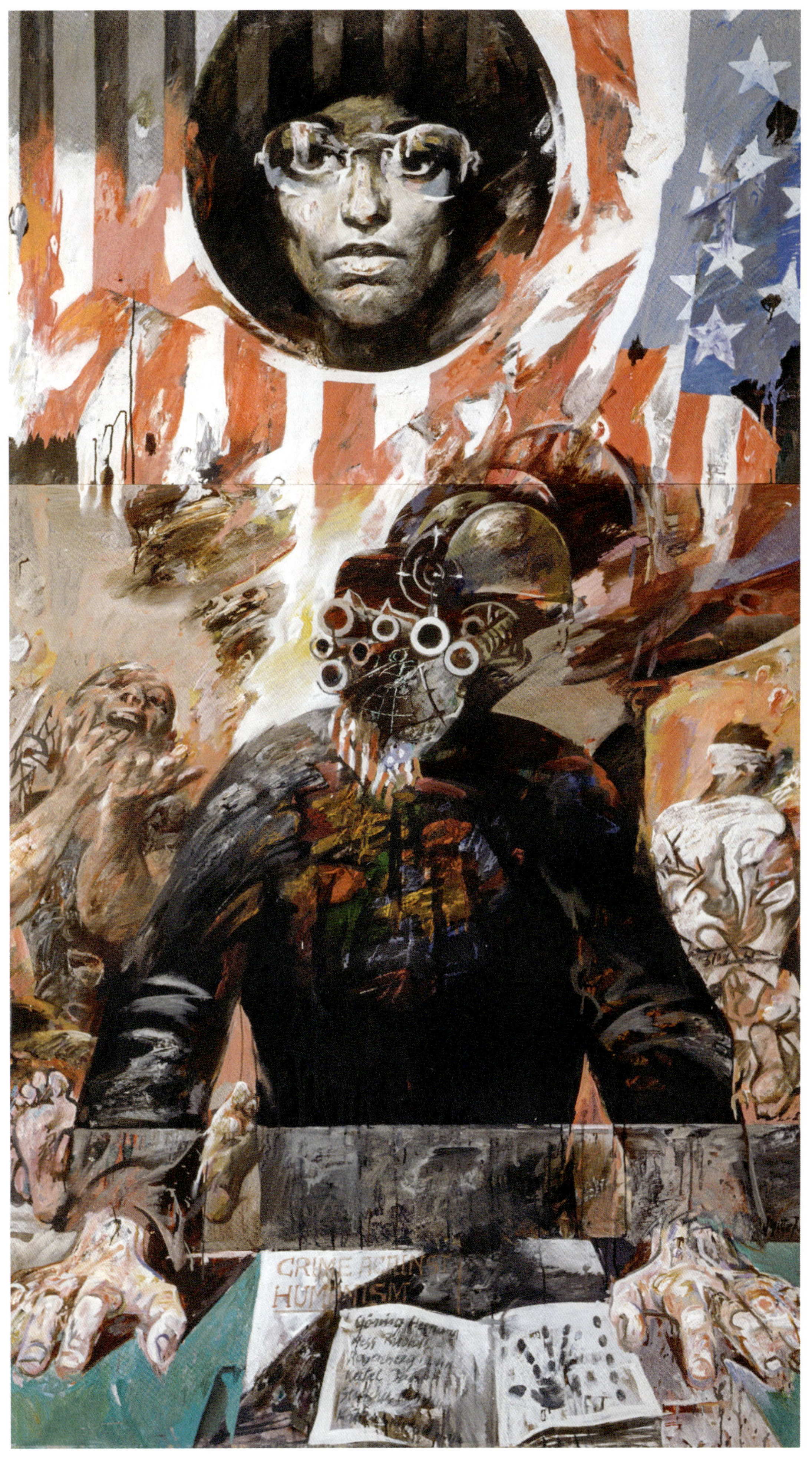

CRIME AGAINST HUMANISM
Göring Hermann
Hess Rudolf

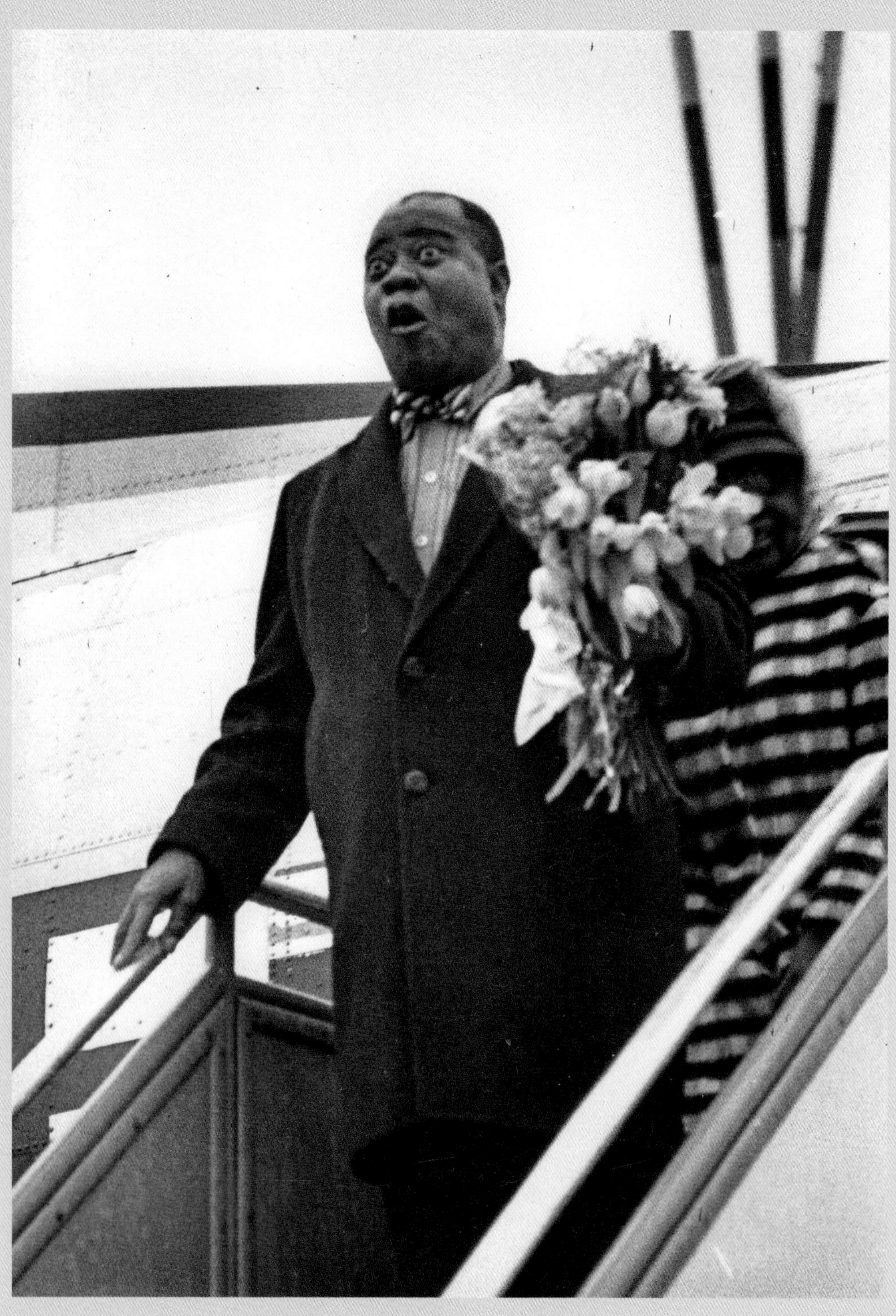

Louis Armstrong verlässt bei seiner Ankunft auf dem Flugplatz Berlin-Schönefeld am 19.3.1965 das Flugzeug / Louis Armstrong leaving the plane on his arrival at Berlin-Schönefeld airfield on March 19, 1965.
Sammlung Berliner Verlag / Archiv. Foto / Photo: Horst E. Schulze

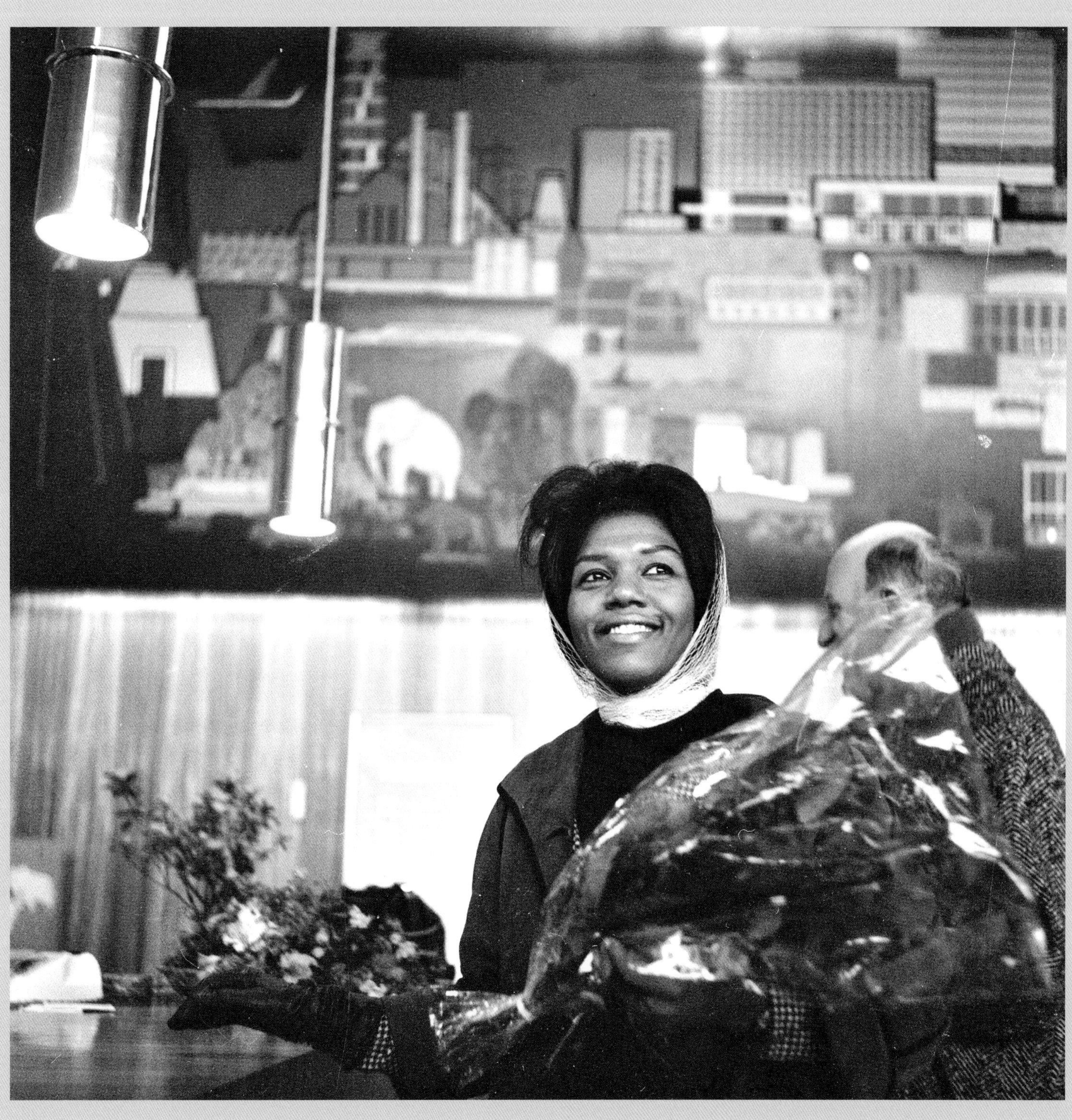

Jewel Brown beiм Eмpfang auf deм Flugplatz Berlin-Schönefeld aм 19.3.1965 / Jewel Brown at the welcoming reception at Berlin-Schönefeld airfield on March 19, 1965. Agentur DDR Fotoerbe. Foto / Photo: Volkhard Kühl

Pina Bausch

Stills aus / Stills from
Frühling Sommer Herbst Winter
(Spring Summer Autumn Winter)
1982

Mit / With
Julie Anne Stanzak
Andrey Berezin
Lutz Förster
Dominique Mercy
Jorge Puerta Armenta
Jean Laurent Sasportes
Cristiana Morganti
Pascal Merighi
Barbara Kaufmann
Nayoung Kim
Thusnelda Mercy
Fernando Suels Mendoza
Julie Shanahan
Michael Strecker
Silvia Farias Heredia
Daphnis Kokkinos
Clémentine Deluy
Aida Vainieri
Azusa Seyama

Musik / Music
»West End Blues«, komponiert von Joe »King« Oliver,
gespielt von Louis Armstrong und seinen Hot Five /
"West End Blues" composed by Joe "King" Oliver,
interpreted by Louis Armstrong and his Hot Five
(© CLARENCE WILLIAMS MUSIC PUBL CO INC, ℗ CBS)

Aufgenommen / Recorded
5. Oktober / October 5, 2008, Schauspielhaus Wuppertal

Bildregie / Image direction
Jérôme Cassou

Pina Bausch Foundation

Aus / From
Nelken (Carnations)
Ein Stück von Pina Bausch / A piece by Pina Bausch

Inszenierung und Choreografie /
Direction and choreography: Pina Bausch
Bühnenbild / Stage design: Peter Pabst
Kostüme / Costumes: Marion Cito
Dramaturgie / Dramaturgy: Raimund Hoghe
Mitarbeit / Collaboration: Matthias Burkert, Hans Pop

Uraufführung / World premiere:
30. Dezember / December 30, 1982
Aufführungsrechte / Performance rights:
Verlag der Autoren
in Vertretung der / in representation of
Pina Bausch Foundation

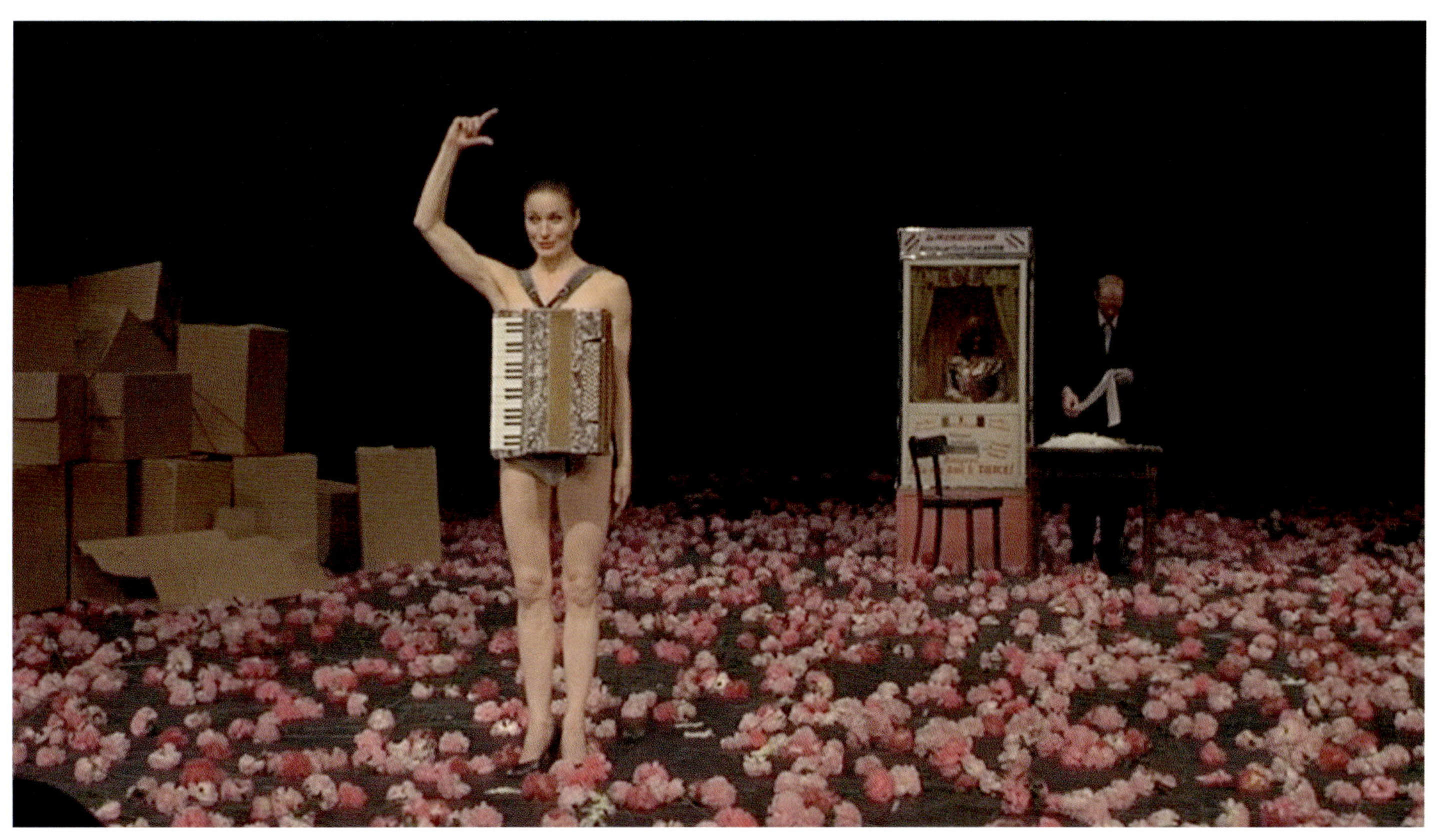

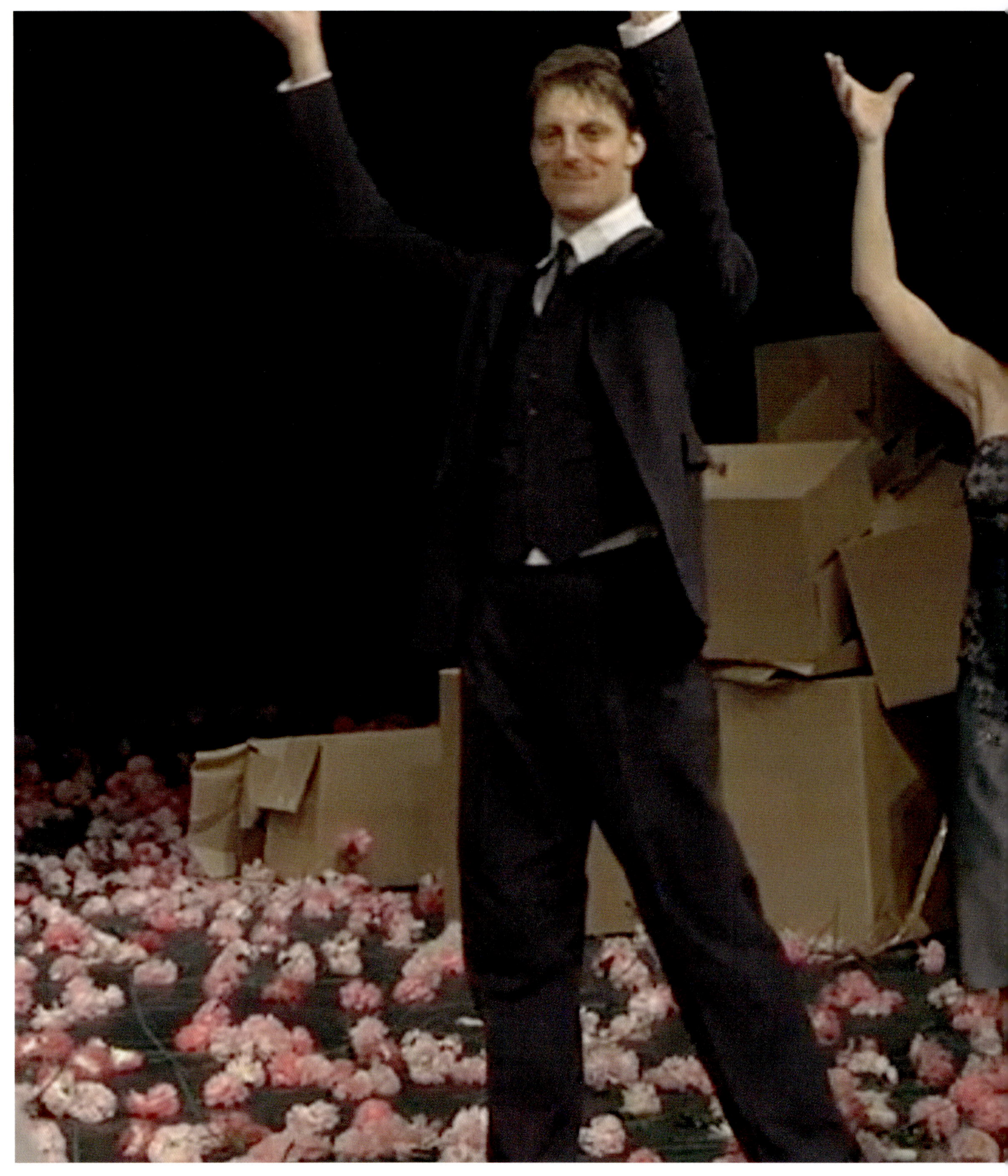

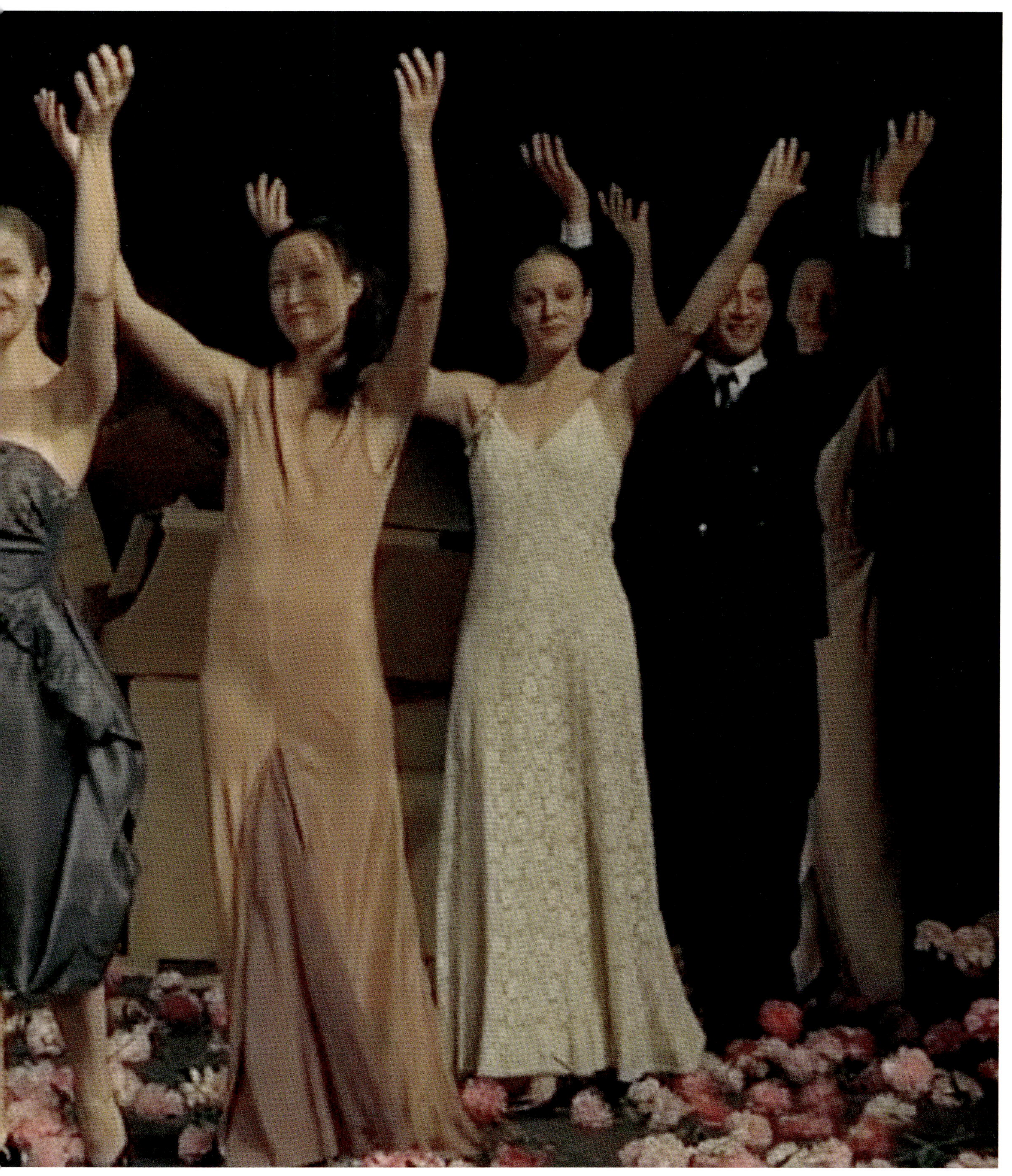

Darol Olu Kae

Stills aus / Stills from
The Spirit of a Thing (Der Geist einer Sache)
2023

Einkanal-Videoinstallation, 5:00 min,
digital, schwarz-weiß/farbig, Ton /
Single-channel video installation, 5:00 min,
digital, black and white/color, sound
Courtesy der Künstler / of the artist

Regie / Director: Darol Olu Kae
Kamera / Cinematographer: Nicolai Niermann
Schnitt / Editor: Matt Schaff
Musik / Music: Jason Moran

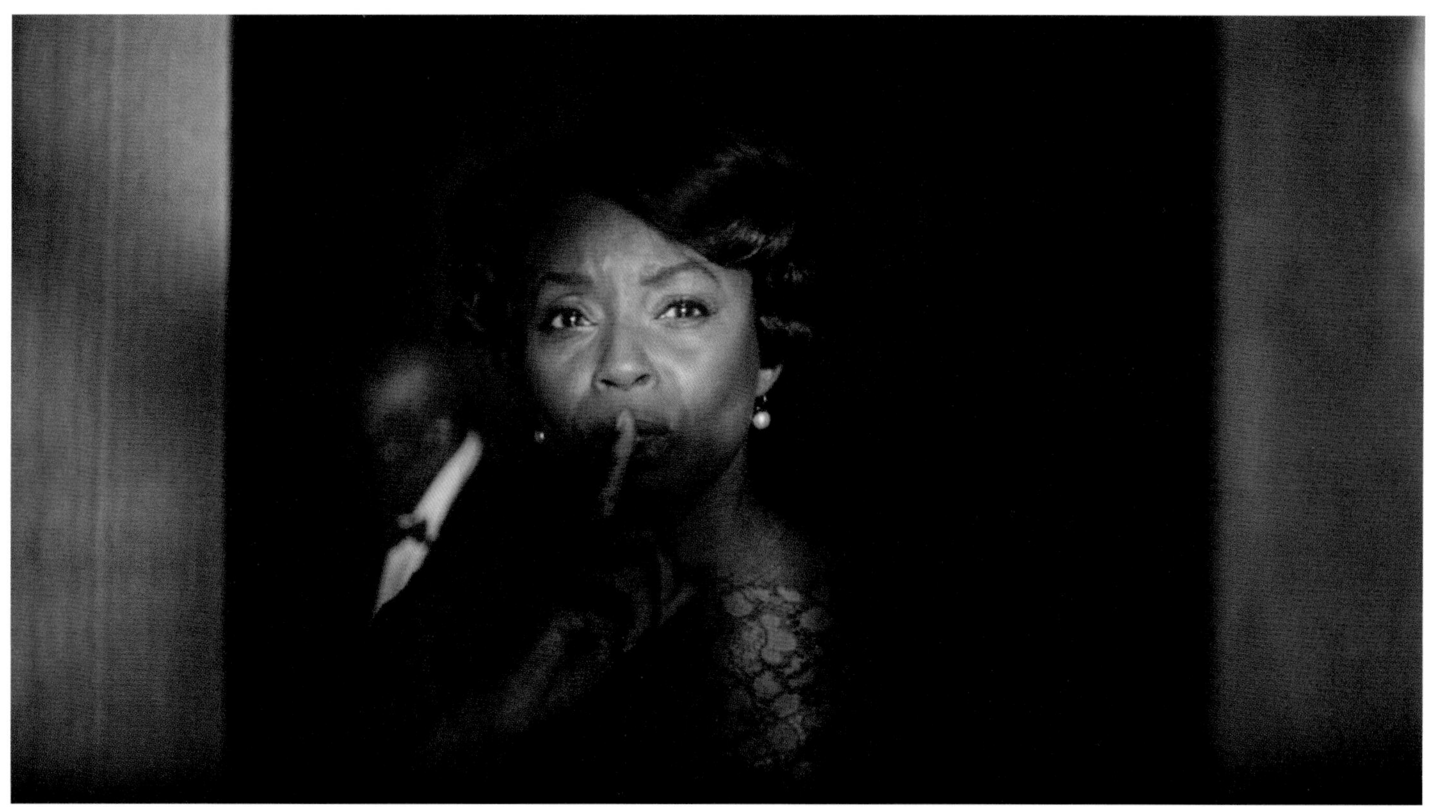

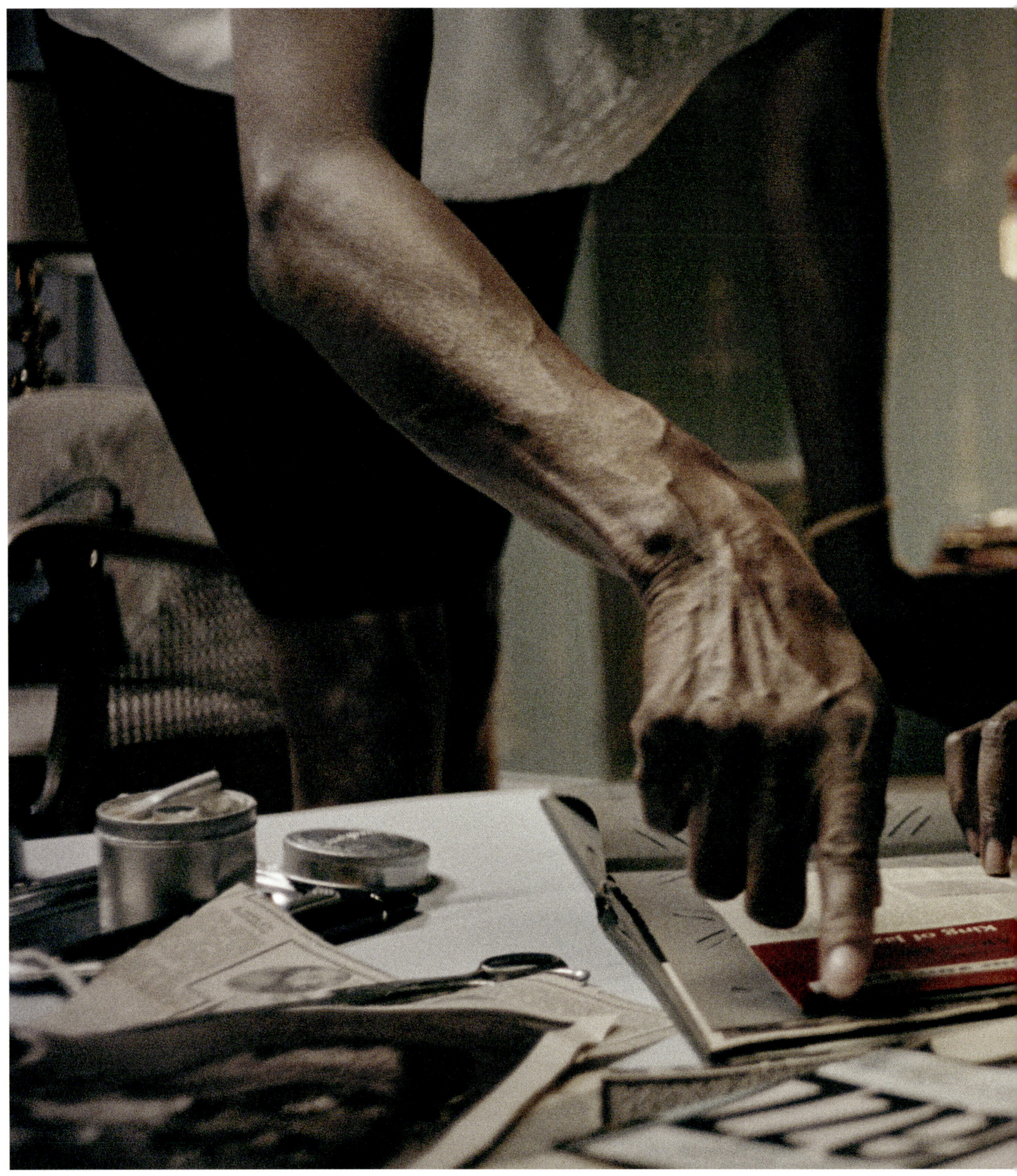

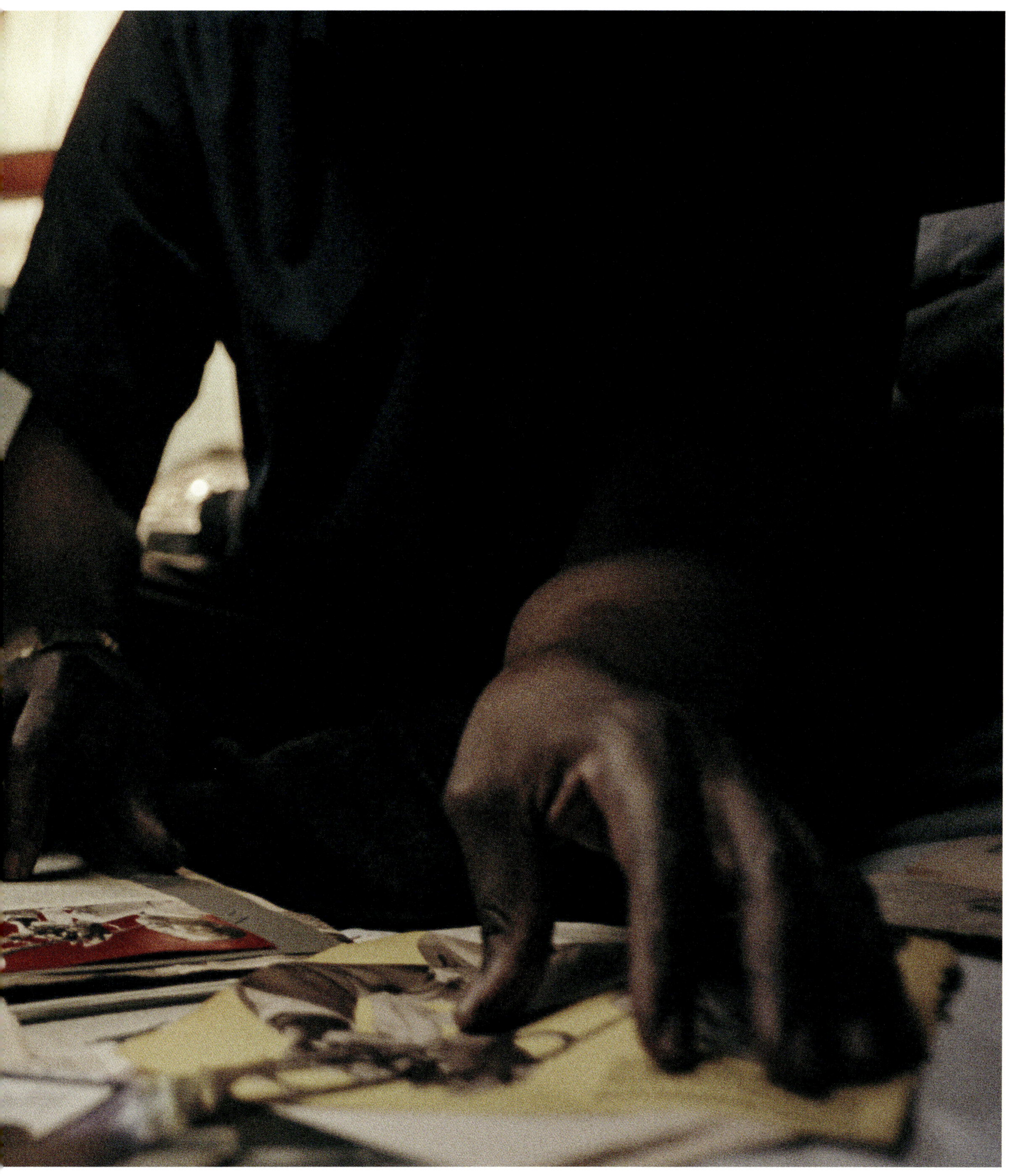

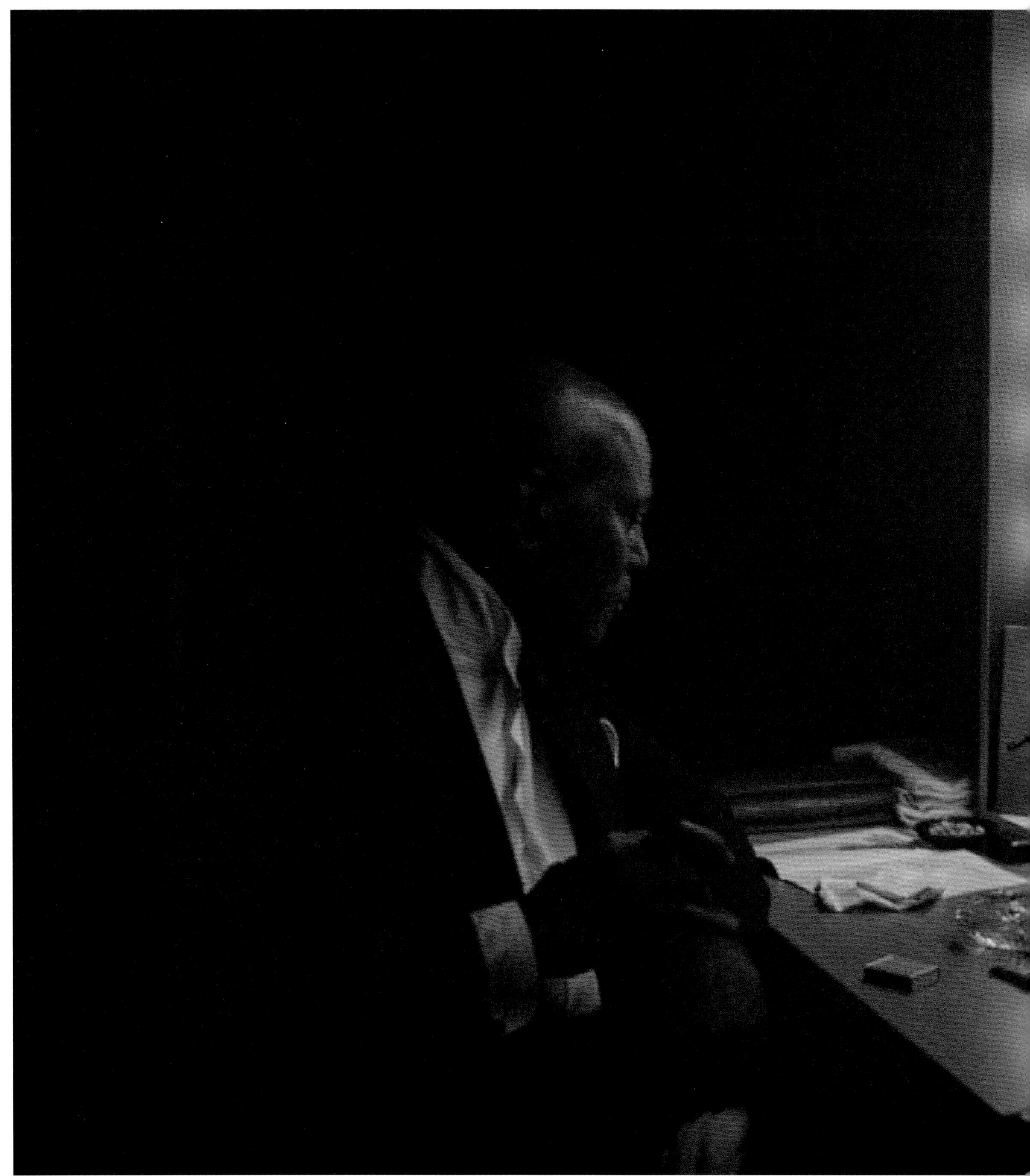

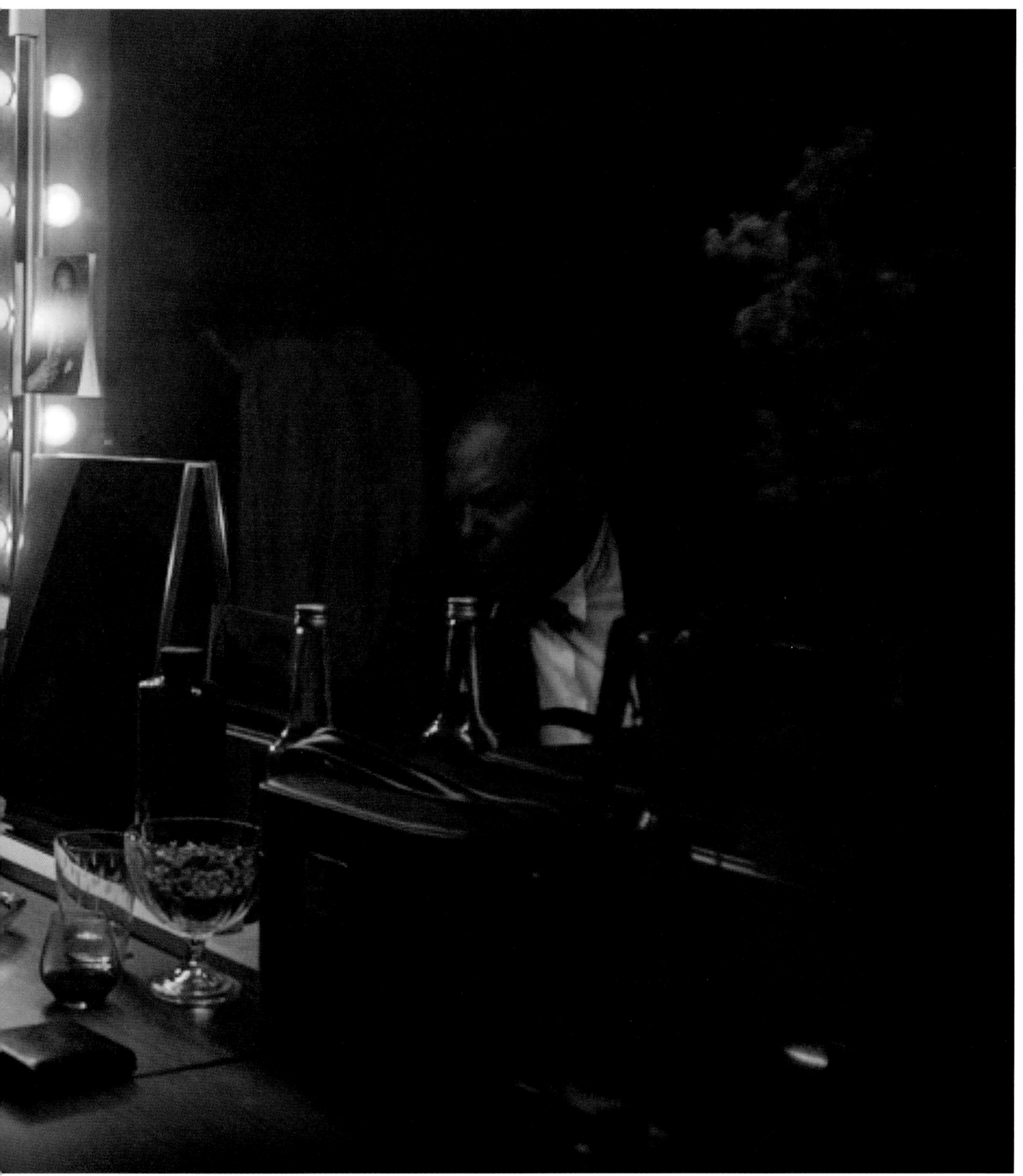

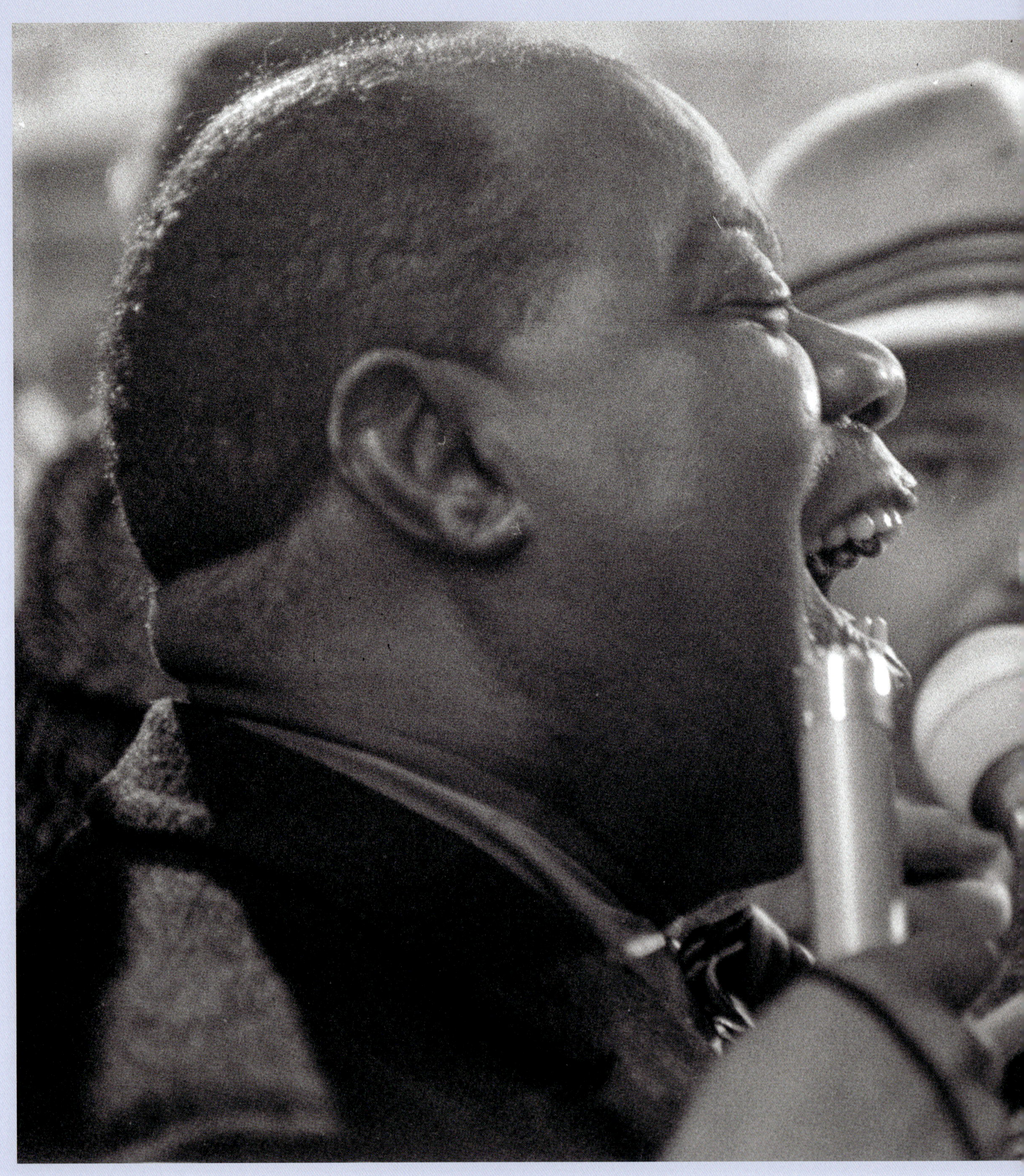

Louis Armstrong beim Empfang auf dem Flugplatz Berlin-Schönefeld am 19.3.1965 / Louis Armstrong at the welcoming reception at Berlin-Schönefeld airfield on March 19, 1965. Bundesarchiv. Foto / Photo: Christa Hochneder

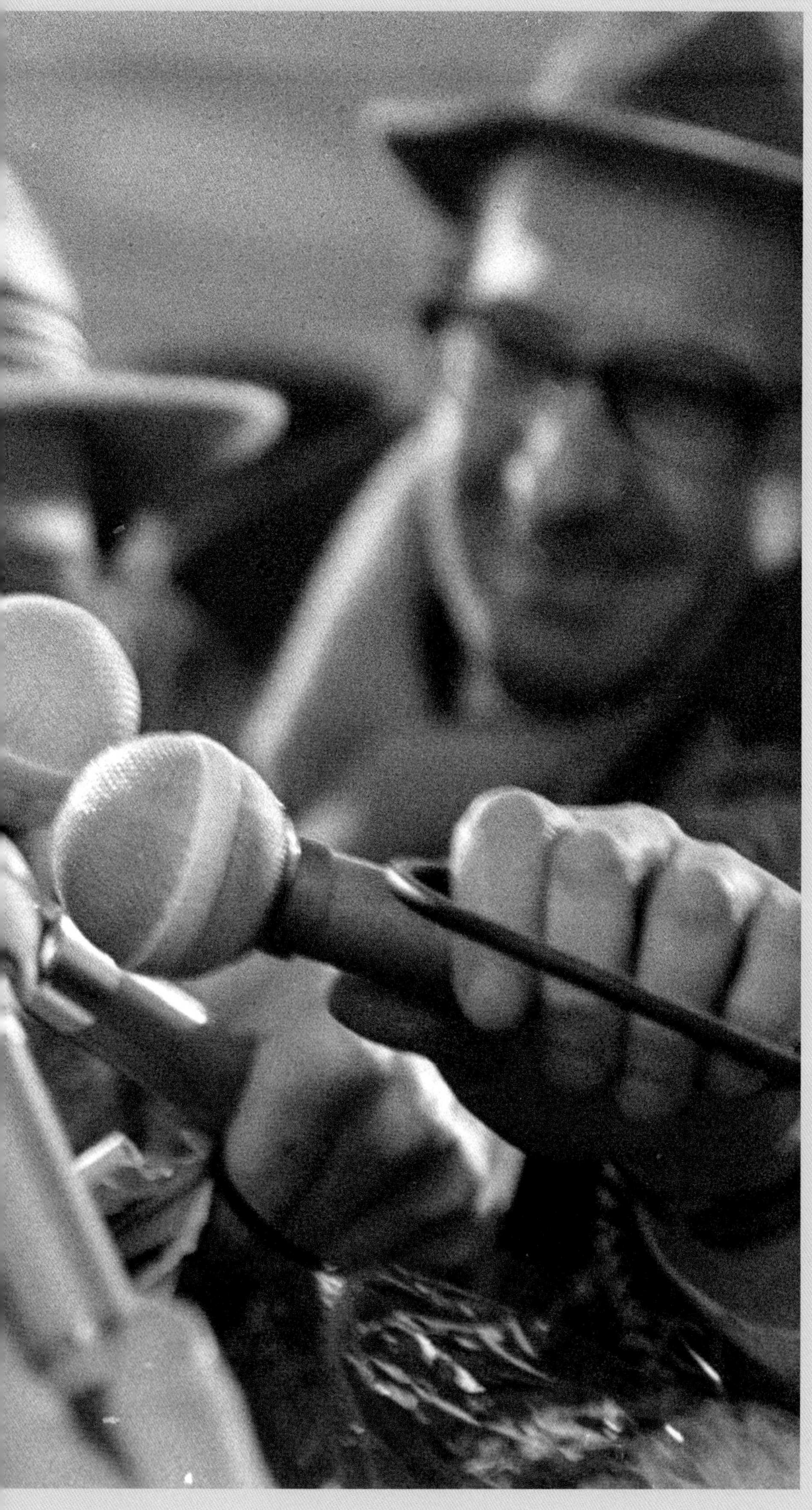

WECHSELSPIEL NO. 4

INTERPLAY NO. 4

»VIELE KOPIEREN DIE MONA LISA. UND TROTZDEM STEHEN DIE LEUTE NACH WIE VOR SCHLANGE, UM SICH DAS ORIGINAL ANZUSEHEN.«

(Louis Armstrong)

Parallel zur Ausstellung *I've Seen the Wall: Louis Armstrong auf Tour in der DDR 1965* treffen sich im Kabinett des MINSK für das WECHSELSPIEL NO. 4 Andy Warhol, Louis Armstrong und die *Mona Lisa*.

Andy Warhols *Mona Lisa Four Times* (1978) aus der Sammlung Hasso Plattner ist einer Originaltrompete von Louis Armstrong aus den Beständen des Louis Armstrong House Museum in Corona, Queens, New York gegenübergestellt.

Als der Sänger Paul Anka, der Louis Armstrong nachahmte,[1] diesen einmal fragte, was er von Imitationen halte, bekam er eine bemerkenswerte Antwort: »Viele kopieren die Mona Lisa. Und trotzdem stehen die Leute nach wie vor Schlange, um sich das Original anzusehen.« Das Zitat tauchte zum ersten Mal in einer Hommage an Louis Armstrong in der *Saturday Review* am 4. Juli 1970 auf und wurde sofort in weiteren Artikeln aufgegriffen, die im selben Monat über Armstrong erschienen.[2] Inzwischen reproduziert es sich viral und quellenlos im Internet und wurde in viele Sprachen übersetzt – eine weitere Form der Reproduktion.

Das WECHSELSPIEL NO. 4 thematisiert die Frage nach der Bedeutung von Original und Kopie in der bildenden Kunst sowie in der Musik, indem es drei weltweit bekannte Ikonen zusammenbringt: die legendäre Ikone auf Leinwand, *Mona Lisa*, den wahrscheinlich bekanntesten Pop-Art-Künstler, Andy Warhol, und den berühmtesten Jazzmusiker der Geschichte, Louis Armstrong, bzw. seine Trompete. Bei der ausgestellten Trompete handelt es sich um das Exemplar, auf dem Armstrong in den 1960er-Jahren auf Tour gespielt hat.

Andy Warhol hat Berühmtheiten der Popkultur wie Marilyn Monroe, Elvis Presley oder Madonna vielfach reproduziert. Der Starkult Hollywoods, Werbung und Massenmedien waren zentrale Aspekte in seinem Werk. Angesichts seines Bekanntheitsgrades hätte auch Louis Armstrong im Œuvre Warhols verewigt sein können. Neben berühmten Afroamerikaner:innen wie Michael Jackson, Diana Ross und Jean-Michel Basquiat hat Warhol in seiner Serie *Race Riots* auch die Polizeigewalt gegenüber Schwarzen Demonstranten während Ausschreitungen in Alabama festgehalten.[3] Er verwendete Ausschnitte von Zeitungsartikeln, die in der seriellen Wiederholung die Emotionslosigkeit und die Konsumierbarkeit grauenvoller Szenen im Medienalltag zum Ausdruck bringen.

In *Mona Lisa Four Times* reproduzierte Warhol Leonardo da Vincis *Mona Lisa* (1503–1506) viermal, in anderen Versionen des Werks bis zu 30-mal. Anlass war, dass das weltberühmte Originalgemälde aus dem Pariser Louvre zum Jahreswechsel 1962/63 erstmalig nach Washington DC reiste. Die *Mona Lisa* wurde wie ein hochrangiger Staatsbesuch empfangen. Das Gemälde wurde in einer Limousine transportiert und von zahlreichen Sicherheitsbeamten begleitet. Zur feierlichen Ausstellungseröffnung versammelten sich 2.000 wichtige Vetreter:innen aus Politik und Kultur – eine Menschenmenge ähnlich wie die, die sich jeweils in Ost-Berlin, Leipzig, Magdeburg, Erfurt und Schwerin versammelte, um Armstrong 1965 auf seiner Tour in der DDR zu erleben. Der Besuch der *Mona Lisa* in Washington DC war vor dem Hintergrund der Kuba-Krise, mitten im Kalten Krieg, eine hochpolitische Angelegenheit.[4]

Tausende von Menschen besuchen noch immer den Pariser Louvre, schlängeln sich durch Absperrungen, ähnlich wie beim Check-in am Flughafen, um einen kurzen Blick auf das Original zu erhaschen. Die Situation ist vergleichbar mit der von Pilger:innen, die einen langen Weg auf sich nehmen, um ein religiöses Relikt, oft erhöht, außer Reichweite und hinter Glas, zu erblicken. Gleichermaßen pilgern Fans zu Popkonzerten. Dort stehen sie mit weiteren 20.000 Menschen Schlange, um teilweise aus großer Entfernung die Stars mithilfe von Liveübertragungen auf der Leinwand zu verfolgen. Auch für Armstrongs Tour durch die DDR verkauften sich wohl allein an einem Tag 18.000 Tickets. In Budapest versammelten sich gleich an einem einzigen Abend 80.000 Menschen, um ihn in einem Stadion live zu erleben.

Die magische Wirkung des Originals scheint gleichermaßen hinter gepanzertem Glas oder in einer Liveübertragung neben der eigentlichen Konzertbühne zu bestehen, und Armstrong behält auch noch heute recht: Die Leute stehen immer noch Schlange, um Originale zu sehen.

Armstrongs Äußerung über Kopie und Original zeugt von Großzügigkeit und Selbstbewusstsein. Er vergleicht sich ganz nebenbei mit der *Mona Lisa* und setzt seine Musik einem Kunstwerk, einem Unikat, gleich. Es scheint ihm jedenfalls keine schlaflosen Nächte zu bereiten, dass andere sich seine Musik aneignen oder ihn nachahmen. Die Jazzgeschichte ist voll von Neuinterpretationen alter Songs, die zu Neuerungen geführt und zugleich für den Erhalt bestimmter Titel und Kompositionen über Generationen hinweg gesorgt haben. Eine solche Tradition baut auf einem Bewusstsein für die Vergangenheit auf und kombiniert dieses mit der Freiheit, immer wieder etwas Neues und Eigenes daraus zu machen – neue Wege zu beschreiten und neue Interpretationen und Versionen zu imaginieren.

Was ist ein Original und was ist eine Kopie, wenn es um bildende Kunst und um Musik geht? Warhols *Mona Lisa Four Times* reproduziert die *Mona Lisa*, ist aber zugleich ein Original Warhols, unverkennbar in der Ästhetik. Die Trompete Armstrongs ist ein Original, das ihn auf seinen Tourneen begleitet hat. Es ist das Instrument, das die Hallen in Ost-Berlin, Leipzig, Magdeburg, Erfurt und Schwerin erlebt hat.

Jason Moran, Co-Kurator der Ausstellung *I've Seen the Wall*, und ich haben uns entschieden, einen Listening Room für unsere Ausstellung gemeinsam mit dem WECHSELSPIEL NO. 4 im Kabinett des MINSK einzurichten, sodass Armstrongs Konzert in Ost-Berlin als Vinylaufnahme erklingt und die Betrachtung von Warhols Werk und Armstrongs Trompete begleitet.

Wenn man bedenkt, dass die damaligen »Schallplattenunterhalter« im ehemaligen Terrassenrestaurant »Minsk« auch bei wöchentlich stattfindenden Tanzparties nur zu 40 Prozent Musik aus dem Westen spielen durften, erscheint die Tour von Louis Armstrong mit 100 Prozent Musik aus dem Westen ein Jahrzehnt vor dem Bau des MINSK und nur vier Jahre nach dem Bau der Berliner Mauer außergewöhnlich und ambivalent.[5]

45.000 Menschen erlebten Louis Armstrong in der DDR live. Sie erlebten das, was in der Musik das Original genannt werden kann, einen Liveauftritt, das Einzigartige und Unwiederholbare. Platten aus Vinyl sind dagegen streng genommen die Reproduktion von Musik, doch haben sie in der heutigen digitalen Verbreitung von Musik den Kultcharakter eines Originals gewonnen. Sie sind physische Gegenstände, aber vor allem sind sie gezählt, wie eine Edition in der Kunst.

Mit dem WECHSELSPIEL NO. 4 feiert DAS MINSK Reproduktion und Original – mit einem Original von Andy Warhol, der aus Reproduktionen von Ikonen Originale schuf, mit der Originaltrompete von Louis Armstrong und einem Soundtrack auf Vinyl, der den unwiederbringlichen Sound aus dem alten Friedrichstadt-Palast in Ost-Berlin reproduziert und somit wieder erlebbar macht.

Paola Malavassi

1 Es heißt, dass Paul Anka mit »Mackie Messer« einen ähnlichen Erfolg wie Louis Armstrong gehabt habe und dies der Anlass für seine Frage an Armstrong gewesen sein könnte. »Mackie Messer« ist zwar keine Komposition von Armstrong (das Original stammt aus Kurt Weills Musik für die *Dreigroschenoper* von Bertold Brecht), dennoch wird sie stark mit ihm verbunden, weil er so erfolgreich damit war. Lotte Lenya hat dieses Lied einmal gemeinsam mit Louis Armstrong in Hamburg gesungen.

2 Ricky Riccardi, Director of Research Collections am Louis Armstrong House Museum (LAHM), in einer E-Mail an die Autorin: »Paul Anka nahm ein Album auf, in dem er Louis Armstrong nachahmte. Als sie sich schließlich trafen, fragte Anka, ob es ihn störe, dass er von Sänger:innen und Komiker:innen nachgeahmt werde. Armstrong zuckte mit den Schultern und sagte diesen berühmten Satz. Es scheint also, dass Louis Armstrong diesen Satz nie selbst aufgeschrieben oder auf Band gesprochen hat, ihn aber gegenüber Paul Anka geäußert hat, der ihn an andere weitergab. Der Satz wurde schließlich 1985 in eine Sammlung von Zitaten von Armstrong aufgenommen«.

3 Zur Frage nach der Präsenz Schwarzer Menschen im Werk von Andy Warhol empfiehlt sich die Lektüre eines Artikels, der das Machtungleichgewicht zwischen Warhol und den BIPoC Queer- und Trans-Personen aus Lower Manhattan analysiert, die für ihn für eine Werkserie Modell standen. Warhol anonymisiere die Modelle in dieser Werkserie, indem er ihr schlicht den Titel *Ladies and Gentlemen* gibt, anstatt die abgebildeten Personen beim Namen zu nennen. Siehe: Gürsoy Doğtaş, »How Warhol Erased the Identity of His Black Trans Sitters«, in: *Contemporary And*, 19.6.2021, https://amlatina.contemporaryand.com/editorial/andy-warhol-black-trans-sitters/ (Zugriff am 2.8.2023).

4 Vgl. Michael Luethy, *Andy Warhol. Thirty Are Better Than One*, 1995, https://michaelluethy.de/scripts/andy-warhol-leonardo-mona-lisa-kennedy-kalter-krieg/ (Zugriff am 2.8.2023).

5 Der rumänische Künstler Dan Perjovschi widmete diesem Umstand bei seiner Intervention *For No One and Everyone* im April 2021 eine Zeichnung im MINSK. Eine Figur lehnt sich an die alten Mauern des MINSK und sagt: »you can still hear the music, 40% West«.

WECHSELSPIEL

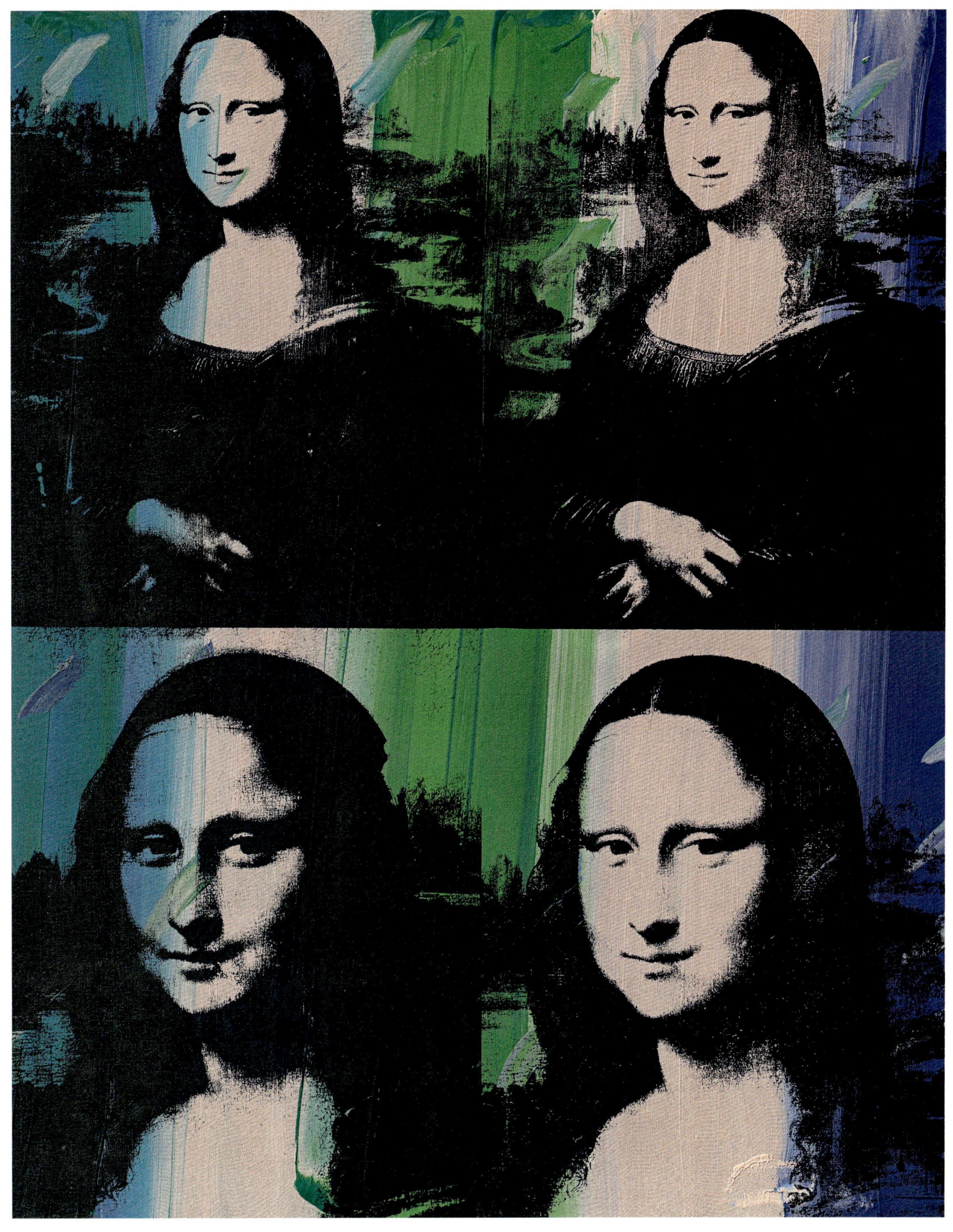

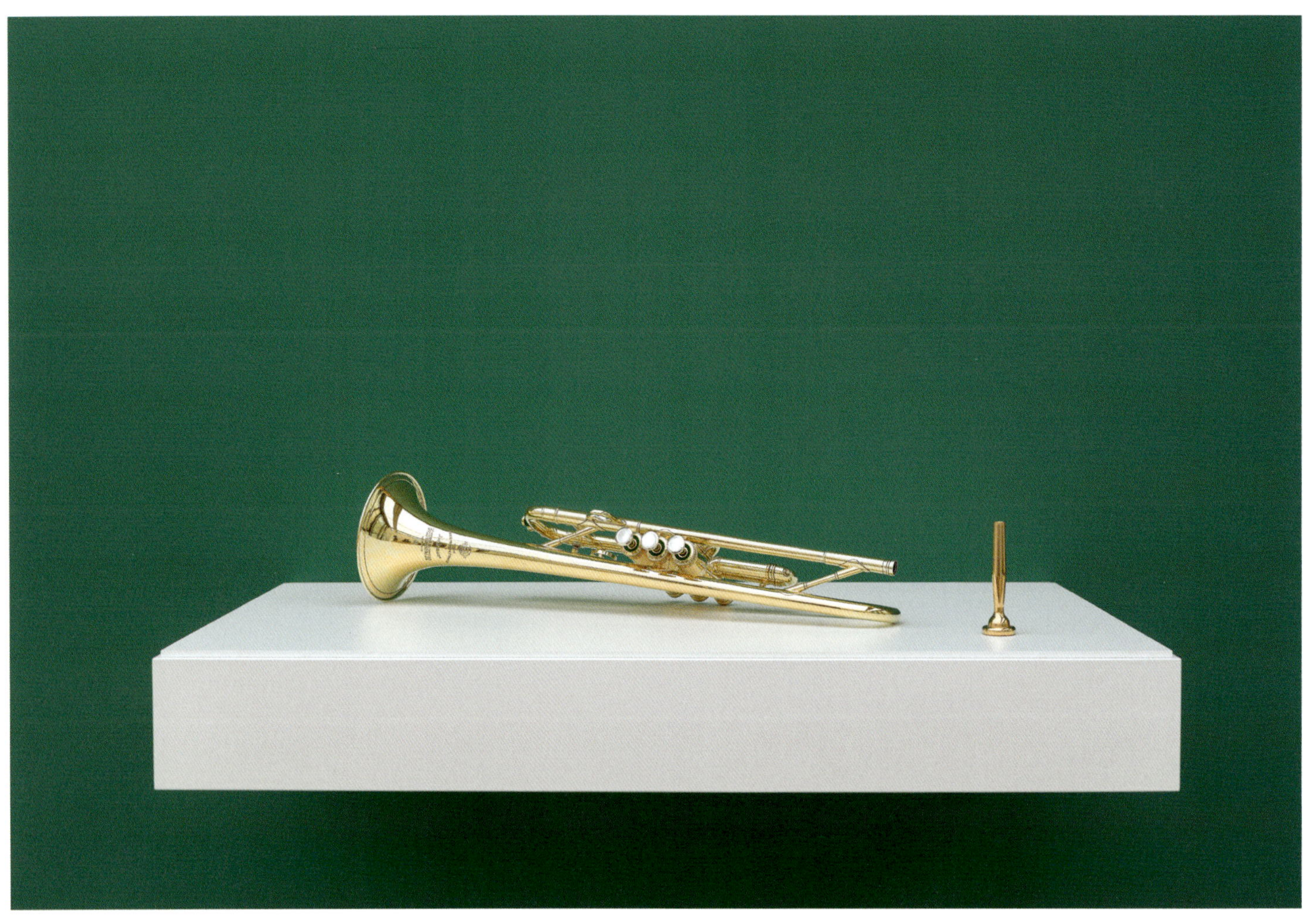

Louis Armstrong Collection

Selmer B-flat trumpet, manufactured between 1964 and
1965 / Selmer B-Trompete, hergestellt zwischen 1964
und 1965

Vergoldetes Messing / Gold-plated brass
12,7 × 49,6 × 10,2 cm
Inv.-Nr. / Inv. no. 1987.1.1

Trumpet mouthpiece, "SATCHMO" engraved on outside
of cup below rim / Trompetenmundstück, »SATCHMO«
auf der Außenseite des Cups unter dem Rand eingraviert

Messing / Brass
3,2 × 9,2 × 3,2 cm
Inv.-Nr. / Inv. no. 1987.1.9
Courtesy of the Louis Armstrong House Museum
With special thanks to the Louis Armstrong Educational
Foundation

Installationsansicht der Ausstellung / Installation view of
the exhibition *I've Seen the Wall*, DAS MINSK Kunsthaus
in Potsdam 2023

S. / p. 199

Andy Warhol

*Mona Lisa Four Times
(Viermal Mona Lisa)*
1978

Acryl und Siebdruck auf Leinwand /
Acrylic and silkscreen ink on canvas
127 × 101,6 cm
Sammlung Hasso Plattner /
Hasso Plattner Collection

INTERPLAY

Parallel to the exhibition *I've Seen the Wall: Louis Armstrong on Tour in the GDR 1965*, Andy Warhol, Louis Armstrong, and the *Mona Lisa* meet in DAS MINSK's cabinet for INTERPLAY NO. 4.

Andy Warhol's *Mona Lisa Four Times* (1978) from the Hasso Plattner Collection is juxtaposed with one of Louis Armstrong's original trumpets from the holdings of the Louis Armstrong House Museum in Corona, Queens, New York.

When the singer Paul Anka, who emulated Louis Armstrong,[1] once asked him what he thought of imitations, he received a remarkable answer: "A lotta cats copy the Mona Lisa, but people still line up to see the original." The quote first appeared in a tribute to Louis Armstrong in the *Saturday Review* on July 4, 1970, and was immediately picked up in other articles about Armstrong that appeared that same month.[2] It has since been reproduced virally and as unattributed on the internet and has been translated into many languages—a further form of reproduction.

INTERPLAY NO. 4 addresses the significance of the original and the copy in both the visual arts and music by bringing together three world-renowned icons: the legendary icon on canvas, *Mona Lisa*, likely the best-known Pop Artist, Andy Warhol, and the most famous jazz musician in history, Louis Armstrong, or rather his trumpet. The trumpet on display is the one Armstrong played on tour in the 1960s.

Andy Warhol has reproduced pop culture celebrities such as Marilyn Monroe, Elvis Presley, and Madonna many times. Hollywood's cult of stardom, advertising, and mass media were central aspects of his work. Given his level of fame, Louis Armstrong could also have been immortalized in Warhol's oeuvre. In addition to famous African Americans such as Michael Jackson, Diana Ross, and Jean-Michel Basquiat, Warhol also captured police violence against Black protesters during riots in Alabama in his "Race Riots" paintings from the 1960s.[3] He used excerpts from newspaper articles, which through their serial repetition express the emotionlessness and consumability of gruesome scenes in everyday media.

In *Mona Lisa Four Times*, Warhol reproduced Leonardo da Vinci's *Mona Lisa* (1503–06) four times, in other versions of the work up to thirty times. The motivation was that the world-famous original painting traveled from the Louvre in Paris to Washington, DC for the first time at the turn of the year 1962–63. The *Mona Lisa* was welcomed like a high-ranking state visit. The painting was transported in a limousine and accompanied by numerous security officials. Two thousand important political and cultural representatives gathered for the ceremonial opening of the exhibition—a crowd similar to those who gathered in East Berlin, Leipzig, Magdeburg, Erfurt, and Schwerin respectively to see Armstrong on tour in the GDR in 1965. The visit of the *Mona Lisa* to Washington, DC was a highly political affair against the backdrop of the Cuban Missile Crisis in the midst of the Cold War.[4]

Thousands of people still visit the Louvre in Paris, weaving their way through barriers, much like airport check-ins, to catch a glimpse of the original. The situation is comparable to that of pilgrims who travel long distances to behold a religious relic, often elevated, out of reach, and behind glass. Likewise, fans make pilgrimages to pop concerts. There, they queue up with another 20,000 people to follow the stars, sometimes from a great distance, with the help of live broadcasts on the big screen. Armstrong's tour of the GDR also presumably sold 18,000 tickets in one day alone. In Budapest, 80,000 people gathered on a single evening to see him live in a stadium.

The magical effect of the original seems to equally persist behind armored glass or in a live broadcast next to the actual concert stage, and Armstrong continues to ring true today: people still line up to see the original.

Armstrong's statement about copy and original attests to generosity and self-confidence. He casually compares himself to the *Mona Lisa* and equates his music to a work of art, a unique specimen. Yet the fact that others appropriated his music or imitated him certainly didn't cause him any sleepless nights. The history of jazz is full of reinterpretations of old songs that have led to innovations while also ensuring the preservation of certain titles and compositions for generations. Such a tradition builds on an awareness of the past and combines this with the freedom to keep making something new from it—to imagine and chart new paths, interpretations, and versions.

What is an original and what is a copy with regard to visual art and music? Warhol's *Mona Lisa Four Times* reproduces the *Mona Lisa*, but it is simultaneously an original Warhol with a distinctive aesthetic. Armstrong's trumpet is an original that accompanied him on his tours. It is the instrument experienced in the halls in East Berlin, Leipzig, Magdeburg, Erfurt, and Schwerin.

Jason Moran, co-curator of the exhibition *I've Seen the Wall*, and I decided to set up a listening room for our exhibition together with INTERPLAY NO. 4 in DAS MINSK's cabinet, so that Armstrong's concert in East Berlin can be heard as a vinyl recording to accompany the viewing of Warhol's work and Armstrong's trumpet.

Considering that *Schallplattenunterhalter* (record entertainers) at the former terrace restaurant "Minsk" were only permitted to play 40 percent of music from the West at the time, even at weekly dance parties, Louis Armstrong's tour with 100 hundred percent music from the West seems extraordinary and ambivalent a decade before the "Minsk" was built and only four years after the construction of the Berlin Wall.[5]

45,000 people experienced Louis Armstrong live in the GDR. They experienced what in music can be called the original, a live performance, unique and unrepeatable. Vinyl records, on the other hand, are strictly speaking the reproduction of music, but in light of today's digital distribution of music they have gained the cult character of an original. They are physical objects, but above all they are counted, like an art edition.

With INTERPLAY NO. 4, DAS MINSK celebrates reproduction and original—with an original from Andy Warhol, who created originals with reproductions of icons, with the original trumpet from Louis Armstrong, and a soundtrack on vinyl, which reproduces the irretrievable sound from the old Friedrichstadt-Palast in East Berlin and thus makes it possible to experience it again.

Paola Malavassi

1 It is said that Paul Anka had a similar success with "Mack the Knife" to that of Louis Armstrong and this could have been the reason for his question to Armstrong. "Mack the Knife" is not an Armstrong composition (the original is from Kurt Weill's music for Bertold Brecht's *Threepenny Opera*), yet it is strongly associated with him because he was so successful with it. Lotte Lenya once sang this song together with Louis Armstrong in Hamburg.

2 Ricky Riccardi, Director of Research Collections at the Louis Armstrong House Museum, explained in an email to the author: "Paul Anka did an album which included his impression of Louis Armstrong. When they finally met, Anka asked if he minded all those impressions of him by singers and comics. Armstrong shrugged and made this famous statement. It appears Louis never wrote it down and spoke it on tape, but he did say it to Anka, who related it others. It was finally included in an anthology of quotes in 1985."

3 On the question of the presence of Black people in Andy Warhol's work, it's recommended to read an article that analyzes the power imbalance between Warhol and the BIPoC queer and trans people from Lower Manhattan who served as models for him for a series of works. Warhol anonymized the models in this series of works by titling it simply *Ladies and Gentlemen*, rather than naming the people depicted. See: Gürsoy Doğtaş, "How Warhol Erased the Identity of His Black Trans Sitters," in: Contemporary And, June 19, 2021, https://amlatina.contemporaryand.com/editorial/andy-warhol-black-trans-sitters/ (accessed August 2, 2023).

4 See Michael Luethy, *Andy Warhol: Thirty Are Better Than One*, 1995, https://michaelluethy.de/scripts/andy-warhol-leonardo-mona-lisa-kennedy-kalter-krieg/ (accessed August 2, 2023).

5 The Romanian artist Dan Perjovschi dedicated a drawing to this fact in his April 2021 intervention at DAS MINSK *For No One and Everyone*. A figure leans against the old walls of DAS MINSK and says: "you can still hear the music, 40 percent West."

"A LOTTA CATS COPY THE MONA LISA, BUT PEOPLE STILL LINE UP TO SEE THE ORIGINAL."

(Louis Armstrong)

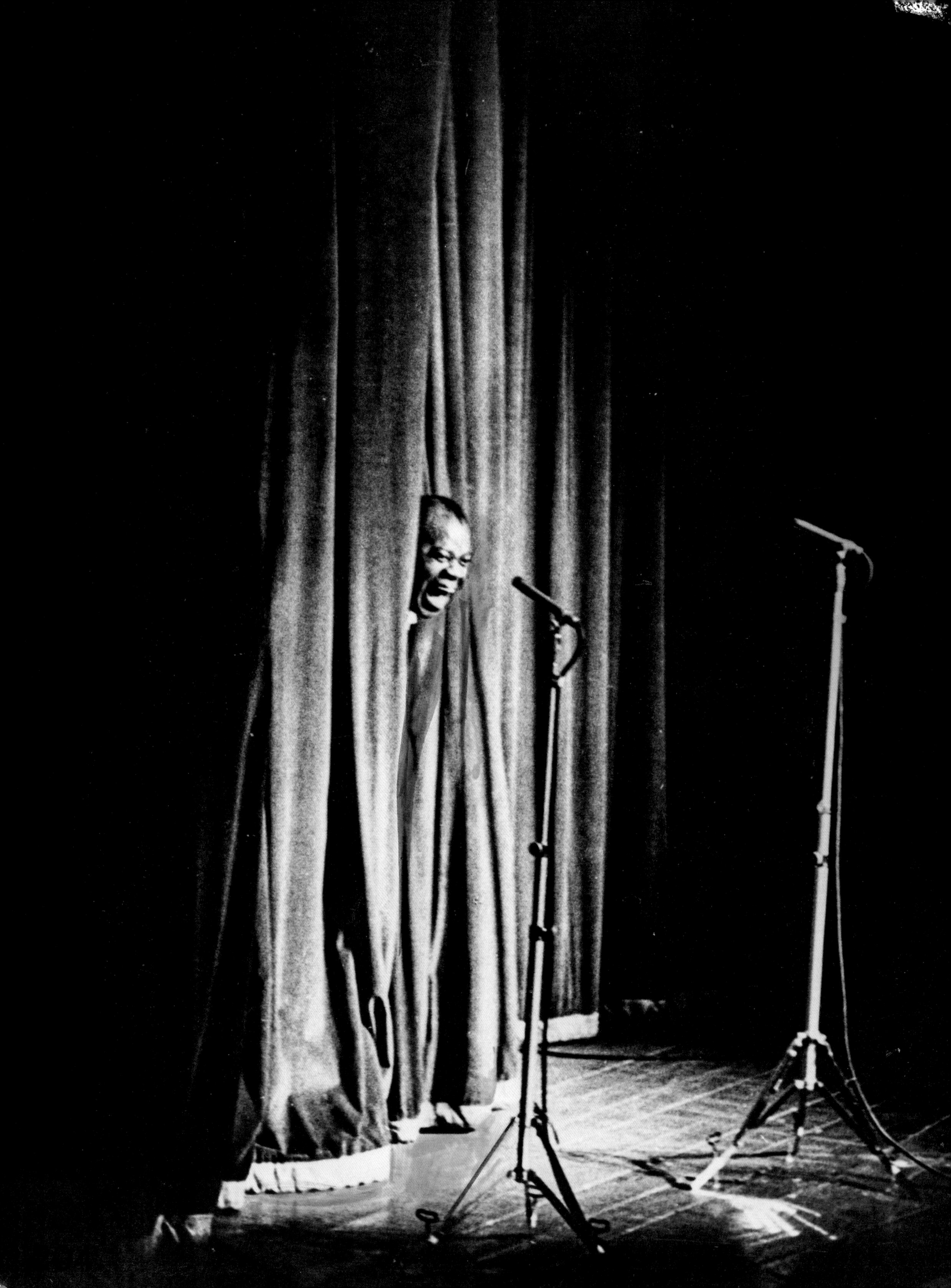

Louis Armstrong blickt durch den Bühnenvorhang des Berliner Friedrichstadt-
Palastes bei seinem Konzert am 20.3.1965 / Louis Armstrong looking through
the stage curtain at Berlin's Friedrichstadt-Palast during his concert on March
20, 1965. Sammlung Berliner Verlag / Archiv. Foto / Photo: Helmut Raddatz

IMPRESSUM / COLOPHON

Diese Publikation erscheint anlässlich der Ausstellung /
This catalogue is published on the occasion of the exhibition:

*I've Seen the Wall: Louis Armstrong auf Tour in der DDR 1965 /
Louis Armstrong on Tour in the GDR 1965*
DAS MINSK Kunsthaus in Potsdam
16. September 2023 – 4. Februar 2024 /
September 16, 2023 – February 4, 2024

Kuratiert von / Curated by
Paola Malavassi und / and Jason Moran

Kuratorische Assistentin / Curatorial Assistant: Marie Gerbaulet

Herausgeberin / Editor: Paola Malavassi

Katalogredaktion und Bildredaktion / Assistant Editors:
Johanna Engemann, Marie Gerbaulet

DAS MINSK Kunsthaus in Potsdam
Direktorin und Kuratorin / Director and Curator: Paola Malavassi
Referentin der Direktorin / Assistant to the Director; Publikationen /
Publications: Ulrike Techert (in Elternzeit / on parental leave)
Referentin der Direktorin / Assistant to the Director: Johanna Engemann
(Elternzeitvertretung / Parental leave replacement)
Kuratorische Assistentin / Curatorial Assistant; Registrar: Marie Gerbaulet
Kaufmännische Leiterin / Director Finance and Administration: Janine Meyer
Referentin der Kaufmännischen Leiterin / Assistant to the Director
Finance and Administration; Teamleitung / Team lead Finance, Controlling,
Ticketing: Nadine Müller
Kurator / Curator: Daniel Milnes
Kommunikation / Communications: Natanja von Stosch
Assistenz Kommunikation / Assistance Communications: Josefine Weiß
Werkstudentin Kommunikation / Student Assistant Communications:
Margarita Hermann
Vermittlung / Education: Katharina Hofbeck
Events: Caroline Stummel
IT und Digitalisierung / IT and Digitalization: Andreas Papadimitriou,
Stefan Scholze, Sebastian Semmler
Koordinator Museumssicherheit / Coordinator Museum Security:
Nikolaos Dokalis
Gästemanagement / Guest Management: Kaspar Winkler
Administration Besucher:innendienste / Administration Visitor Services:
Sandra Spudy
Buchhaltung / Accounting: Yvonne Benesch
Office Management; Ticketing: Daniela Schaube
Leitung Haustechnik / Head of Building Services: Carsten Loeper
Haustechniker / Building Services: Stefan Baum, Mike Harm

In Zusammenarbeit mit / In collaboration with
Konservatorische Betreuung / Conservation:
Felicitas Klein, Anke Klusmeier
Ausstellungsgestaltung / Exhibition Design:
Kooperative für Darstellungspolitik, Berlin
Ausstellungsaufbau / Exhibition Setup: Abrell & van den Berg, Berlin,
Eidotech, Berlin, Licht. Georg & Paul, Hamburg
Grafik, Design, Gestaltung / Graphic Concepts, Design, Layout:
Fasson Freddy Fuss, Berlin, Freddy Fuss, Larissa Starke
Presse / Press: segeband.pr, Denhart von Harling, Berlin
Shop: mu.se, Tina Kabot und Jörg Klambt, Berlin

Katalog / Catalogue
Projektmanagement Verlag / Project Management: Angelika Thill
Grafische Gestaltung und Satz / Graphic Design and Typesetting:
Fasson Freddy Fuss, Berlin, Freddy Fuss, Larissa Starke
Lektorat / Copyediting: Aaron Bogart, Annette Siegel
Übersetzungen / Translations: Sarah Elsing, Christoph Jehlicka, Jesi Khadivi
Verlagsherstellung / Production: Alise Ausmane
Lithografie / Lithography: Schwabenrepro GmbH, Fellbach
Druck und Bindung / Printing and Binding: Livonia Print, Riga
Schrift / Font: MINSK
Papier / Paper: Arctic Volume White

Bibliografische Information der Deutschen Nationalbibliothek:
Die Deutsche Nationalbibliothek verzeichnet diese Publikation in der
Deutschen Nationalbibliografie; detaillierte bibliografische Daten sind
über www.dnb.de abrufbar.

German National Library Bibliographic Information:
The German National Library lists this publication in the German National
Bibliography; detailed bibliographic data is available at www.dnb.de.

Umschlagabbildung Vorderseite / Front cover illustration:
Louis Armstrong während seines Konzertauftritts im März 1965, Messehalle
Leipzig / Louis Armstrong during his concert performance in March 1965,
Messehalle Leipzig. Deutsche Fotothek. Foto / Photo: Evelyn Richter (Detail)

© 2023 DAS MINSK Kunsthaus in Potsdam, Potsdam, Hatje Cantz Verlag,
Berlin, und Autor:innen / and authors

© 2023 für alle Abbildungen siehe Bildnachweis / for all images see
image credits

ISBN: 978-3-7757-5599-3

Erschienen im / Published by

Hatje Cantz Verlag GmbH
Mommsenstraße 27
10629 Berlin
www.hatjecantz.de
Ein Unternehmen der Ganske Verlagsgruppe /
A Ganske Publishing Group Company

Printed in Latvia

Besonderer Dank gilt / Special thanks to: art/beats, Erik Breuer (Analogue
Foundation Berlin), Maxi Broecking, Ulf Drechsel, Glenn Ligon Studio,
Elizabeth Gurayeb (Wildenstein Plattner Institut), Diedra Harris-Kelley
(Romare Bearden Foundation), Dr. Anke Hervol (Akademie der Künste,
Berlin), Chrissie Iles (Whitney Museum of American Art), Lorna Simpson
Studio, Alli Maxwell (Somesuch Productions), Sandra Neumann und / and
Heike Betzwieser (Agentur DDR Fotoerbe), Adrian Piper Research Archive
(APRA) Foundation Berlin, Adam Weinberg (Whitney Museum of American Art)

50 Jahre

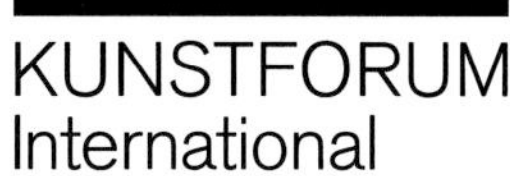

KUNSTFORUM
International

DAS MINSK Kunsthaus in Potsdam ist ein Projekt von / is a project of:

HASSO PLATTNER
FOUNDATION